促进学习的真实发生

张　丰　方凌雁　何丽红　等　著

浙江教育出版社 · 杭州

序言

积极而理性地推进中小学教学改革

课堂教学改革是教育改革的核心，是深化基础教育人才培养模式的改革实践。

浙江省教育厅（以下简称“省教育厅”）于2011年启动“中小学教学改革试点项目”，以义务教育阶段课堂教学改革为重点，改革中小学的教学组织与教学方式，推动人才培养模式的改革。作为全面实施《浙江省中长期教育改革和发展规划纲要（2010—2020年）》的教育体制改革试点的一个项目，该项目具体由浙江省教育厅教研室（以下简称“省教研室”）负责。从2011年至2017年，全省有50%以上的县（市、区）参与了该项目。此后，项目告一段落，但研究与实践仍在延续。

我们曾于2017年11月组织编写并出版《“学为中心”教学改革的浙江实践》(上、下两册)，就浙江省中小学教学改革实践进行了系统总结，从全省的视角回顾了十余年实践进展的足迹，汇集出版了来自全省各地的60个专题研究成果，反映了区域与学校层面的研究与探索。而今我们再从学术的视角回首当年的实践，尝试基于实践的理论构建。

一、浙江省教学改革的主要特点

回顾浙江省教学改革的进程，既有与全国各地一样的从“教为中心”向“学为中心”的转变，也经历了从农村薄弱学校的奋然改革到区域推进的“星火燎原”式发展。浙江省的教学改革实践有一些显著的特点。

（一）坚持实践的本质

——从“先学后教”到“学为中心、学生立场”，坚持以促进学习方式转变和关注完整意义的成长为教学改革的核心

浙江省推进中小学教学改革的实践动因是对“重教轻学”的教学现实的反思和对学与教关系的重新理解。坚持“以生为本、学为中心、能力为重”是浙江省这一轮中小学教学改革的核心内容。

从早期的“先学后教、多学少教”，着力于教学行为的调整，到后来的“以学定教、研学促教”，强调基于学习的指导。教学改革的关键是改变教师对“学生是如何实现学习”的假设。教师要成为学生学习的促进者，是基于学情、促进学生有意义学习的有限作为的“伙伴”。这就是“学为中心”的教师观。

从全国看，各地都开展了以学案导学、小组合作、展示交流等为要素的课堂改革。但我们不能只是行为的模仿，还必须理解教学行为的改变背后的学理与意义。教学改革不是教学模式由此及彼的变换，而是促进学生学习方式的转变：变被动的、单调的学习方式为主动的、多样的学习方式；变无视学科特点的、较为统一的听课加操练方式为体现课程性质的、有意义的学习方式。转变学习方式，倡导正确的路径与合理成本的学习是“学为中心”学习观的要义。

学习是学生的事，学习是不可替代的。“学为中心”的思想强调教学活动必须以学生学情为基础，遵循学生的认知规律，以学生个体的学习是否在发生为标准，以学生学会学习以及学习潜移默化为学生的个体成长为目的。“学为中心”的学生观反映在对学习与成长的完整意义的关注上。它要求教师从“学科中心”转向“学生中心”，从而形成“学生立场”的教与学。

（二）尊重学科的性质

——从“模式推进”到“要素推进”，尊重课程性质、强调促进理解的有意义学习是教学改革的关键

与全国各地一样，早期的浙江省教学改革也囿于模式建构的冲动，但大家很快就明白，“模式不是目标，而是路标”，前进征途需要一定的模式让教育思想可操作化，但创建模式绝非改革的目标，创建模式的同时要有“出模”的规划。这是从发展的眼光和区别目的与手段的角度辩证看待“模式”问题。

面对不同的课程、不同的学习目标类型、不同的学习对象以及不同发展水平的操作者（教师），我们及时提出“尊重课程的性质、尊重学习目标的类型、尊重学情与尊重教师风格”的主张，引导教学改革从“学校驱动”向“学校与学科双驱动”发展。

“尊重课程性质”绝非认可“学科本位”，而是在以学生为主体的前提下，尊重学科的思维特点与认知规律。将有生命力的课堂教学模式看成是若干要素及策略的组合。主张“要素推进”也不一定是否定“模式推进”，而是希望缩短依靠模式的过渡时期。这是由于教学活动的复杂性，整齐精致绝非教学的追求。

几年来，对体现课程性质、结合课型特点的课堂教学模式变式的探索，让大家学会了以发展的眼光理解模式，探索改革。许多教研员逐渐从教学改革的激烈批评者转变为教学改革的积极促进者。“学科推进”渐成浙江省教学改革的特色。

（三）注重系统的运筹

——从“聚焦课堂”到“综合推进”，贯穿于学校教育教学全过程的反思与改进是教学改革后继发展的方向

按照一般的理解，“教学改革”应是“课程改革”的子概念，是改进课程实施环节的努力。区别于十多年前从课程建设切入的课程改革，今天的教学改革从“改课”开始。因为课堂是师生活动的主要场所，其改革是课程改革的根本。我们的改革主张从起初的“课堂变革”到后来的“教学改革”，反映了改革实践在逐步展开。

从2013年开始，浙江省教学改革逐渐展现出改革实践的多样路径和综合化倾向。国家课程的学习设计与整合实施、以综合实践为重点的课程建设、作业改革、课堂评价与学业评价的改进、教学活动管理的改进以及学生自主管理与德育教学相融合等多样化的实践层出不穷。

教学改革的综合化倾向、“成长意义”的教学改革似是新概念，却是教育回归本来功能的必然选择。

（四）构建长效的机制

——从“疾风骤雨”到“稳步前进”，将教学改革融入长线的工作规划，以改革实践作为教师专业发展的阵地

教学改革绝不是一朝一夕的事情，必须要通过教师观念的转变、能力的提高来改变教育教学的实践。

项目启动之初，在自发性改革向推广性改革发展的时候，我们提出“积极而理性地推进教学改革”的口号，既防止简单化、模式化的做法，又反对消极否定与保守退却。首先要强调“积极”，要给予学校一种力量，让学校感觉到一种助势。积极之中还须有理性，要立足现实、尊重规律。我们鼓励与倡导改革，但对于改革意愿不强的不勉强，改革条件不成熟的不急于上马，改革遇阻停滞的允许调整；对于决心开展课堂教学改革的，抓住时机，积极支持，顺势引导。

推动教学改革固然是提高教育教学质量的重要途径，但师资队伍素质是影响教育质量更为重要的原因。所以，必须将教学改革与教师专业发展结合起来，让教学改革成为持续推进教师专业发展的载体，让校本研修成为课程教学改革系统工程的基础支持。要使教师理解并投身教学改革，须让教师亲身体会这种学习方式。一要研究学生，这是校本研修的新聚焦；二要改进教师研修，以“学为中心”的教师研修促进教师理解和践行“学为中心”的课堂。

二、深化教学改革的新阶段

2019年6月，中共中央、国务院下发《关于深化教育教学改革全面提高义务教育质量的意见》，强调要从优化教学方式、加强教学管理、完善作业考试辅导、促进信息技术与教育教学融合应用等四方面，就如何“强化课堂主阵地作用，切实提高课堂教学质量”提出意见。这是对“学为中心”教学改革的深化倡导，也帮助我们进一步明确了深化教学改革新阶段的思路。

（一）坚持“教为学服务”的课堂教学改革

学教关系的转变是课堂教学改革的基础。正如原教育部部长陈宝生所说，“课堂是教育的主战场，课堂一端连接着学生，一端连接着民族的未来。教育改革只有进入到课堂的层面，才真正进入到深水区。课堂是教育发展的核心地带。课堂模式基本决定人才培养模式”，“我们必须建立教为学服务的理念，所有的教必须服从于学，构建以学为中心的课堂行动模式”。

浙江省教学改革正是从课堂突破的，是从转变学教关系切入的。我们强调教师是“站在学生身后”的支持者与促进者，促进学习的真实发生。课堂教学改革的目标是不变的。自主学习、合作学习、探究学习仍将是未来课堂最重要的特征。促进理解、经历深度学习、提升高层次认知能力将是有效课堂的关注重点。

（二）从课程的视角思考教学的改进

以往谈教学，较多的是从教学方法与教学艺术的角度来谈。但在深化课程改革的今天，教学的改进还需要从课程的视角来思考，从而形成推进教学改革的新线索。

第一，基于学生立场，从有利于自主学习、促进深度学习的角度改进课堂学习设计，落实最重要、最基础的课程建设。第二，突破以课时为单位的学习设计，开展基于整体思维的单元备课，让学生面向整体任务，聚焦核心问题，促使“碎片化学习”走向“整体性学习”。第三，加强学科实践性学习，减少坐着学的“课堂学习”，增加蕴含学习意义的经历。第四，通过主题综合课程，还学生以自然的真实情境的学习；开展跨学科的学以致用的学习实践，提高学生提出问题、应用知识解决问题的能力。

（三）以综合性教学与项目化学习为突破

加强学科教育中的实践学习与综合学习，通过更为广泛的项目化学习的探索，促进认知学习与社会性成长的结合。一方面，丰富学科的学教方式，促进学生学习从以“听中学”为主向“做中学”发展，从被动学习走向主动学习，从简单、机械的学习走向基于丰富实践的学习。另一方面，促进综合实践活动的常态实施，让学生在源于生活、成于真实、收于解惑的实践中获得直接经验。通过跨学科的、项目化的真实情境，让学生经历以“实践问题”为对象的问题解决过程，提高知识的综合运用能力，推动学生主动探究和真切体验。

（四）重建“学为中心”的教学新常规

推进“学为中心”的教学，必然要依托学校教学常规，促使常态课的教学行为发生改变。这既需要区域层面建立规范，指导教师实践学教方式的变革；又需要鼓励学校层面积极改革，提高教学活动的针对性与有效性。

2008年，省教研室组织研制了《浙江省义务教育教学管理指南（试行）》和《浙江省中小学学科教学建议（试行）》。这两份文件成为当时义务教育阶段教学工作的重要指导，成为学校校本研修的纲领。

随着教学改革的深入，在从“教为主”向“学为主”转变的过程中，教学常规也需要与时俱进地修订，以重构“学为中心”的教学要求与细则，指导教师付诸实践。教学规范可以以课堂教学活动诸环节的主要教学行为为线索，也可以以“学为中心”课堂的操作要素的实施要领为线索，还可以从学科特点出发，分课型提出教学建议。

（五）应用现代教育技术促进学习变革

近年来，以信息与网络技术为核心的现代教育技术发展迅猛，我国中小学教学活动中信息技术的应用相当广泛。信息技术渐从知识呈现的工具向学习活动的支持平台发展，并成为转变学生学习方式的突破口之一。人们原本习惯的课堂因此有了许多变化的可能，智能教育时代的学习变革呼之欲出。当“学为中心”的课堂变革置于微课、电子书包、云平台、大数据、人工智能等数字化学习环境中，致力于学教变革的探索者有一种柳暗花明的豁然开朗感。应用现代教育技术促进学习变革，成为当前课堂教学改革的重要生长点。

三、本书的意义与期待

在丰富的实践的基础上，我们尝试进行理论构建，试图以学习的发生机制、课堂学习设计、课堂学习组织、课堂学习指导、综合学习以及教学改革的支持系统等为关键词，描述在“学为中心”的课堂以及延展的学习活动中，学生学习的特点与教师行为的策略。上述关键词的展开便为本书的六章，是我们对课堂教学改革及其深入展开的研究思考。

正是基于以上思考，本书第一章至第四章分别从促进自主学习的学习设计、促进合作学习的学习组织、促进深度学习的学教策略、促进学以致用的综合学习四个方面论述学生学习的机制与促进学习的策略。各章都是前面重在理论阐释与构建，后面重在实践策略的讨论，因而既能看到原创的方法框架，又有较强的实践操作性。第五、六章回到教学改革的综合视野，从作业、技术支持学习、德育、评价、教学管理、校本研修改进等方面讨论综合推进教学改革的实践策略。每一小节都可能是一个领域的综述，呈现浙江省研究实践的丰富视角。

之所以选择“促进学习的真实发生”作为书名，一是想突出真实的学习和假性的学习的现实并存，关注学习的发生机制；二是想寓指一个动态的研究过程，如何基于综合视野，探寻如何让学习真实发生之机理。

我们的研究成果既体现了全国各地教学改革的共同走向，以生为本，以学定教，以学生为中心，将促进真实的学习、有效的学习、多样的学习、成长意义的学习作为课程改革的真正目标，也体现了我们尊重课程的本质，坚持学生的立场，主张积极而理性地看待“教学模式”，以转变学生学习方式为重点，促进学习的真实发生的努力。

在“学为中心”教学改革渐入人心的今天，本书期待基于实践来研究促进学习的方法，形成“学为中心”的教学理论，在指导帮助教师课堂转型、改进教学的同时，促进高等师范教育教学论体系的重建。

本书主要写作于2017年和2018年。因而没有涵盖此后浙江教育改革实践中出现的新的成果，如STEAM教育、项目化学习等。但在第四章的综合学习研究及第三章的深度学习、长程学习任务的讨论中，能够看到今天如火如荼的教学改革实践在当时的“影子”。深化教学改革的思想与实践必然是一以贯之的。本书则是这段教学改革的郑重总结，也是面向未来的实践的重要起点。

参与本书写作的有：杭州市萧山区教研室来尧林（第一章），杭州市拱墅区教育研究院何丽红（第二章第一、二节），安吉县教育局蔡洪伟（第二章第三、四节），嘉兴市南湖区教育研究培训中心朱德江（第三章），浙江省教育厅教研室方凌雁（第四章）、张丰（第五、六章）。张丰对全书成果作了深化，方凌雁、何丽红参与全书统稿，贾海英帮助校读。谢谢大家的智慧与合作。感谢所有为本书提供案例的研究者，是大家的实践为我们的学理阐述打下基础。感谢韩平副厅长、缪水娟主任、任学宝主任对教学改革探索与研究一如既往的支持。感谢19个试点地区和为这一目标共同努力的同仁。在浙江省教学改革的努力中，还有一位同志值得纪念，已故的原金华市教育局教研室主任王荣文在本研究中也有许多贡献，特此致敬。

因作者水平有限，如有不当之处，敬请批评指正。也因为案例收集距今天已有些时日，许多案例作者已更换单位，考虑教学改革实践与“土壤”的本来联系，因而多以原工作单位标注，如有不妥，请作者见谅。

张　丰

2021年7月30日

目　录

第一章　促进自主学习的学习设计　1

第一节　自主学习的价值意蕴　5
第二节　学习设计:相对于教学设计的讨论　14
第三节　先学任务的设计　31
第四节　合作学习任务的设计　56

第二章　促进合作学习的学习组织　73

第一节　合作学习的价值意蕴　77
第二节　学习组织:促成协作互助的合作课堂　87
第三节　课堂合作学习活动的组织方法　96
第四节　合作学习的组织建设　123

第三章　促进深度学习的学教策略　137

第一节　深度学习的价值意蕴　141
第二节　促进学习发生的学教策略　146
第三节　提升学习品质的学习指导　169

第四章　促进学以致用的综合学习　185

第一节　综合学习的价值意蕴　189
第二节　学科领域的综合学习　203
第三节　跨学科领域的综合学习　217

第五章　课堂学习延展的多样路径　243

第一节　从课程的视角思考教学的改进　247
第二节　融于学习全过程的作业改革　251
第三节　数字化环境下的混合式学习　269

第六章　学教整体变革的支持系统　285

第一节　唤醒自主发展的德育实践　289
第二节　促进学习的教与学的评价　298
第三节　学校教学管理的改进　312
第四节　研究学生:校本研修的新聚焦　324

案例目录

第一章　促进自主学习的学习设计

案例 1.1　初中数学先行学习设计与实施的建议　21
案例 1.2　初中科学课型模式及其特点　23
案例 1.3　预学活动的观察反馈方法　25
案例 1.4　学生参与学习情况的观察提纲　26
案例 1.5　巧借差异促进学习　29
案例 1.6　以《导学新作业》推动课堂教学改革　34
案例 1.7　光合作用的发现——由科学家实验故事组成的先学材料　39
案例 1.8　小学数学《三角形的特性》预学单　43
案例 1.9　小学科学《光》单元先学任务　46
案例 1.10　小学数学《等式的性质》先学任务　47
案例 1.11　初中科学《水的浮力》先学任务　50
案例 1.12　《数学广角——数与形》先学任务的设计与改进　52
案例 1.13　小学数学《可能性的大小》合作学习任务设计　60
案例 1.14　初中科学《太阳和月球》合作学习任务设计　61
案例 1.15　小学语文《秦始皇兵马俑》合作学习任务设计　63
案例 1.16　基于学生立场的问题的课堂讨论　66

第二章　促进合作学习的学习组织

案例 2.1　“六步三查，以学定教”教学模式　83

案例 2.2　小组合作学习的课堂操作流程　94

案例 2.3　合作学习中的教师点评指导方法　99

案例 2.4　教师在小组合作学习时的注意点　102

案例 2.5　合作学习中组长的能力要求与组织方法　109

案例 2.6　“小先生制”——让学生学会自讲　112

案例 2.7　促进“小组合作学习”的学习比赛　121

案例 2.8　培育小组合作的文化土壤与实操体系　123

案例 2.9　“小组圈”：源于日常生活启示的小组建设　127

案例 2.10　促进学习小组建设的体育拓展游戏　130

案例 2.11　学习小组显性文化的构建　132

案例 2.12　班组文化建设的操作流程　134

第三章　促进深度学习的学教策略

案例 3.1　学导课堂的多元实践　147

案例 3.2　小学科学《大树和小草》学习任务设计　150

案例 3.3　初中科学《指南针为什么能指方向》学习任务　152

案例 3.4　初中历史与社会《海拔最高的牧区》学习任务　153

案例 3.5　小学数学《三角形内角和》练习中联系的设计　155

案例 3.6　小学科学复习中的“思维导图”　157

案例 3.7　长时探究学习活动案例——小学科学《月相变化》　161

案例 3.8　指向核心概念建构的整体化单元学习——以初中科学《运动和力》为例　163

案例 3.9　《三国演义》主题阅读活动的设计　164

案例 3.10　数学学习中“自我调节学习能力”的培养策略　167
案例 3.11　初中生学习基本规范　174
案例 3.12　初中学习指导课程的规划与设计　176
案例 3.13　初中学校学习指导体系　181
案例 3.14　创新构建学校学习指导工作机制　182

第四章　促进学以致用的综合学习

案例 4.1　“大河孕育的文明古国”——历史与社会课程中的综合学习活动　199
案例 4.2　假期综合活动　201
案例 4.3　小学语文单元整体学习设计一例　205
案例 4.4　历史与社会拓展课程“知行天下之悦动世界”　208
案例 4.5　地图上的旅行——历史与社会的综合作业　213
案例 4.6　红坊餐厅工作人员服务质量调查——学生研究性学习活动报告(节选)　219
案例 4.7　“汽车模型设计与制作”项目学习　223
案例 4.8　一座桥有多长——“散步”中的综合学习　228
案例 4.9　“运动会场上的关怀”——学生研究性学习案例之项目设计　230
案例 4.10　走读博物馆活动　232
案例 4.11　“桥梁与工程”综合项目　234
案例 4.12　“雾霾与发展”主题实践活动的评价　237

第五章　课堂学习延展的多样路径

案例 5.1　促进学生形成学习自我监控的反思性作业　254
案例 5.2　作业随堂化:将作业融入课堂学习的探索　256

案例 5.3　注重导学功能的浙江省编《初中语文作业本》　258
案例 5.4　整组观照，学用融通：小学语文单元作业的设计　260
案例 5.5　体现“假期学习”特点的作业　261
案例 5.6　“一本作业本”改革　264
案例 5.7　初中数学作业批阅单的设计和应用　266
案例 5.8　“技术支持学习”优质课评比的发展　270
案例 5.9　基于电子书包的 1 对 1 自适应学习模式　275
案例 5.10　微课设计须尊重学科特点　278

第六章　学教整体变革的支持系统

案例 6.1　感动也是一门重要的课程　290
案例 6.2　唤醒自我成长的“五自”管理　293
案例 6.3　“小组合作制”中的价值观培养　296
案例 6.4　“阳光学习小组”学习比赛　304
案例 6.5　依托中考研究，推动初中教学改革的实践　306
案例 6.6　探索多维学习目标的真实性评价　308
案例 6.7　杭州市萧山区中小学教师教学规范　314
案例 6.8　温州市初中语文教学建议　319
案例 6.9　促进学生有效学习的教学活动管理的改革　321
案例 6.10　走进学生的真实世界：学情观察与诊断的研究　325

[第一章]

促进自主学习的学习设计

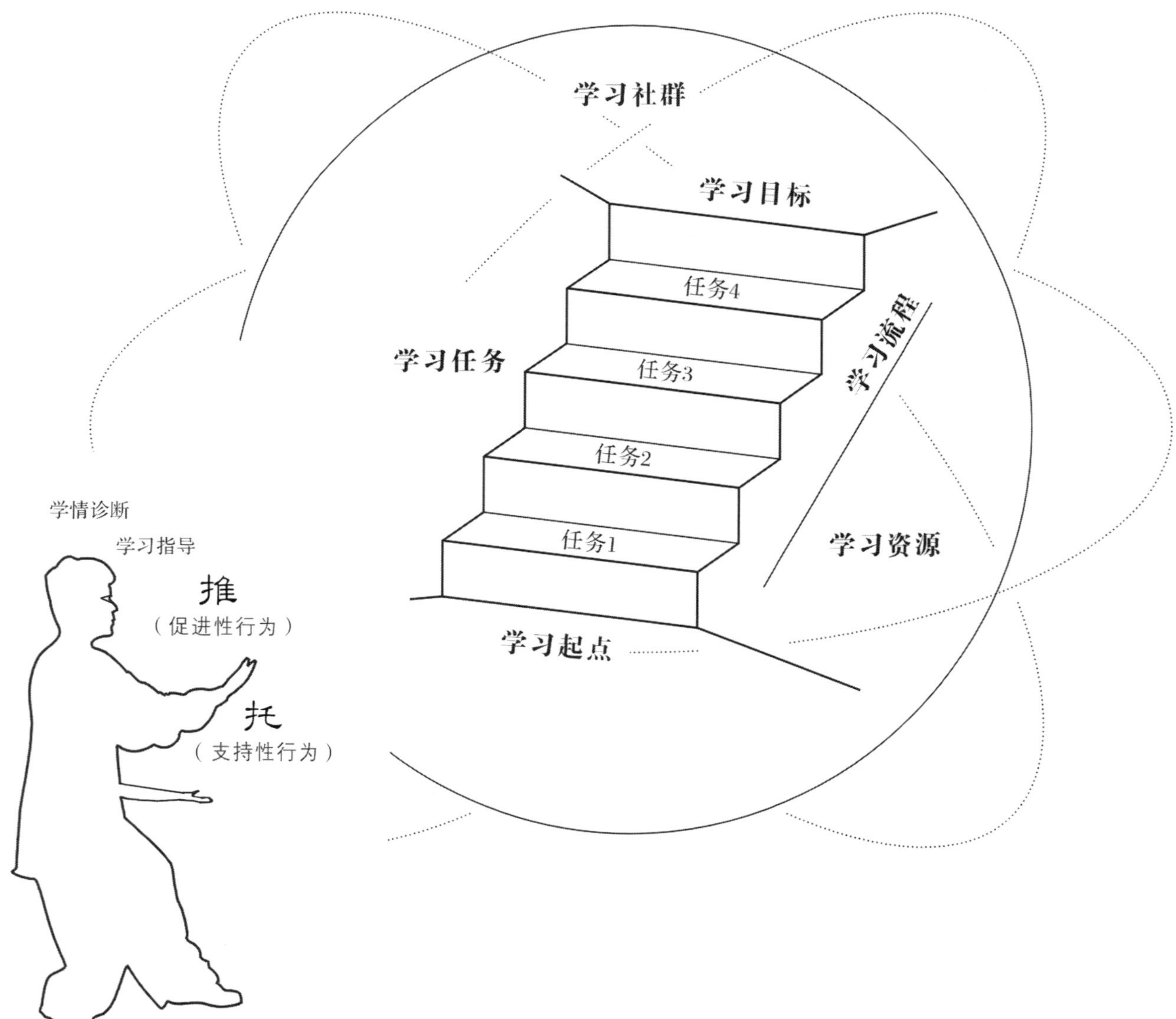
学习社群
学习目标
任务4
任务3
任务2
任务1
学习任务
学习流程
学习资源
学习起点
学情诊断
学习指导
推
（促进性行为）
托
（支持性行为）

图 1.1　学习社群

建构主义学习理论认为，学习是学生根据外在信息，结合自己的经验与背景知识建构自己知识的过程。学习并不只是信息的输入、存储和提取，而是学生的知识基础、学习情意、学习内容、学习意义的组织与呈现方式的共同作用，是处在学习社群中的学生通过学习意义的交往而发生思考与实践的过程。对于学生来说，学习是一个别人无法替代的过程，但又不是“一个人的战斗”。所以，以自主学习与合作学习为主要特点的、强调“学为中心，学生立场”的教学改革蓬勃兴起。

在实践中，我们渐渐认识到，我们所倡导的自主学习，不仅要突出基于个体的独立学习，还要强调其与被动的他主学习相对立。它强调学生的主动性以及对学习活动的自主调控和管理。本章第一节阐述了自主学习的内涵与价值。

学习是学生的事，教师在课堂中最重要的任务不是讲课，而是组织学习，在学生学习进展的关键处以及学有困难时，教师及时予以指导与帮助。但仍有相当多的教师将教学设计的重点放在教的设计，重视教师的知识展现而忽略“学生立场”。“学为中心”教学思想意在引导教师强调“学生立场”，针对学习目标，设计学习任务，准备学习资源，策划学习活动，并对教师的支持性行为与促进性行为进行构思。“学习设计”一词的提出，并非对教学设计的纠正，而是对教学设计的发展，是对“学生立场”和促进学生自主学习的强调。要重视承载学习内容的学习资源与体现学习方式的学习任务的设计，强调学习活动设计先于教学过程设计，从支持性行为与促进性行为来分析教师教学行为。本章第二节主要分析学习设计之于教学设计的发展意义，梳理提出学习设计的若干要素。

“学习设计”这一提法，强调“学生立场”，倡导自主学习。促进学生的自主学习有三个重要的抓手：一是先行学习任务（以下简称“先学任务”）的设计，二是合作学习任务的设计，三是学习指导（包括学习认知、学习习惯、学习方法）。本章第三节和第四节将从特征、类型、设计原则与策略等角度讨论先学任务与合作学习任务的设计，并在第三章第三节讨论第三个抓手——学习指导。

第一节　自主学习的价值意蕴

自主学习通常指主动、自觉、独立的学习，它与被动、机械、接受式的学习相对应。自主学习不仅能帮助学生提高学习成绩，还是学生终身学习和发展的基础。教师不仅要理解自主学习的内涵，了解自主学习的特征，认同自主学习的价值，还要在课程教学改革的实践中创新自主学习的设计，开展有效实践。

一、自主学习的内涵及其特征

（一）自主学习的内涵

建构主义倡导自主学习。它认为，学习活动不是由教师向学生传递知识，而是学生根据外在信息，通过自己的背景知识，建构自己知识的过程。在这个过程中，学生不是被动的信息吸收者和刺激接受者，他要对外部的信息进行选择与加工。每个学生都以自己原有的经验系统为基础，对新的信息进行编码，建构自己的理解，从而让原有的知识随着新经验的进入而发生调整和改变。所以，学习并不是简单的信息的量的积累，它同时包含由于新旧经验的冲突而引发的观念转变和结构重组；学习过程并不是简单的信息输入、存储和提取，而是新旧经验之间双向作用的过程。这个过程是别人无法替代的。[①]学习活动通常包含四个因素：学生的背景知识（知识基础）、学生的情感（学习情意）、学习内容本身所蕴含的学习意义、学习内容的组织与呈现方式(如图1.2所示)。

①顾明远，孟繁华. 国际教育新理念[M]. 海口：海南出版社，2001.

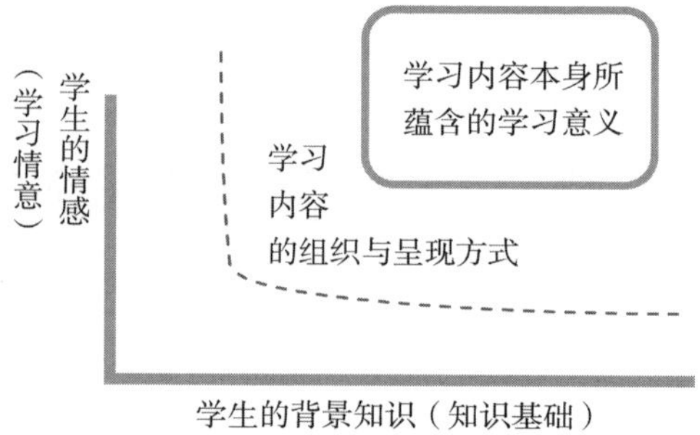

图 1.2　学习活动四因素示意图

要促成学生的自主学习，教师需要对后两个因素进行研究与设计，这是学习设计的要点。

在真实的学校教育中，作为学习指导者的教师和学生组成学习社群。除了直接指导，教师对学习活动的影响还体现在学习内容的确定、呈现方式的设计以及学习社群的组织上。这三者分别对应学习指导、学习设计和学习组织。

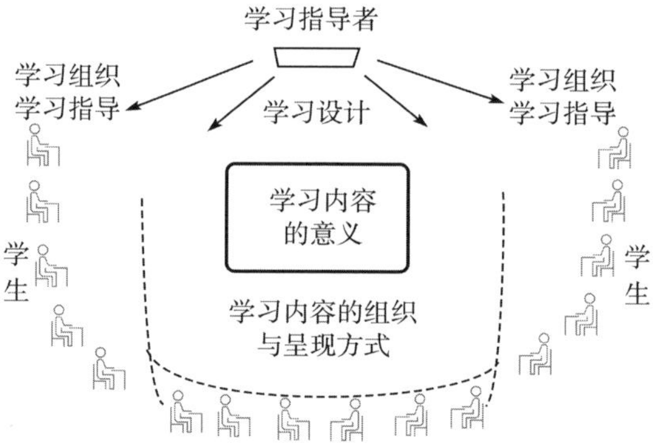

图 1.3　基于学习社群的学习活动诸因素示意图

对于自主学习，我国学者也有不同的观点。余文森认为，自主学习是一种主动、自愿和自发的学习，它是一种内在的过程，即基于兴趣和情感的学习，或是基于责任和义务的学习。[①]靳玉乐认为，自主学习也称为自我调节的学习，是学习主体在学习目标、过程和效果等诸方面进行自我规划、自我管理、自我调节、自我检测、自我评价和自我反馈的主动建构过程。[②]

①余文森. 学生自主学习要培养三种核心能力[N]. 中国教育报,2012-12-06(7).

②靳玉乐. 自主学习[M]. 成都:四川教育出版社,2005.

我们认为：自主学习的概念有狭义与广义之分。狭义的自主学习即独立学习或个体学习，是与合作学习、探究学习并列的一种学习方式，指的是学生根据学习任务，自己确定学习目标、选择学习方法、监控学习过程、评价学习结果的学习过程。广义的自主学习，是与他主学习相对的，不同于接受式（以教师讲解为主）、模仿式（以教师示范为主）的被动学习，它是一种学生在总体教学目标的指引下，在教师指导下，根据自身条件和需要自由主动地选择学习目标、学习内容、学习方式，并通过自我调控完成具体学习目标的学习方式。自主学习既包含了一般的独立学习和小组合作学习过程，也包含了独立探究和小组合作探究两种学习方式。

从图1.2到图1.3，狭义的自主学习强调个体的独立学习行为，而广义的自主学习强调基于学习社群的学生自主调控和管理的学习活动。本章采用广义的自主学习概念，包括学习方式、学习活动管理以及学习情意等。

（二）自主学习的特征

自主学习从根本上确立了学生的主体地位，强调了教学过程中培育学生强烈的学习动机和浓厚的学习兴趣的重要性，让每个学生在教师的科学指导下，通过能动的创造性的学习活动，实现自主、独立与创造性的发展。自主学习主要有以下几个特征。

1. 主体的能动性。

自主学习是学生自觉、主动并积极完成学习任务的一种学习方式，学生需要调控和管理自己的学习过程，总结学习成果，体会学习的价值。虽然学习任务可能由外界给予，但学习内容、学习时间等必须由学生自己计划、实施与总结。

2. 个体的独立性。

在自主学习时，学生应在学习的各个方面以及整个学习过程中尽可能不依赖教师或他人的指导与帮助，独立完成学习任务。独立性使自主学习有了更加自由的学习空间，同时也对学生提出了更高的要求。在小组合作学习时，独立性则体现在个体对责任的担当上。

3. 自我的调控性。

在长期的自主学习实践中，学生依据自己的学习特点与学习水平，可以不断地反思自己的学习活动并进行调控，使其达到最优。因此，自主学习的效果如何，取决于学生的自主水平，一般来说，自主水平越高，学习的进程会越优化，学习会越有效。

4. 指导的适切性。

在同一学习活动中，各种学习方式应互补。无论是在独立学习、合作学习中，还是在探究学习过程中，都需要教师的适时指导。在同一任务的学习中，有时也会有不同的学习方式。因此，教师在组织学习活动时，不能单纯地用一种学习方式来组织学习，而要研究学习内容，合理地制订学习目标，从实际出发，分清哪些内容适宜自主学习，并在此基础上进行有效的指导。

二、自主学习的价值

1972年，联合国教科文组织在《学会生存——教育世界的今天和明天》中指出："未来的学校必须把教育的对象变成自己教育自己的主体。受教育的人必须成为教育他自己的人，别人的教育必须成为这个人自己的教育。""自学，尤其是在帮助下的自学，在任何教育体系中，都具有无可替代的价值。"①联合国教科文组织之所以如此强调自主学习的重要性，是因为无论是从社会发展、学校变革还是从个体成长的角度来看，自主学习都具有十分重要的价值。

（一）社会发展的需要

在当前知识经济时代，人类科学知识以前所未有的速度剧增，科学技术以空前的规模迅猛发展。国外研究表明，在农业经济时代，7—14岁接受的教育足以应付其后40年的工作和生活；在工业经济时代，人们求学的年龄延长为5—22岁；而在知识经济时代，学习已经

①联合国教科文组织编著，邵瑞珍，等译. 学会生存——教育世界的今天和明天[M].北京：教育科学出版社，1979.

成了终身需要。美国教育心理学家巴斯（Barth，1997）指出，20世纪50年代前，人们从大学毕业，大约有70%的所学知识一直可以在其退休前运用；当今，这个数字缩减到了2%。也就是说，今天一个大学生在大学毕业后从事某项职业所需要的知识技能有98%将从社会这个大课堂中获得。美国学者柯蒂斯・J.邦克曾在《世界是开放的：网络技术如何变革教育》一书中描述了“指尖知识时代”的学习，“网络上的资源与内容非常丰富，只要学习者有问题，直接用手指将问题或关键词键入网络，就可以找到答案”。因此，在“指尖知识时代”，重要的是寻找答案的方法，而不是具体内容。[①]学校的学习活动不能再以掌握知识为唯一目的，而是要让学生学会自主学习，以便未来能更好地适应社会发展的需要。

（二）学校教育变革的需要

在终身学习的背景下，学校要从传授知识的场所转变成促使学生学会学习的场所，尤其要把培养学生的自主学习能力作为首要目标。然而，在以教师为中心的传统课堂教学模式中，学生的自主学习能力还不强，各种自主学习能力的发展水平很不平衡。因此，当前学校教育教学变革要把变革学习方式、培养学生的自主学习能力作为一项重要任务，特别是要对学生自主学习的心理机制、自主学习的任务设计、自主学习的策略方法与自主学习的评价体系等问题进行深入研究。

（三）个人发展的需要

有研究表明，自主学习能力与学习者的学习成绩呈正相关。那些在智力、社会环境和接受教育的质量等方面占明显优势的学生，学习成绩反而低下的重要原因就是缺乏自主性。

齐莫曼和里森伯格（Zimmerman & Risemberg，1997）曾对低学业成绩学生和高学业成绩学生的自主学习过程做过比较，结果见表1.1。

---

①[美]柯蒂斯・J.邦克著，焦建利译.世界是开放的：网络技术如何变革教育[M].上海：华东师范大学出版社，2011.

表1.1 低学业成绩和高学业成绩学生的自主学习过程

	低学业成绩学生	高学业成绩学生
时间运用	更加冲动、随意	管理良好
学习目标	设置较低的学业目标	设置较高的具体的近期的目标
自我监控	监控不太准确	监控更加频繁、准确
自我反应	更多的自我批评	设置较高的满意标准
自我效能	低自我效能感	高自我效能感
动机	更容易放弃	面对障碍，持之以恒

所以，学生的自主学习能力与其学习态度、学习策略有着密切的关系，自主学习能力强的学生，可以以更高的标准要求自己。

三、自主学习的误区、影响因素与改进措施

（一）自主学习的误区

基础教育课程改革初期，教师积极践行新课程理念，在指导学生自主学习的过程中，形成了许多卓有成效、富有创造性的成功案例。但是，随着课程改革的深入，自主学习的课堂运用并不理想，有的甚至又回到老路上去，具体表现在以下方面。

1. 课堂的自主学习变成了放任学习。

有的教师错误地认为新课程应给予学生充分的自由，学生想怎么做就怎么做，课堂教学完全跟着学生的节奏走，所谓的生成教学脱离了预定的教学目标，完不成规定的教学任务。

2. 课堂的自主学习效率低下。

有的教师虽然主观上认同改革，课堂上也设计安排了自主学习、合作学习等环节，但由于对自主学习的本质缺乏了解，缺少指导学生自主学习的策略与方法，无法有效组织学生自主学习。在这样的课堂上，不但无法有效开展自主学习活动，也背离了促进学生主动性、独立性、规划性、创新性等自主学习能力发展的本质要求。

3. 课堂的教学形式基本没有发生变化。

有的教师认为自主学习不能提高教学质量，仍然按照传统的教学预设，按部就班地进行讲解与示范，间或让学生进行思考与解答，即便安排了讨论环节，也是迫不及待地把自己的答案告诉学生。课堂教学形式没有发生变化。

（二）影响自主学习的主要因素

影响自主学习的因素有很多，包括教材，教师的教与学生的学以及对学与教的评价等方面。

1. 教材不利于学生的自主学习。

顾名思义，教材就是教学的材料，为教师准备了教的材料、教的策略以及教的方法，以教为主。教师需要对教材进行必要的加工，将其转化为“学材”，给予学生独立思考与个性表达的自由空间。

2. 教师不肯放手让学生自主学习。

受传统的教学观念和应试教育的影响，有的教师认为，如果要让学生学好知识，教师就要先把知识“嚼碎”了，然后通过“小步子”“低坡度”的方式，一点点地扶着学生从未知世界走入已知世界。其实，教师要把思维的权利、探究的权利还给学生，让学生在自主学习中感受到知识的魅力，体会到学习的自由与快乐。

3. 学生不知道如何自主学习。

在以讲授为主的传统课堂中，学生习惯于片段式的学习，习惯于听从与接受，缺乏问题意识和自主学习精神，长此以往就不愿动脑筋，只会被动地听课，不会主动地学习，甚至认为主要任务就是为了考试而学习，只要学习成绩好就行了，学习能力的培养无关紧要。一旦被要求利用已有的知识与经验进行自主学习，他们就会无从下手。

4. 教师未能有效指导学生自主学习。

与课程改革的要求相比，目前教师的专业知识与能力有较大的差距，教师从学校获得的专业知识与能力已经跟不上改革的步伐，而从工作中所获得的也不足以支撑教学改革。再加上教师的继续教育培训内容也与现实需要有较大的差距，教师在培训中获得的学习指导方法往往是不系统、不全面的。所以，一些教师做不到教学生学，不能有效指导学生自主学习。

5. 教学评价未能做到“能力立意”。

课堂教学应指向学生核心素养的发展。但受应试教育的影响，课堂评价、学生学业评价都还未能转到以能力为重的方向上来。以“能力立意”为教学评价的课堂，必然是以自主学习为主的课堂。

（三）自主学习的改进措施

自主学习是一项系统工程。自主学习并非放任自流，而是需要自律、自控，更需要方法、技巧。对于影响自主学习的各项因素，我们要寻找对策，努力改进。

要让自主学习真正成为促进学生主体性发展的有效抓手，教师不但要正确把握自主学习的价值意蕴，领会自主学习的指导要领，更要创新自主学习的设计思路，根据学情、教材、教学环境，灵活有效地运用多种方法来指导学生自主学习。

1. 重新定位教师在课堂教学中的角色。

教师是学生自主学习的合作者。在自主学习的新课堂中，教师与学生的地位是平等的，如果要说教师有什么特别的话，那就是“平等中的首席”。教学过程是教师与学生彼此分享知识、思考与见解，进行情感交流、观念碰撞，教学相长的过程。师生互教互学，形成一个学习共同体，合作学习，共同发展。

教师是学生自主学习的组织者。要组织好课堂教学，教师必须关注每一位学生，运用一定的组织艺术，调动学生的有意注意，激发他们的情感，使其愉快地全身心地投入学习中去。

教师是学生自主学习的引导者。在传统的课堂教学中，教师总是牵着学生的鼻子走，以“齐步划一”的教学框架，获得标准答案。自主学习则要让“不同的人以不同的方式学习不同知识”。但这些同样也离不开教师的引导。教师要在目标导向、路径选择、方法指导、情感态度、疑难解决上，及时给予学生正确的引导。自主学习，教师不是完全放手，而是在更高层面的引领，培养学生主动探索、主动发现的精神，以提高课堂教学的质量。

2. 制订“适而可攀”的自主学习目标。

学习目标是指学生在学习中所追求的预期结果，它通过对学生行动进行调控，使活动保持稳定并指向目标的实现。制订合适的学习目标，能够激发学生的学习动机、调动学生的学习积极性。

教师设计自主学习目标时应注意运用心理学家维果茨基的“最近发展区”理论，只有制订“适而可攀”的自主学习目标，才能增强学生的自我效能感，进而增强学生自主学习的信心与毅力。

3. 激发学生的学习兴趣，增强自主学习意识。

心理学家布鲁纳指出，学习应该是一个主动的过程。在理想化的课堂上，学生应该注意力集中、主动并乐于学习。他们对作业没有什么怨言，也不需要谁用甜言蜜语来诱导他们学习。但在现实中，教师面对的并不是这样的理想化的课堂。因此，教师会采用各种方法来激发学生的学习兴趣。由于由外部动机驱动的学习往往是短期的、被动的，因此教师要重视激发学生的内部动机，满足学生的学习需求，让学生体验学习的乐趣，增强学生的自主学习意识。

4. 改进教学方法，提升学生的自主学习能力。

达尔文说过，最有价值的知识是关于方法的知识。要让学生自主学习，关键是要教其学习方法。教师要能够依据学科特征，提炼学科核心知识与核心能力，将其编制成适合学生自主学习的材料，让学生可以结合已有学习经验与思维方式进行独立思考，尝试完成学习任务。

5. 创设民主、平等的学习氛围，激发学生的自主学习热情。

要提升学生的自主学习能力，还必须为学生创设自主学习的良好氛围。一方面，努力建立民主平等的师生关系，重视课堂上的师生情感交流；另一方面，教师要亲切，语言要有感染力，不断激发学生的求知欲，鼓励学生勇于克服学习中的困难，使学生在课堂中既感到积极紧张，又感到轻松愉快。同时，要多给学生提供独立思考的机会，让学生真正参与到学习过程中，从牵着学生一步一步地过河到让学生摸着石头自己过河。

总之，培养学生的自主学习能力，让学生主动学习，是一个循序渐进的过程。教师只要有方法、有策略，有耐心，久而久之，学生的自主学习能力一定会得到提升。

第二节　学习设计：相对于教学设计的讨论

一、学习设计与教学设计的联系与区别

关于教学设计，有各种不同的观点：布里格斯对教学设计的定义是，教学设计是分析学习的需要和目标，以形成满足学习需要的传送系统的全过程。梅里尔在《教学设计新宣言》中认为，教学设计是一种用以开发学习经验与学习环境的技术，以有利于学生获得特定的知识与技能。加涅在《教学设计原理》中认为，教学设计是一个系统化规划教学系统的过程，是一种系统设计、实施和评价学与教全部过程的方法。赖格卢特特别强调，“教学设计主要是关于提出最优教学方法的处方的一门科学，这些最优的教学方法能使学生的知识和技能发生预期的变化”。盛群力在《教学设计》中认为，教学设计的实质是对教师课堂教学行为的事先筹划，是对学生达成教学目标、表现出学业进步的条件和情境的精心安排，以创设一个有效的教学系统。具体来说，就是为达到教学目标，对教什么、怎样教以及达到什么结果所进行的策划。

为了促进自主学习，教学设计应进一步强调“学生立场”。随着学习科学研究的进展，人们对教学活动的认识有了一些发展，越来越多的人接受“学习设计”这一提法。

学习设计，是指教师基于学生的立场，针对学习目标，准备学习资源，策划学生的学习活动，并对教师的支持性行为与促进性行为进行构思的过程。

相对于教学设计，学习设计有以下特点：首先是强调“学生立场”，始终将学生的学放在第一位；其次是重视承载学习内容的学习资源与体现学习方式的学习任务的设计，这是学习内容的组织与呈现

方式的体现；再次是强调学习活动设计先于教学过程设计，以学生学习活动为主线，辅以教学指导；最后是强调教师教学行为的定位属于支持性行为与促进性行为。基于“学为中心”的思想，学习设计的要点是学习任务的设计，它包括学生课前先行进行的自主学习（以下简称为“先学”），课中的思考、交流、实践与习练，以及与学习目标相关的课后延伸学习等。

我们认为，教师在课堂中最重要的任务不是讲课，而是组织学习，但在学生学习进展的关键处或学有困难时，教师应适时给予指导与帮助。这便构成了教师在课堂中的两类行为：一是支持性行为，指教师创设情境、组织学生学习的具体措施；二是促进性行为，指教师对学生的学习进展相机指导，具体包括团体指导与个别指导等多种形式。

学习设计是教师课前准备的关键，同时，教师还需对如何运用学习设计促进学习有所构思，这相当于“教的设计”。也许理想的教学设计就是今天我们所定义的学习设计，但现实中多数教师所实践的教学设计主要表现为教的设计，忽略了“以学定教”。

提出学习设计这一观点，并不是摒弃传统的教学设计，而是从学习活动本质的视角深化对教学设计的认识，纠正忽略学习者立场的单一的教的设计，引导教师从重视教的设计转变为重视学的设计。突出学习设计，意在调整人们对于“学教关系”的理解，进而将“教”视作学习设计的运用之法。

学习设计与教学设计的区别见表1.2。

表1.2 学习设计与教学设计的区别

	教学设计	学习设计
教学假设	学生主要依靠教师的帮助达成学习目标，所以教学设计的重点在于“教师如何帮助”	学生主要依靠自主学习达成学习目标，所以教师的帮助应在学生自主学习的基础上进行，并以促进学生学会学习为目标
师生关系	突出教师在课堂活动中的主导与控制作用	强调学生的学习主体地位，将教师的课堂行为定位在支持与促进学生学习

续表

	教学设计	学习设计
设计内容	设计教学过程,课前设定课堂教学行为,预设促进学生学习的条件与情境	学习活动设计先于教学过程(导学)设计。通过学习资源(包括情境)与学习任务(支架)的设计,促进学习的真实发生
学习评价	无法差异化教学,以整体的同步组织的课堂活动来达成共同的教学目标	强调学生立场,尊重学生之间的差异,重视学情诊断,把学习差异也作为学习设计的资源

如何进行学习设计，应围绕促成学生自主学习的目的来展开，教师首先要研究学生的学习起点与学习目标，然后设计学习任务，规划学与教的流程，同时就学习资源的提供与学习情境的创设进行构思，然后还要对如何观察诊断学生个体及群体的学习进展，以及在学习过程中的相机指导有所准备，由此构成学习设计的若干要素。

二、学习起点与学习目标

学习目标与教学目标应是一致的。教学目标关注的是学生群体，而学习目标更关注学生个体。换句话说，学习目标更关注学生的学习起点以及学生之间的差异。

维果茨基的“最近发展区”理论对如何把握学习起点和学习目标有所帮助。维果茨基认为，学生在学习过程中有两个发展水平：一种是当前发展水平，指学生通过自己的独立活动能达到的解决问题的水平；另一种是潜在发展水平，即学生不能独立完成任务，但经过和其他学生的交流或教师的指导帮助后能够达到的水平。这两个水平之间的区域则为“最近发展区”（如图1.4所示）。

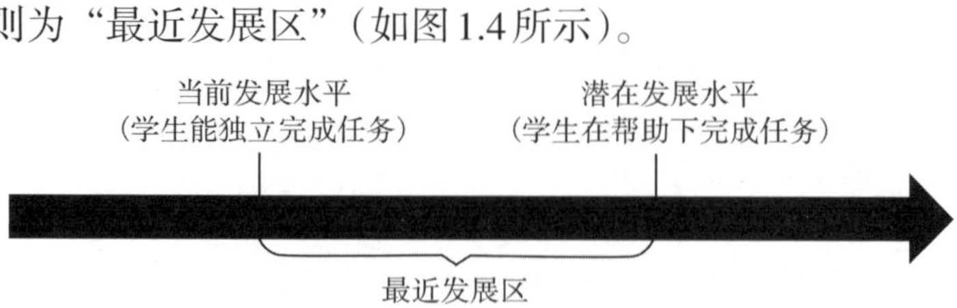

图1.4 “最近发展区”示意图

潜在发展水平应是课堂学习的目标，最近发展区反映了学习的进步空间。我们注意到，当前发展水平不只是学习基础与学习经验，更是指学生能独立完成任务的水平。这不应是教师对学习起点的简单估计。教师应基于对学情的分析与对教材的研究，先在教学中让学生独立完成先学任务，然后通过先学任务完成情况的分析，了解学生独立预学后能达到的水平，即真实的当前发展水平。之后，教师再设计教学过程，帮助学生达到潜在发展水平（如图1.5所示）。

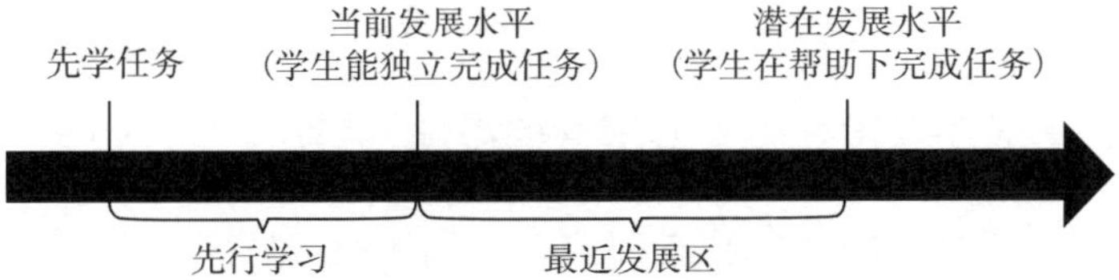

图1.5　先行学习与“最近发展区”示意图

先学任务是学习设计的一个关键点，这是教师对学生学习的第一步引导。除了学生自主状态下的先行学习外，还有在同学互助下的合作学习，也都属于学生自主实施的学习活动，两者相互关联。本章第三节与第四节将分别讨论先学任务与合作学习任务的设计。

先行学习倡导：学生自己能够学的，就让学生自己学；学生自己能够解决的问题，就让学生自己解决；学生在学习中遇到问题或碰到困难时，再寻求同学或教师的帮助。因为教师教会的“会”与学生自己学会的“会”是不同性质的“会”，也是不同水平的“会”。

当然，上述“会”可能还只是具体知识、具体学习内容的“会”，而学习的本质，即真正的“会”应是学会如何学习的“会”。因此，“促进学生学会学习”才是学习设计的核心目标。

让学生从“学会”到“会学”，培养其学习能力。依靠对学习过程与学习方法的合理设计。如情境创设、自主探究、合作讨论等主要是学习过程设计；如记忆、思维、听说、阅读、观察、练习、写作、实验、参观、表演、欣赏、研究、评论、创作、讨论、访问、调查、游戏、搜集资料、制作图表、社会活动等是学习方式方法的设计。教师根据学习目标，设计学习过程和学习方法，应遵循适合、适量的原则，有所筛选，择其要者，以确保有效地贯彻落实学习目标。

三、学习任务与学习流程

很多教师习惯从课堂导入开始教学设计，按照课堂教学的顺序制作“脚本”。在这貌似合理的过程中，教师最费心的可能不在于核心学习内容的突破，而在于导入的巧妙和课堂展现的精彩。“学为中心”的教学思想要求教师将教学准备的重点放在核心学习内容的突破上，放在适合差异群体的核心学习任务（学习活动）的设计上。

（一）学习任务设计先于教学过程设计

以自主学习为主的学习流程一般包括学生先行学习、师生交互学习与学生后续学习三个环节。学习任务设计先于教学过程设计，这是学习设计的重要原则。

教师首先要对学习目标与学习内容有清晰的把握，再根据学生的学习起点设计核心学习任务。这一任务可能是课前的先学任务，也可能是后续学习任务，两者常常是前后呼应的。教师要重视学生的先行学习和后续学习，从学生有效学习的角度，在设计好学习任务后，再构思课堂组织与串联方法，让课前、课中、课后保持连贯性。

对先学任务的关注是“学为中心”教学改革的特点之一。先学任务通常是围绕某一课时（单元）的学习目标，供学生提前阅读的材料和提前思考的问题。它形成一个学习支架，引导学生按照一定的流程先学。在这一过程中，虽然学生都是独立学习的个体，但教师已通过学习材料的有序呈现，引领学生开展学习，同时了解学情，了解哪些内容学生能够自主解决，学生又会遇到哪些困难，从而提出切合本班学生学情且又体现学科本质的问题，组织学生讨论。也正是因为有先学任务，教师才能够更好地导学，导学形式既可以是有针对性的小组讨论，也可以是有计划的小组反馈与总结梳理。

关注后续学习也是“学为中心”的一种体现。后续学习是指学生在先行学习之后所跟进的学习。在后续学习设计时，要关注“后”与“续”：“后”就是要对先学任务做出适当的分析，通过学情诊断，找准学生真实的当前发展水平；“续”即要以“当前发展水平”为学习起点，充分利用完成先学任务时的差异资源，组织、帮助与指导学生进行再学习。关注后续学习，要求将随堂任务（包括课堂后期的随堂检测）以及课后作业与课堂学习设计合在一起系统考虑。本书后文将在作业改革的讨论中系统展开理论与事例结合的论述。

（二）变预习为有所设计的先行学习

今天倡导的“先学”是对预习的发展，也可称之为“预学”。

以往的预习，一般是学生先看课本，熟悉课本内容，尝试完成练习。虽然其中也有教师对预习方法进行指导，但这些指导没有与具体教学设计相结合。

强调先学，则是要将其纳为教学的一个主要环节，并体现在学习设计中。先学任务的完成过程就是学生在教师精心设计下进行的，有计划、有步骤的学习过程。它通常以“学案”的形式呈现，其意义是将学习的主动权交给学生，就像放羊一样，让他们在能控制的范围内“自由觅食（愉快探究问题）”。

（三）围绕先学任务展开自主学习

要促进学生自主学习，先学任务无疑是关键。从课堂学习的启动到课堂学习活动的展开，教师都要关注学生先学任务的进展情况以及个体之间的差异，并以此来调整后续课堂学习的设计。这就是“以学定教”，也是典型的以自主学习为主的课堂流程（见图1.6）。

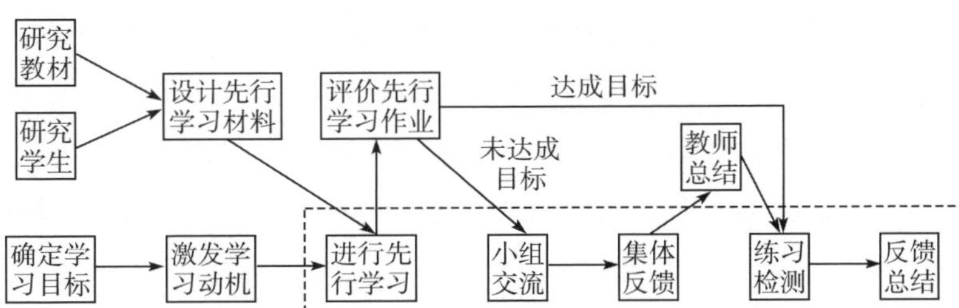

图1.6 以自主学习为主的课堂流程

对于图1.6虚线框中的进行先行学习、小组交流、集体反馈、练习检测、反馈总结等环节，教师均要进行有效的准备、必要的调控、恰当的总结。这说明开展自主学习并不能脱离教师的指导。促进自主学习的学习设计与学习指导，更显教师的智慧。

有效的先学任务一般包括目标、问题（支架）、材料（资源）三个要素。学生往往是依着材料、循着问题奔向目标的。设计先学任务时一般应注意以下几点。

1. 以简明的引导语明确目标。

先学通常是学生自己支配时间，进行自学并自评。学生只有明确学什么，才能有效自学与思考。有的导学案的开头也像教案一样详细罗列本课的教学目标和教学重点与难点，但这些表述常常是教师口吻，而非学生立场。所以，呈现先学任务时，要重视引导语的设计，通过几句清晰的引导语，让学生明确该任务的目标及与其相关联的知识点，引导学生根据学习目标进行自主探究。

2. 设计有思考意义的问题。

先学任务的核心在于问题的设计：一要围绕核心内容设计问题，二是问题应与学习对象的经验和认知特点相适切。问题一般是学生日常生活中面临的或是在此前学习中迫切希望解决的矛盾焦点。它最好能涵盖重点与难点，体现单元或某节内容的根本关联，同时又源于学生的实际问题，与学生的原有经验密切联系。对某个内容的学习常常可以用一个问题贯穿始终。问题的设计要照顾到不同能力水平的学生，可以把先学任务分层，也可以设计一些有思维含量的开放型、思辨型、创新型问题，让所有学生都有话可讲。

3. 充分利用教材，但不局限于教材。

先学的材料可以来源于教材，但不是教材内容的简单复制。教师应充分利用教材，可以以教材中的例题或文本引导学生先学；教师也可以在教材梳理的基础上，进行多角度的反思，创编“学材”，设计更有启发性的先学任务。现在有些学校忽视教材，简单引进课外习题与资料，舍本逐末，不可取。

4. 提供必要的阅读材料与活动经历。

很多教师在课堂上大量投放习题，以求让学生熟能生巧，而我们主张教师在课堂上提供更丰富的学习资源供学生阅读，让学生在阅读中发现、梳理与思考。增加真实的实验与实践活动，让学生经历与体验。对问题的思考是一种学习，阅读中的思考是一种学习，在经历实践活动时的体验也是一种学习。其中，阅读学习与实验学习分别是社会科学与自然科学的主要学习路径，需要重点关注。

5. 激发学生先行学习的动机。

有效学习必须基于积极的学习愿望。先学任务的设计必须重视学生学习动机的激发，不仅要利用外在的评价机制激励学生投入学习，还必须重视挖掘知识的内在魅力，要以有一定开放度与层次性的先学任务，让学生充分展现自己的思维，激发学习潜力。

案例1.1

初中数学先行学习设计与实施的建议

杭州市上城区各学科分别拟制了《“自主式学习”课堂教学实施建议》。以探究为核心的初中数学《“自主式学习”课堂教学实施建议》包括三部分：课堂教学活动准备（课堂教学案设计、前置性学习安排）、课堂教学过程实施（学习小组的建设，有效合作、交流评议的节点选择与开展，交流评价的开展，学习成果的整理）和课堂教学后续活动（学习的反思拓展）。这里节选第一部分“课堂教学活动准备”来说明先行学习的设计与实施的方法。

课堂教学案设计

建议：把握数学本质，寻求知识发生发展过程与学生认知过程的完美融合。

释义：教学案设计的要义在于通过研究数学发生发展规律和学生的认知规律，把数学知识发生发展的自然过程与学生的认知过程统一起来。要通过知识发生发展的历程分析把握教学内容的数学本质。清晰描述三维教学目标：基础知识、基本技能、基本思想方法（除抽象、推理、模型之外的具体思想方法）、基本活动经验（包括具体的解题经验）是教学目标的核心部分，过程目标、情感态度价值观目标必须结合核心目标来描述与达成。根据知识发生发展过程中的主要环节，把课堂教学总目标分解为若干个清晰、可量化描述的教学环节目标，在教学环节目标的指引下精选教学内容与之匹配，要特别注意匹配相应的诊断练习、形成练习、拓展练习以促进落实。为满足不同水平层次学生的学习需求，要设计可供学生选择的针对性习题系统。为保证落实，应保证每位学生有不少于10分钟的当堂书面独立练习时间。

前置性学习安排

建议：问题导学，注重“想（做）、画、注、问”的学法指导，突出培养问题意识。

释义：自主学习的课堂教学希望“学生能自己学会的让学生自己学，自己学不会的小组学，小组学不会的跟教师学”。前置性学习试图把学生能自己学会的放在课前让学生自己学，然后让学生带着问题进课堂。其关键是借助问题意识实现探索性理解接受学习和探索性发现创造学习的统一。

在前置性学习中，问题导学和培养学生的问题意识是关键。导学案的设计要注意挖掘推动知识发生发展的本源问题（帮助学生体会“为什么要学习这一知识”），通过问题解决，引导学生体会、揣摩蕴含在问题发现、提出、分析、解决过程中的智慧，学会“数学”地思考。教师可以先整体提出本源问题引发学生思考，让学生独立探索或带着问题去自学；教师也可以在提出整体性问题的基础上作适当的分解、提示，形成问题串，帮助学生开展进一步探究。引导性问题的设计不仅要有利于提高自学的质量，还要给学生示范如何提出问题。

前置性学习还面临两个问题。一是学生不愿自学。其原因是未在自学中享受成功、获得乐趣。教师要建立促进自主学习的前置性学习评价机制，如学懂学会的要加分，能提出自己不懂的问题也要加分，提出有建设性的好问题更应加分。二是学生不会自学。其原因是缺乏由“扶”到“放”的方法指导。如自学陈述性文本时要注意想（看课题时要想一想研究什么问题、可能会如何研究、涉及哪些已有知识经验等）、画（画出重点）、注（对文本作出自己的解释说明）、问（提出自己的疑问或进一步研究的问题）；自学问题性文本时要做（独立做一做，然后看文本中的解答）、画（画出解题关键）、注（推测文本作者的思路形成过程）、问（提出自己的疑问或进一步研究的问题或其他的解题方法）。另外，教师在课堂教学中要引导学生围绕问题反馈自学成果，鼓励学生提出有创见性的问题。

（杭州市上城区教育学院　任敏龙）

（四）学习流程应视学科特点与课型要求而变化

图1.6的教学流程基本体现了“先学后教”的思想，这是当前很多学校课堂教学改革的基本模式。但在实践中，没有放之四海而皆准的模式，任何模式都应与学科特点相结合，与学习目标的类型相结合。杭州市萧山区将“一科多模”作为区域推进课堂教学改革的基本主张（见案例1.2）。他们遵循“学为中心、学生立场”的核心理念，先是根据学科特点，提出本学科课堂教学的要点；然后划分课型，按不同学科不同特征的知识对教学内容进行归类；最后在归类的基础上，按不同特征知识及其教学目标设计教学程序，形成多种学习设计模式。

案例1.2

初中科学课型模式及其特点

2012年，杭州市萧山区初中科学按照区教研室“一科多模”推进课堂教学改革的设想，率先进行尝试研究。在大量研讨、反复实践与总结的基础上，确定五种基本课型模式（见下图）。

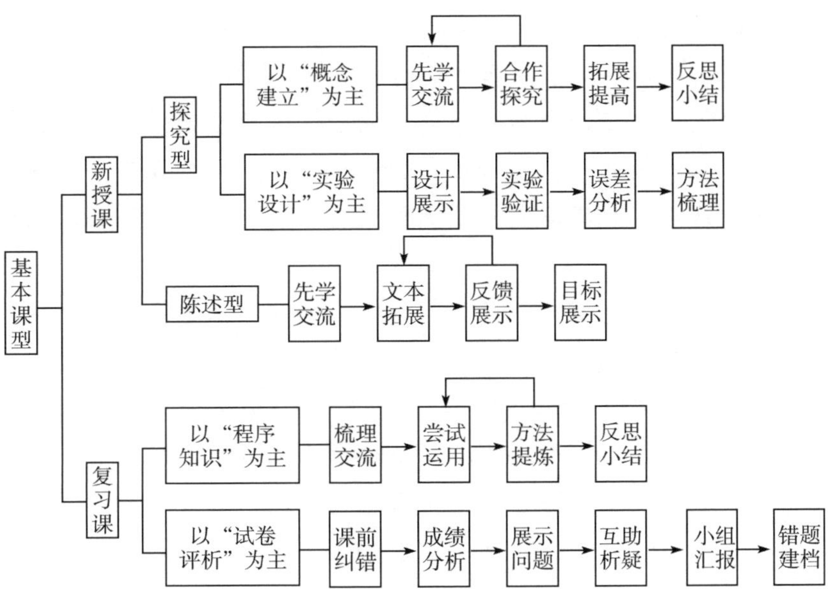

初中科学的五种基本课型模式的教学程序是“先学—合学—展学—理学”，程序中每一个教学环节做什么、怎么做，都从学习目标的具体特点出发，有相应的设计和明确的界定。这些对“学”与“教”的方式与秩序的调整，提高了模式的适应性，有利于学生完成学习任务，有利于学生在课堂上的展示与交流，体现“学—教—学”的教学回路。

在形成模式及其变式的过程中，我们强调尊重学科的特点。“实验探究”是初中科学学科的主要学习方式，也是科学学习的显著特点。为了使“实验探究”真正落到实处，首先要突出“先学探究”任务的设计与实施，从而为学生的课堂探究领航并做好铺垫；其次要突出学生的“互学探究”，以此来满足学生求知、表现和创造的欲望。这样的设计与安排，突出了学科特质，也与区域教学新范式所倡导的教学行为方式一脉相承。

初中科学研究团队在创建“一科多模”的过程中，提炼了建模的三种方式：

一是“实践—模式—理论”方式。如以“程序知识”为主的复习课，我们研究了多种中考复习的优化思路，在广泛实践的基础上，经过概括、归纳、综合，慎重地提出该模式。该模式被普遍运用和证实以后，我们试图提出一些粗浅的理论，如“学教”理论等。

二是“问题—求解—模式”方式。如以“概念建立”为主的探究课。在实践中，我们遇到一个两难问题，既要鼓励学生先学，又要保持课堂学习的研究性，怎么办？通过探索，我们创立了“铺垫型”先学方式，让学生脱离课本，使裸学成为可能，由此渐渐形成该课型清晰的模式。

三是“原型—模式—新型”方式。如以“试卷评析”为主的复习课，我们分析研究了山东省昌乐二中的试卷讲评课中的重要环节，在借鉴的基础上加以改造和优化，总结出新的模式。

（杭州市萧山区教育局教研室　陈　亮）

四、学情诊断与教学指导

按照“学为中心”的教学思想，“以学定教，顺学而教”是教学的重要原则。教师在课堂教学的全过程中须随时保持对学生学习进展的观察与评价，以便有的放矢地针对性指导，推动后续学习。

作为学习设计的设计者，教师应有观察与评价学生学习进展的方法，并对评价标准以及如何进行行为解释有专业思考。具体的学情诊断既包括对学生个体的观察，又包括对群体学习进展差异的把握。不论是哪一个阶段的评价，教师都要关注学生的差异，在先学任务中发现差异，在后续学习时利用差异，并最终促进学生学习能力的提升。

（一）对学生自主学习进展的观察与评价

学生完成先学任务后，教师可以通过批改、抽测、访谈等方法了解和分析学生的掌握情况，也可以通过课堂展示，让学生“将知道的说出来”，以暴露其对核心内容的理解程度与思维过程。苍南县灵溪镇第一中学几年来一直在探索预学活动（与先行学习类似）的设计，并总结了有效的观察反馈方法。

案例1.3

预学活动的观察反馈方法

学生记录与反思

学生在预学情况记录本中将每天预学时遇到的问题记录下来，并在当晚或次日将这些问题的解决方法记在一起。这样做，一方面，学生能清楚学习问题的分布与特点，另一方面也有利于教师及时了解学情。

小组报告

将班级学生分成若干个（一般为4—8个）学习小组，在预学交流环节中，各学科结合实际设计了预学结果的不同报告方式。

语文学科在黑板上设计预学分组反馈表，将本组的预学情况用序号代替：A.我们已经掌握，准备迎接挑战；B.我们遇到困难，准备悬赏求助。在规定的时间内，由小组代表填写。再将不同小组结成互助同盟，进行组间“踢馆”。

数学和科学学科采取了预学摘牌制度，数学和科学老师将预学活动按照难度分成A、B、C三档，让各个小组摘牌展示，每组可以结合自己的实际情况选取一档。

英语和历史与社会学科合作，为每个小组准备三块预学课堂展示牌，正反面分别用中、英文写着：“准备好了”“We are ready”“求助”“We need help”“准备中”“We are trying”。在具体的学习活动中，学生可以根据自己的完成情况出示一块牌。如在规定的时间内学习小组未能完成，课后该小组组长应向教师反映学习情况，并将困难以书面形式反馈给教师。

学习反馈

在班级中设置学生学习反馈栏，让学生把预学中的问题写在便利贴上，贴在反馈栏中。有些班级结合自己班级的具体情况，创造性地设置预学问题悬赏栏、学习情况交流本等。

（苍南县灵溪镇第一中学）

（二）对学生课堂学习状态的观察与评价

在学习设计时，除了要关注学生先学任务达成情况外，教师还应关注学生课堂学习的状态，对如何观察与评价学生课堂学习的情况有清晰的思路并准备有效的工具。譬如可以将学生在课堂上听的状态分成没听、安静听、积极回应、其他表现四种，将听的效果分成听不懂、会补充、能迁移、善质疑四种，分别观察与记录。通过对学生课堂学习的参与状态与思维状态的观察与评价，来反映学生个体自主学习的习惯和能力。温州市第九中学对此进行了探索。

案例1.4

学生参与学习情况的观察提纲

学习状态

学生大致用了多长时间进入学习状态（即能够跟上教师的教学步

骤，注意力集中）？有没有磨蹭（即做些与任务无关的事或注意力不够集中）的学生？如果有，他们磨蹭了多长时间？他们在做什么？

学生学习时，注意力的保持情况怎样？学习状态是否积极、主动、热情？

学生能否积极参与发言、讨论？

自主学习

学生能否独立思考？能否独立完成学习任务？完成的程度如何？

在遇到问题时能否主动求助？求助谁？得到帮助后有无完成学习任务？

在规定时间内完成学习任务的学生在做什么？未能完成学习任务的学生在做什么？

合作交流

小组合作交流时是否每位学生都参与？如果没有参与，他们在做什么？

学习时学生能否互相帮助？

（温州市第九中学）

（三）从个体学情诊断到群体学情把握

现实中，教师不可能时刻保持对所有学生进行实时诊断的状态。因此，学情诊断更多地表现为对群体学情的把握，注意整体观察与个体观察的结合，发现个体间的差异，形成进一步的教学设计。

对群体学情的把握要在兼顾整体的前提下，确立典型意识与类别意识，即既要看“面”（指学生的整体学习情况），也要看“点”（指个别典型学生的学习情况），还要看“行”（指水平相近学生学习情况的规律），为教学指导提供依据。

学情诊断的方法固然是重要的，但更重要的是其中蕴含的价值观。为体现“学为中心”且“教学相长”，要求“教”与“学”的观察相结合。温州市南浦实验中学提出的“整体观察，价值引导”值得推广（见表1.3）。

表1.3　体现价值引导的课堂观察框架

视角	维度	价值取向
知识传授	内容	不是教教材，教学内容的确定要基于学情，要体现差异，注重生成，以学定教
教师教学与学生发展	倾听	通过倾听，学生能够在他人观点的基础上去思考，并形成思维模式，从而将学习与合作引向深入。 善于倾听的教师在教学时语言从不冗长，他们将更多的时间与空间留给希望表达的学生们。他们认真倾听学生发言，串联学生的各种表达，用高度凝练的语言触发、引导、深化学生的学习
	自主	让学生通过独立的分析、探索、实践、质疑、创造等方法来实现学习目标，培养自主学习的责任感，提高对学习活动进行调整、修正和控制的能力
	合作	在教师清晰的合作任务指引下，学生了解自我角色（帮助者、求助者、参与者），有序参与小组合作活动，达到丰富知识（思想）、合力解决难题、培养合作精神的目的。 教师深入观察每个学生，提出具体的学习任务以引导学习，组织交流，开展多样化的师生互动或学生之间的互动，让学习活动更为丰富，让学生的经验更深刻
知识传授	达成	课堂效果不是看教师讲得多么好，学习设计得多么巧妙，而是看学生在这节课收获了多少

（四）支持性行为与促进性行为

学情诊断是教师对学生学习进展的把握，是教师进行针对性指导的依据。教师在课堂上可能同时拿着“放大镜”与“小喇叭”，一边观察与诊断学情，一边进行点拨与指导。当然，教师的指导有支持性行为与促进性行为之分。教师在学习设计中，应对如何指导与帮助学生学习有所预设。

支持性行为指的是教师“以静制动”来帮助学生学习的措施。比如学习任务的设计、学习资源的提供、学习情境的创设、学习社群的组织等。这些行为，有的发生在课前，有的发生在课上；有的面向全体，有的面向特定人群。从学习设计的角度来说，教师对如何组织与支持学习应有充分的准备，并对教学现场的及时调整策略有相应的准备。

促进性行为指的是教师主动施加的学习干预活动。比如在学生尚不明白时的讲解、在学生说不清楚时的指点、在学生回答不够完整时的补充、在学生出现错误时的纠正、在学生争论不休时的引导、在学生展示阐述后的评价反馈……都是维持或促进学生持久深入地自主学习的重要措施。当然，教师的促进性行为并不是越多越好，而是要恰当及时，“到位却不越位”，多一些循循善诱的启发，少一些一锤定音的结论。

有的促进性行为面向整体，有的面向个人。有的促进性行为是预设的，但更多的是现场生成的，它是以学情诊断为基础的针对性指导。通过先学任务发现学生在解决问题时的差异，并将这种差异转化为学习资源，在后续学习设计中采用差异化的教学策略，这就是典型的教师的促进性行为。下文为杭州市萧山区高桥小学的促进性行为案例。

案例 1.5

巧借差异促进学习

在小学数学六年级上学期的《百分数》一课中，教师可根据学生预学作业的情况有差异地组织教学。

先学时已经掌握的，教师直接评析

“先学任务”具有检测学生预学进展的功能。教师如果从先学任务单中发现学生对某一知识点已全部掌握，课堂上可以不作反馈。

如100%的学生都能够正确地读和写百分数，教师可以直接对学生的预学情况进行谈话评价。至于百分数的具体写法与对百分号的认识，可以在让学生评析“0.05%”的写法时自然地引出。

先学时有多种答案的，组织学生辨析

预学作业可以反映出学生不同的认知水平，当学生对同一题有不同答案时，教师可以组织学生辨析。

如学生在预学后摘录“百分数”的定义时有以下两种答案。

答案一：像上面这样的数，如18%、50%、64.2%，叫作百分数。

答案二：百分数表示一个数是另一个数的百分之几，百分数也叫百分率或百分比。

出示以上两种答案后，提问：这两句话都在说什么叫百分数，但有什么不一样的地方？请小组交流讨论。

生1：我们认为第一个答案是举了一些百分数的例子，第二个答案在说百分数是怎样得到的。

生2：我们小组认为第一个答案是说百分数是怎样的数，第二个答案是说百分数的意义。

……

学生对同时出现的两个答案进行辨析，可以直观地感受到对概念下定义的两种基本形式之间的联系与区别。

先学时有不同表述的，组织学生概括

如在先学时，学生分别找到了生活中不同的百分数，并用格子法、线段法等不同的图示形式表达。在课堂上，学生可以展示典型例子，交流讨论，从不同的形式中概括它们表述意义时的相同点。

先学时被忽视的，教师适时补充

如学生在寻找生活中的百分数时，找的都是小于1的百分数。在展示了这些百分数并加以分析后，教师追问：同学们找到的百分数都是小于1的，是否有等于1或大于1的百分数？它们的具体意义是怎样的？

于是，学生又根据经验列举了一些实例，教师选择其中的一个典型例子（如汽车的速度是卡车的140%），请学生画一画示意图。

接着，在直观图与原来的图示的比较中，探究大于1的百分数的特点。

课前先学使得课堂教学中的传统意义上的难点发生了变化。如原来《百分数的意义与写法》一课的教学难点是百分数定义的概括，而在先学的背景下，学生通过阅读书本，已经初步了解百分数的定义，并在做预学作业时结合具体例子进行解释，它已经不再是教学的难点。

（杭州市萧山区高桥小学　顾青峰）

第三节 先学任务的设计

先学任务是“学为中心”课堂改革中学习设计的一个主要内容。所谓先学任务的设计是指教师先提供学习材料，明确学习任务。先学任务可以帮助学生先进行独立学习，然后带着独立学习的成果与困惑进行交流讨论、质疑问难等合作学习。在这一学习进程中，教师提供引导学生自主经历先学过程的学习材料。先学任务的设计应是教师备课的一部分。

一、先学任务的实践价值

“学案导学”就是以先学任务为抓手的课堂教学改革，它要以“自主学习”的课堂去转变“他主学习”的传统教学模式，试图实现学生主体地位和教师主导作用的和谐统一。尽管现实中学案的编制质量良莠不齐，但这种以先学任务为支点去变革课堂的方式有其不可替代的作用。

（一）先学任务成为推动课堂教学改革的支点

从学教关系来审视传统的课堂，以满堂灌、满堂问为特点的过度依赖教的被动教学模式依然是常态和主流。其本质是一种“他主学习”模式，其主要危害是形成两种教学惯性。

一是学生习惯性地等待教师的教。因为长期处在“他主学习”模式，学生缺乏自主学习能力；学生因为不会学，而习惯于被动地接受教师的教，等待教师的教；因为学生被动地等待教师的教，反过来又促使教师教得事无巨细，形成恶性循环。

二是教师习惯主动地、有控制地教。教师总觉得学生自主学习可能存在困难，对其不放心。即使在学生具备自主先学条件的时候，仍有一些保守的教师无法站在课程改革的高度来审视教与学的关系，故步自封，主动教，甚至沾沾自喜地认为自己这样做是较好地完成本职工作。

从表面上看，传统的“他主学习”模式也能通过高强度的训练弥补学生学的不足，但学生的学习方法没有得到有效指导，学习能力没有得到有效提高。这显然是不可持续的教学模式。

所以，应提倡以先学任务为支点，推进课堂教学的改革。首先要教师设计出适合学生自主实践、自主体验、自主探究的先学任务；然后让学生在先学的基础上，就生成的问题与同学、教师开展研讨与探究，力争依靠集体的力量自主发现并解决问题；最后在教师的引导下，完成更复杂、更有深度的课堂学习任务，以深化自主先学的成果。

在整个过程中，先学任务既是重要的铺垫，又是课堂进展的线索。它成为课堂从“他主”转向“自主”，体现“学为中心”思想的关键。它不完全是新知识的初识或简单的练习，而是一节课的重要环节，是教师依据不同课型系统设计的任务，旨在让学生在先学任务的指导下，为课堂学习做思考或体验的铺垫，逐步掌握学习的方法，形成好的学习习惯，同时便于教师了解预学进展，形成课堂活动的初步结构。

（二）先学任务成为引导学生主动参与学习的介质

在传统的课堂中，教师面向集体的讲解与问答较多，不少学生只是被动地跟从着，缺乏深入的思考与真正的参与。先学任务的出现，给学生一个积极参与教学、探索、发展的机会，有助于学生的课堂学习。

一是先学任务明确要求学生能自己学的知识自己先学，能自己解决的问题自己解决，这凸显了学生在课堂中的主体地位。不仅明确了学生主动参与的具体形式，还强调了学生主动参与学习的责任。

二是先学任务注重学习的过程性体验。这些先行思考既是学生为课堂学习所做的准备，又是学生主动、深入地参与学习过程的认知基础。这种主动参与的学习远比被动地从教师那里获取现成的结论要深刻得多，对学生发展产生的影响也深远得多。

（三）先学任务成为教师针对性指导的助力

在传统的课堂中，常常是教师面面俱到地讲授知识，全体学生“齐步前进”，课堂教学针对性不强，教师不是很重视课前对学情的把握，只是依靠经验判断学生的学业基础。学习哪个知识点时学生可能会遇到困难？应该用怎样的方法来解决？哪些学生可能会在学习某知识点时有不同的想法？应该如何引导与讨论？……这些影响课堂教学设计的学情判断如果只是主观臆测，“学为中心”的课堂便会有许多困难。

先学任务是教师诊断学情的重要工具。它能让教师的导教更具针对性。

先学任务的设计与实施，首先在时间上突出了先学再教，在学的方式上强调个性化，在教的策略上更具针对性。教师需事先批阅学生的先学任务，及时了解学情，然后在课堂教学中开展针对性教学。凡是学生能够自己独立解决的问题，就让他们独立思考；凡是学生能够合作研讨解决的问题，就让他们合作研讨；对学生不能独立解决的问题，则通过启发、引导，组织大家一起解决。这样就能将学生的主动性和教师的主导性较好地统一起来，进而达到“教师少教、学生多学”的效果。

为了增加教师导教的针对性，不管是什么学科，教师在先学任务设计时都要注意，如何暴露学生自主学习的情况，充分体现学生学习的灵动性，让学生在先学任务中的思考与阐述能有一定的开放与创新，以利于将此转化为课堂资源，使课堂更具现场感。

（四）先学任务成为促进学生学会学习的载体

学习的关键在于掌握必要的学习方法，具备运用得当的学习方法去解决现实存在的复杂问题的能力。这就是学生发展核心素养中关于“学会学习”方面的重要内容。学会学习是创新的前提。因此，指导学生掌握并运用学习方法，从而促进学生学会学习，是教师教学的重中之重。

作为先学任务的主要表现形式，自主学习是一种面向未来的重要的学习方式。高品质的先学任务，配以适当的教师引导，可以使学生逐渐学会有效自主学习，其学习能力自然能得到整体提升。

首先，先学任务能真正解放学生，给学生以足够的空间和时间来自主学习。自主学习的过程中自然会有问题生成，会有不同观点产生，甚至碰撞，这使后期课堂上形成思维碰撞的高效学习成为可能。

其次，先学任务包含了学科知识和学习方法。任何学习任务必定以学科知识为内核，学习任务的有效性体现在运用上，学习方法就是教学生学会运用知识解决问题。可见，解决问题的过程就是学会学习的过程。从这个意义上说，先学任务必然是促进学生学会学习的载体。

最后，高品质的先学任务需指明学习方式。自主学习还要学会运用资料查阅、向人请教等方法，而这些学习方法在先学任务中应该会得到提示。基于先学任务的学习方式，是促进学生学会学习的有力保证。

案例1.6

以《导学新作业》推动课堂教学改革

杭州市萧山区教育局教研室以“学为中心”“教学生学”为核心理念，以《导学新作业》为抓手，由学科教研员牵头，通过大量的学科课型探索，提炼出符合本学科特点的不同课型典型模式，并进而将这些课型教学模式转化为充分体现“导学”功能的新作业，以此来撬动课堂教学的变革，推动教师改变教学方式。

《导学新作业》改变了以往作业仅为课后练习的模式，把作业改造成系统的“前置作业”“课中作业”和“课后练习”。以下以数学为例，简要介绍其思路。

前置作业——我预学

教学之前，教师通过设置一些简单小问题，以唤醒学生已有的与本节课相关的知识经验；学生通过独立探索，与新知识建立起实质性的联系，为进入新知学习打下基础。同时，也便于教师了解学生已有的知识储备，让教学设计更有针对性。

课中作业——我梳理

这部分作业要求随着课堂教学的进程，当堂完成。课中作业常常设置与本节内容相关的知识结构图或表格，引导学生对本节课的知识、方法、数学思想等进行梳理。同时，设置反思的空间，引导学生记录个性化的学习所思、所想、所感、所悟。课中练习的设计，有助于教师当堂反馈学生的学习状况，及时巩固所学知识，及时解答疑难问题。同时，这也让课堂节奏慢下来，便于学生及时消化与思考，有利于学习过程扎实、有效地推进。

课后练习——我达标、我挑战、我攀登

课后练习必须体现层次性。“我达标”中的作业意在巩固与落实本课的核心知识与方法，适合全体学生；“我挑战”中的作业主要为知识运用与解决问题，也面向大多数学生，但不作硬性要求；“我攀登”中的作业为运用本课核心知识解决一道综合性较强的问题，让学有余力的学生选做，主要设置在核心章节。

（杭州市萧山区教育局教研室　来尧林）

二、先学任务的主要特征

先学任务是学生一堂课自主学习的起点。它不同于通常的课后巩固练习与拓展性作业。虽然一项先学任务中不一定会体现其所有的特征，但多个特征体现在一项任务中也是常见的。其主要特征有以下几点。

（一）体现新旧知识的联系

按照建构主义学习理论的主张，知识是学生自我建构的结果，教学应是激发学生建构知识的过程。教学的关键是创设或者利用各种情境，帮助学生利用先前的知识与已有的经验，进行新知识的学习。先学任务就是帮助学生唤醒相关的知识与经验的载体。教师设计先学任务，引导学生温习旧知，独立学习，与新知识建立起实质性的联系。

（二）体现基础性与铺垫性

先学任务的一个目的，是让学生提前感知不用教便能基本掌握的新知识。如在英语学习中，让学生依托字典、音频及教师的知识点导航，给新单词注上音标；用红笔标注重要词组，并注上中文；听录音模仿朗读单词，解决读音问题；根据教师示例，完成模仿造句等浅层次任务，为课中学习做必要的热身和铺垫。又如在语文教学中，了解注音、释词、文学常识，提前阅读课文，初步感知人物性格特点、文章要表达的主要思想等，均可作为先学任务。

（三）体现体验性与准备性

根据课堂学习的需要，让学生课前联系生活与社会，进行一些相关知识的体验性认知，开展准备性学习，以便课堂学习的拓展与深化。如在初中科学《浮力》一课中，教师可设计一组体验性的先学任务，引导学生基于体验研究影响浮力大小的因素。

请同学们准备一盆水，然后尝试着将一只皮球按入水中。

思考1：请说说将皮球按入水中时，手上有什么感觉。

思考2：请比较皮球刚按入水时，与皮球整体浸入水中时，手上的感觉有什么不同。

思考3：请猜测影响浮力大小的可能因素。

（四）体现预热性与趣味性

为在课堂上营造积极的氛围，有些先学任务的设计会注重预热性、趣味性，如让学生预先感知一些现象，参加一些活动，准备一些材料，或者提前排演一个课堂小品等。有了与课堂学习内容相关的预热活动，往往能够较好地调动学生学习的兴趣，让学生较快地进入正题，提高学习效率。

（五）体现开放性与层次性

为了促进学生主动学习，先学任务的设计应该开放一些，让学生有主动发挥的空间，尽可能地展现学生的认知水平与能力。如初中科学《空气与氧气》一课的先学任务就比较开放，它既能给学生较大的思考空间，又能让教师看到学生对核心问题的理解。

1. 妈妈和小铭从超市里买来一包薯片。小铭注意到薯片的包装袋是鼓鼓的，原来里面充有气体。他进行了如下探究：

提出问题：…… 建立假设：袋内气体可能是二氧化碳。 实验方案：将燃着的木条伸入已收集满该气体的集气瓶中，观察现象。 获得证据：…… 得出结论：……

（1）他提出的问题是：____________________________________？

（2）其他同学一致认为该实验方案不合理，正确的实验方案是：将收集的气体__________________________，观察现象。

2. 尽可能多地写出氧气应用的实例：氧气可以供给呼吸：________________________。氧气能帮助燃烧：__________________________。

因为学生的基础不同，所以先学任务应考虑不同层次学生的水平，并能帮助教师搜集学情信息，把握教学起点。如初中科学《电路图》一课中，教师在教授之前大胆地让学生尝试依据实物图画电路图。

1. 以下三幅电路图（图略）分别表示通路、断路和短路。请分别标出，并说明你判断的依据。

2. 电路图由________、________、________、________等组成。

3. 对照左侧的串联电路的实物图，尝试在右侧画对应的电路图。

（如果第3题有点难，可以先到此为止；如果感觉第3题不难，那就挑战第4题）

4. 对照左侧的并联电路的实物图，尝试在右侧画对应的电路图。

对学生来说，在教师教授之前就画并联电路图有些难，所以教师加了一句提示“如果感觉第3题不难，那就挑战第4题”。

三、先学任务的常见类型

有效的先学任务应该是适切的。不同的学科，不同的课型，不同类型的学习目标，在学习活动整体中的不同功能，都有不同的先学任务的设计思路。先学任务的常见类型有以下几种。

（一）阅读整理型

不管是什么学科，如果学习内容以事实性知识为主，探究性不强的话，可以设计“阅读整理型”先学任务。让学生带着教师提供的阅读提示和阅读方式指导，自己阅读课本或课外材料，自主获取学科知识。如学习初中科学七年级《常见的动物》一课时，教师布置如下的先学任务，让学生带着任务读课本。

阅读课本中的本节内容后，回答下面的问题：

1. 观察自己家里或市场上有哪些小动物，它们的主要特征是什么？
2. 将鸡、鸭、蚕、鲤鱼、蝙蝠按不同的标准进行分类（至少三种）。
3. 课本上将脊椎动物分成了哪几大类？请举例，尝试完成表1.4。

表1.4　脊椎动物分类

类别	生活环境	呼吸器官	体表	体温	生殖方式
鱼类					
两栖类					
爬行类					
鸟类					
哺乳类					

学生一边读课本，一边思考和整理，先学任务的完成情况直观地反映了学生对知识的掌握情况。教师可以以此作为学生的学习起点与教学资源，更有效地组织课堂学习。

下页这个案例中的先学任务提供了有关科学家实验故事的课外阅读资料，让学生读故事后再进行实验分析，对光合作用进行思考。

案例 1.7

光合作用的发现

——由科学家实验故事组成的先学材料

古希腊学者亚里士多德认为植物体是由“土壤汁”构成的，植物生长发育所需的物质完全来自土壤。

17世纪上半叶，比利时科学家海尔蒙特设计了一个巧妙的实验：他把一棵已知质量的柳树种植在一桶事先称好质量的土壤中，然后只用雨水浇灌而不供给任何其他物质。5年后，他发现这棵柳树的质量竟是刚栽种时的33.8倍，而土壤的质量只减少62.2克。因此，他认为构成植物体的物质主要来自水，而土壤只供给极少量的物质。

土壤重100千克，幼树重2.5千克

只浇雨水

5年后树长大了

土壤烘干后称重，只比原来减轻了62.2克，树增加了82千克

［思考1］你认为绿色植物生长发育所需的物质来自哪里？________

海尔蒙特实验的结论是：____________________。

1771年，英国化学家普里斯特利用如下实验证明绿色植物从空气中吸收养分。同时，他还证明植物能净化因燃烧或动物呼吸而变得污浊的空气，使空气变好。后来人们才知道这是因为植物在光合作用中释放出氧气。然而他却把这种现象归因于植物缓慢的生长过程，而没有认识到光在此过程中的重要作用。

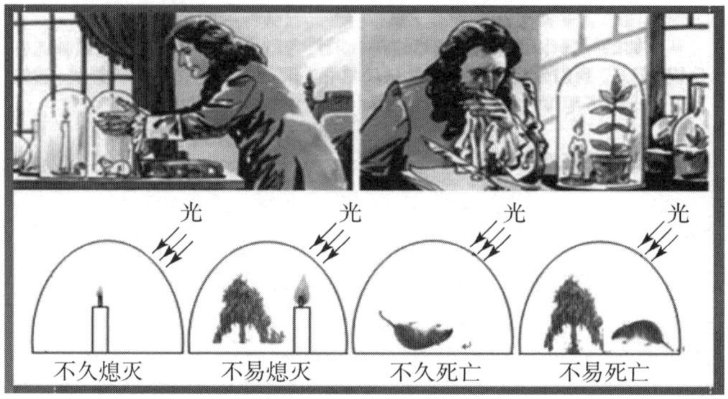

[思考2] 普里斯特利实验得出的结论是：____________________。

猜想：普里斯特利没能从光合作用消耗二氧化碳释放出氧气的角度，解释植物“净化”空气的原因，可能是____________________。

1864年，德国科学家萨克斯做过一个实验：把绿叶放在暗处数小时，消耗叶片中部分营养物质，然后把叶片的一部分暴露在光下，另一部分遮光。经过一段时间后，用碘蒸气处理叶片，结果遮光的部分叶片无颜色变化，而照光的一部分叶片呈深蓝色。科学家们已经证实，淀粉遇碘呈蓝色，淀粉燃烧时能够生成二氧化碳和水，因而它是一种有机物。萨克斯的实验使人们认识到，绿色植物在光下不仅能够释放氧气，而且能够合成淀粉等物质，供植物生长发育等生命活动所用。

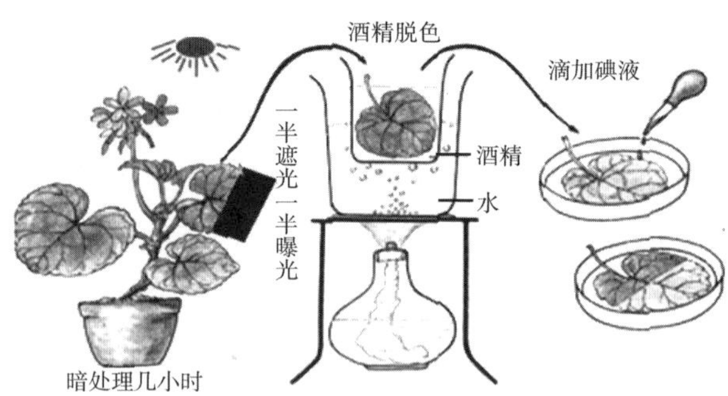

[思考3] 萨克斯在实验前先将绿叶进行数小时“暗处理”的目的是__________________。

萨克斯实验的结论是：__________________。

[点评] 阅读科学史也是学习科学的一种方法，在阅读中思考，在思考中学习与顿悟。

本案例主要是让学生通过阅读有关光合作用的发现史，从而体验知识的形成过程，并在这一过程中初步了解科学家探究光合作用的基本方法，领悟科学家的思维方式，从而接受科学方法的训练，最终体悟科学知识建构的时代性。

（杭州市普通教育研究室　金京生）

（二）观察体验型

地质学家李四光说："观察是得到知识的一个首要步骤。"观察让学生学到的知识有事实依据，犹如一束美丽的花下连着强劲的根，这样的知识才有生命力。

观察体验型的先学任务，主要是为学生储备探究的感性认识，积累丰富的论证依据。因为观察任务都在真实情境之中，学生的好奇心与主动性较强，先学的要点在于发现、体会、记录、比较。在教学小学科学六年级《形状与抗弯曲能力》一课时，教师设计的先学任务是让学生观察瓦楞纸板箱。

请你找一个用瓦楞纸板做的箱子，把瓦楞纸板剪开。

画一画：瓦楞纸的横截面结构。

写一写：各部分的薄厚、软硬情况是怎样的？

瓦楞纸的这种结构有什么好处？请试着做自己的解释。

任务要求学生按照教师提示的方法了解瓦楞纸的结构和特性，并用图文并茂的形式记录观察结果，再尝试对瓦楞纸的结构做出自己的解释。这一解释过程是思维外显的过程，为课堂讨论留下伏笔。从观察的内化到语言的外显，学生的科学思维快速提升。

（三）实验探究型

对于自然科学来说，先学任务不能简单地给出科学概念，而应引导学生体验探究的过程。所以科学的先学任务常常是实验。在学习新知识前，请学生尝试操作相关的趣味实验，在模仿与探索中，学生的思维会被激活，探究兴趣愈发浓厚。在小学科学六年级《电与磁》一课中，教师围绕"认识电和磁的转化"这个难点，设计了组装电路、使用指南针和分别用铁与铜靠近小磁针这三个铺垫性的实验，让学生先做一下，为课堂中解决“什么使小磁针发生偏转”这个难题奠定基础。

1. 做一做：组装一个点亮小灯泡的电路，并说出电在电路中流过的路线。

2. 看一看：桌上的指南针静止时，红色的小磁针指向________方。

3. 试一试：用铁或磁铁靠近小磁针，小磁针会____________（填“偏转”或“不偏转”）。用铜导线靠近小磁针，小磁针____________（填“偏转”或“不偏转”）。

（四）思维铺垫型

先学任务必然是为课堂学习做铺垫的。让学生先提前思考核心内容，为课堂上的理解与运用打好基础。因为学生之间有差异：有的学生完成任务时，便已豁然开朗；有的学生已解决较易的问题，已触及较难的问题；有的学生只是热身。对于中等程度的学生来说，这一环节不是以提前获取核心知识为目的，而是充当教师为他搭建的“思维的台阶”。

“台阶”有高有低，常见的思维铺垫型先学任务有两类。一是鼓励学生开放式思考的先学任务，这是开放的“大台阶”，是想让学生在理解环节有充分的停顿。二是引导学生经历知识形成过程的先学任务，这是教师准备的更为结构化的“多级台阶”，帮助学生在尝试概括中步步实现理解。

在初中数学《三角形内角和》一课中，教师设计的先学任务就属于前者。

任务1　三角形内角和为多少？

任务2　小学时，是如何得出这个结论的？

任务3　到初中了，要用初中学过的几何知识来证明这个结论。请同学们开动脑筋，尝试一下。证明方法标画在下面的三角形上，如图一方法。如果你想到四种以上方法的话，自己再添三角形。想到的方法多多益善哦。（图略）

任务1与任务2只是任务3的铺垫。任务3的关键在于多多益善的开放思考。在教师的启发下，学生充分地开展对三角形内角和的求证。因为先前有了初步探究学习的过程，所以课堂上学生对核心知识的理解便能水到渠成。

案例 1.8

小学数学《三角形的特性》预学单

同学们，大家一定很熟悉三角形，那么你对三角形有哪些具体的了解呢？我们一起来试一试。

画一画。请用直尺与铅笔画一个或几个你认为不同的三角形。

说一说。你认为什么叫三角形？请写在下面。

____

描一描，想一想。描出下面三幅图中的三角形。想一想它们起到什么作用。

____

____

____

____

比一比，画一画。下面哪间是小马的家？

你的理由是______________________________________。

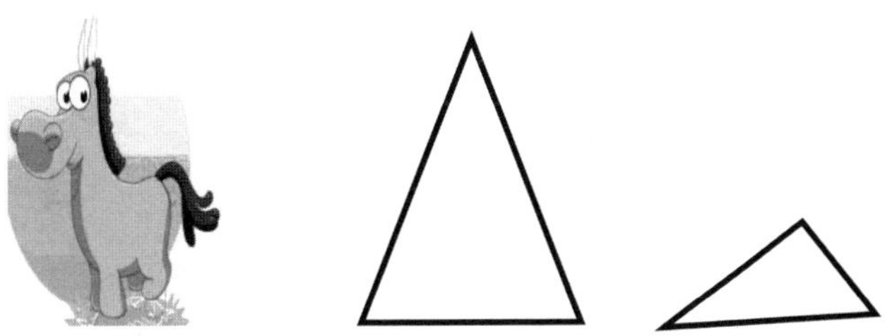

我有新发现：	我要求助：

（杭州市萧山区所前镇第二小学　邵汉民）

上述案例是典型的引导学生经历知识形成过程的先学任务。学生在引导下根据已有的知识基础与生活经验，动手实践、自主探究、尝试概括。经过自己概括三角形的定义、认识三角形的稳定性、概括并标画三角形的高这三个环节后，学生能有对概念的理解。先学任务就像登山之梯，还学生登山之趣。

按目的分类，思维铺垫还可分为探究铺垫、方法铺垫以及情感铺垫等。思维铺垫型的先学任务不提倡让学生直接看教材中的结论，以免影响学生的自由思考。

（五）学法指导型

学法指导型先学任务意在通过先学过程，指导学生掌握必要的学习方法。

首先，基于先学任务情境的学习方法指导必须以知识为依托。如学习初中语文七年级《土地的誓言》一课，必须把握“铺陈”的表现手法。该文以铺陈的手法浓墨重彩地对东北土地进行渲染、呈现和讴歌，产生文句上的形式美和表达上的激情美。因此省教研室编写的《作业本》在引导学生学习课文时紧扣这一知识，先要求学生自主学习熟悉的诗歌《大堰河——我的保姆》。选择该诗歌的原因是，艾青在这首诗作中以铺陈的手法来赞美自己的乳母。从诗歌入手学习铺陈，更有利于学生的学习和掌握。为此，《作业本》设置了两个学习任务：

任务一　请在《土地的誓言》中找出作者运用铺陈手法的语句，仿照《大堰河——我的保姆》的形式，将它们适时分行、稍作修改，再拟诗题。

任务二　有感情地朗诵自己改写好的诗作，并思考：课文运用铺陈手法，起到了怎样的表达效果？你的改写又有什么新意呢？

其次，基于先学任务情境的学法指导重在引导学生进行归纳、比较、分析、综合，指向高层次认知能力的发展。比如在教学文言文《答谢中书书》和《记承天寺夜游》时，引导学生先通过自主学习关注两文在朗读节奏和句式上的不同点。两文一骈一散，不同的文学形式，不同的思想内涵，由此引导学生自主揣摩、比较，分析骈文、散文两种文学形式的不同特点，有利于后期对文本的深入分析。多次训练这种学习方法，阅读同类文本的能力自然就提升了。

另外，基于先学任务情境的学法指导应该指向后续运用。若没有后续自主运用的跟进，学法指导恐难以真正达成。

（六）综合问题解决型

先学任务通常是按课时设计的，因而综合性不是很强。目前也有教师在探索单元性的先学任务，以一个综合问题的先行探索来带动一个单元的学习。其特点主要体现在：①有价值的。学生在解决问题过程中能够发展能力、培养情感，对自身的成长也有积极促进作用。②真实的。学生在现实生活中有可能会碰到的问题。③模糊的。学生容易迷惑不解的矛盾事件。④可操作的。学生在概念和技能的支撑下，能通过自主思考和动手操作解决问题。⑤可合作的。问题需要合作才能解决，学生从团队合作中能获益良多并提升相关技能。

这是有挑战性的先学任务。它让学生在复杂的、有意义的情境中，或独立或合作地尝试解决真实问题，利用已有经验去解释、融合和联系当前的学习任务，以暴露前概念，聚焦关键问题。综合问题解决型先学任务一般不围绕具体学科知识和技能来设计，而是选择既对学生个体有意义又有社会意义的真实生活情境来组织学习。

案例1.9

小学科学《光》单元先学任务

人造彩虹

雨过天晴，天空中有时会出现美丽的彩虹。彩虹是怎样形成的？一道彩虹有多少种颜色？不经历“风雨”，我们也能造出彩虹吗？让我们一起来动手试一试吧！

不经历“风雨”，我们也能造出彩虹。准备好以下材料吧！在已经收集到的材料前面的括号中画“√”。

（　　）一只脸盆　（　　）一面长方形小镜子　（　　）一些水

造彩虹的方法：

①准备一只脸盆、一面长方形小镜子和一些水。先把长方形小镜子和脸盆放到有阳光的地方，最好前面还有一面墙。

②把镜子放入脸盆中，让它对着阳光，然后向脸盆里倒一些水，调整镜子倾斜的角度。

③等水面平静以后，你就会发现，在脸盆内壁上或墙壁上会出现一道美丽的彩虹。

我们通过观察、上网查资料等方式，知道彩虹是由_____、_____、_____、_____、_____、_____、_____这七种颜色组成的。

人造彩虹的科学原理：阳光照射在水和镜子上，水和镜子又把阳光折射、反射到脸盆内壁或墙壁上，彩虹就这样出现了，这是利用了光的折射和反射原理。阅读单元资料库（或上网搜索），请你写一写自然界的彩虹是怎样形成的。

____

____

交流分享：把研究人造彩虹的过程整理成观察日记，拍下照片，和小伙伴们一起分享吧！

人造彩虹的设计放在《光》单元的学习之前，要解决的问题情境是亲眼看到人造彩虹，并了解人造彩虹的原理。这个问题是可以真实地开展，并得到有效解决的。虽然学生操作的难度不大，但需要科学概念和科学思维的强有力支撑。因此问题情境的解决综合了学生的多种探究能力。该案例中，有实验操作，有资料查找，有原理解释，有成果分享，先学任务深化了学生对科学的理解。

四、先学任务的设计策略

（一）深研教材，从学生角度呈现问题

先学任务的设计是对教材进行深度钻研，解构与重新建构的过程。教师必须重视对教材的利用，从学科本质特点出发，把握教材意图，设计先学任务。如落实好语文的“听说读写”、数学的“抽象·推理·建模”、科学的“探究思维”等。

在设计先学任务时，教师要经常问自己：如果我是学生，这个问题我会怎么想？我学习这一内容会遇到什么障碍？我需要哪些帮助与支架？先学任务的设计必须立足学生的认知水平，从学生的视角呈现学习时可能会碰到的问题，重新建构起学生的学习过程。下面以《等式的性质》的先学任务为例。

案例1.10

小学数学《等式的性质》先学任务

同学们，天平是测量物体质量的重要工具，当天平平衡时，就说明左右两边盘子里的物体质量是相等的。当天平平衡时，在数学上可以用一个“等式”（像$12+6=18$，$a+6=18$，$a+6=12+6$，$a+6=b-6$这样的式子）来表示。下面让我们根据天平的平衡关系来研究“等式”的规律。

任务一：天平的左边放着1只茶壶和500克的砝码，右边放着2只茶杯和500克的砝码。已知茶壶的质量是a克，茶杯的质量是b克。

（1）仔细观察，你能从这架天平中找到几个不同的等式？把它们写在下面的横线上。

等式1：____________________

等式2：____________________

等式3：____________________

（2）想一想，这些等式之间有什么联系？

任务二：天平的左边放着2只茶壶，右边放着4只茶杯。已知茶壶的质量是a克，茶杯的质量是b克。

（1）仔细观察，你能从这架天平中找到几个不同的等式？写在下面的横线上。

等式1：____________________

等式2：____________________

等式3：____________________

（2）想一想，这些等式之间有什么联系？

［分析］对于等式的性质，学生可以在对原有等式进行优化与验证的过程中自然地发现。如“$a+500=2b+500$”，等号两边可以同时减去“500”后得到“$a=2b$”，只要在“$a=2b$”的两边同时加上“500”就可以还原为原来的等式。进一步思考，如果在“$a=2b$”的两边同时减去“500”，等式还成立吗？依据这样的思路，还可以写出哪些等式？只要进行怎样的变化，等式总是成立的？通过这样的追问，就可以自然地得到等式性质1：等式两边同时加上或减去同一个数，左右两边仍然相等。

对于五年级学生来说，以上思考过程比较抽象，需要一个形象的模型来支撑。人教版、北师大版、苏教版教材都用两架天平变化的过程，引导学生概括等式的性质。

显然，依据左右两架天平中物品的变化情况，很好地引导学生思考等式的性质，并且通过列举多个例子，概括出等式变化规律。但是，如果同时出示这两架天平让学生进行观察与思考，学生就难以从中发现更多的等式。所以，我们设想只出示一架天平，让学生描述其中的等式，然后再通过推理得到新的等式。

学习材料的删繁就简，为学生的观察与概括、猜想与验证提供了空间。

（杭州市萧山区所前镇第二小学　邵汉民）

（二）立足生本，以学生视角陈述任务

先学任务的设计者是教师，操作主体是学生。先学任务必须从学生的视角出发，既要富有童趣、生动形象，又能引领学习、体现探究目的。先学任务可以依据教学内容灵活多样地陈述。

1. 过程性的步骤、方法描述。

与通常的作业不同，先学任务中常常还会有学习步骤、操作方法等更清楚的提示，以帮助学生明确“做什么？怎么做？为什么这么做？”这三个问题。教师有时可以制订过程性的步骤与方法，有时也可以启发学生自行设计步骤与方法，让理解更充分，让学生学习留痕，以便展现学情并回顾反思。

2. 成果性的数据、现象记录。

先学任务要有利于学生将学习过程中的现象、数据等记录下来。这些第一手素材是学生的认知由感性经验上升为理性认识的前提条件。所以，教师设计先学任务时也可提供一些记录表来辅助学生学习。数据的真实性、现象的典型性会对后续的课堂学习产生影响，同时也在一定程度上反映了学生自主学习能力的强弱。

3. 思考性的问题、观点论证。

先学任务不能只是让学生去看去读去做，最关键的是要激发学生的思维，要自然而然地使学生聚焦一些疑问，引发一些争论，形成一些观点。但因认知的局限，多数学生不善于多想，这就需要教师在先学任务中设计能够“顺水推舟”的问题，能引发学生思考的“导火线”，在“百家争鸣”的启发下，激发学生的思维，促使其开展自主学习。

4. 拓展性文本、图片研读。

先学任务的设计要利用好教材，还可以增加一些拓展性文本或图片，供学生深入研读。特别在教材中的知识缺乏系统背景支撑时，学生的疑惑需要点拨时，先学任务恰如其分地提供精选的资料，无疑是为学生“雪中送炭”。

案例1.11初中科学《水的浮力》的先学任务，较好地体现了上述策略，是从学生学习的视角来设计的典型的先学任务。

案例1.11

初中科学《水的浮力》先学任务

任务1：请你取一个空矿泉水瓶，盖上瓶盖，放入盛有水的脸盆中，仔细观察。

记录现象：____________________________________。

根据二力平衡知识，矿泉水瓶除了受到重力的作用，必然还受到水给它的一个力的作用，这个力就是浮力。请你结合你观察到的现象，归纳浮力的特点：____________________________。

用手将矿泉水瓶向下压，感受浮力的变化。记录你的感受：_____

____。

任务2：其实除了上浮的物体受到浮力的作用，下沉的物体也受到浮力的作用。现在给你一个弹簧测力计、一个钩码、一个烧杯。

○你能设计一个实验来证实下沉的钩码也受到浮力的作用吗？

如果觉得不难，就再挑战下一个任务吧！

○当小石块部分浸入和全部浸没时，你能否分别测出它受到的浮力的大小？

任务3：根据任务1和2，让我们试着猜想浮力的大小与哪些因素有关。

我的猜想一：________，依据：____________________。

我的猜想二：________，依据：____________________。

我的猜想三：________，依据：____________________。

在上述案例的课堂教学中，学生先以小组为单位进行先学任务的交流，每位组员先在组内进行小展示，然后派代表在课堂上进行大展示。在课堂大展示环节，有的小组采用受力分析法，有的小组采用当场演示法，综合分析浮力的方向、大小、变化等。任务2有一定的挑战性，学生总体上完成得很好，有能力的小组还测出了浮力的大小。因为有任务1和2的基础，到任务3时，学生的猜想就不再是空中楼阁，而变得合理、丰富且具有探究性。

在该案例中，学生自始至终没有翻阅课本。有关浮力的特点、测量和影响因素等，均不是直接从课本上获取的，而是在大量情境的刺激下，采用做中学的方式自主探究获取的。其中任务1的探究是为任务2的浮力测量做准备，任务1和任务2又为任务3的猜想做准备。在这样既生动活泼又触及概念核心的先学任务的引导下，学生感觉到物理知识是因为有用而引入的，其最后的猜想也是合情合理、开放发散的。

（三）以开放的空间为保障，在时间上张弛有度

学习空间是指学习者开放获取、自由参与、互动交流的环境，它既包括实体空间也包括虚拟空间。学生的先学需要以开放的学习空间为保障。教师在设计先学任务时，既可以在家庭中实施，也可以在学校内完成；既可以在课外实施，也可以在课内完成；既可以是传统的书写、实验，也可以是虚拟体验。

先学的时间要张弛有度。一是要有合适的时间，小学的大部分先学任务都以不占用学生课外时间为原则，能在课内做的一般不放到课外。但是也有一些像材料准备、资料搜集、家庭实验等必须在课外完成的任务，内容要短小精炼。又如探究成果交流前的先行实验探究，应放在课内，这样有利于教师搜集学生学习状况的素材，灵活调整教学以对症下药。二是要有充裕的时间，如综合问题解决型任务，教师就应提前布置，留给学生充裕的时间来解决问题，在宽松自由的环境中，学生才能充分积聚智慧，完成体现自身水平的作品，提高学习的效率。

（四）以思维的激活为效标，在使用中精益求精

先学任务是学生“思维的台阶”。评价一项先学任务的质量，主要看能否激发不同层次学生的思维，能否体现不同层次学生的思维差异，能否促进不同层次学生的积极反思。先学任务应能促进各层次学生的积极思维，有一定的开放度，有思考意义，呈现学情。

好的先学任务未必是一次性研制出来的，它是在具体使用的过程中一步步完善的。直接沿用他人设计的先学任务，如果没有钻研就“拿来主义”地用，反而会减弱实际的教学效果。先学任务的价值在于它的设计过程和完善过程。

案例 1.12

《数学广角——数与形》先学任务的设计与改进

我们先后设计了三份《数学广角——数与形》的先学任务。这是一个在使用中一步步完善的过程。

2014 年第一版先学任务，依据教材的思路，主要引导学生观察“正方形数”中“形”与“式”之间的联系，直观地发现“从 1 开始连续奇数和”与“完全平方数”的联系，从而概括出“从 1 开始连续奇数和”的简便算法。在之后的常态化教学过程中，我们查阅了相关资料，发现“形数”是研究自然数特征的一种古老的方式，是很好的渗透数形结合思想的学习材料。

先学任务第一版（2014 年 8 月）

同学们，“数”与“形”是数学学习中的两大最基本的内容，它们之间既有区别，又有联系。这节课就让我们一起来体会它们之间的联系。

我发现

1. 观察各幅正方形网格图对应式子之间的关系，并计算出结果。然后画出第四幅图，并列出相应的式子，计算出结果。

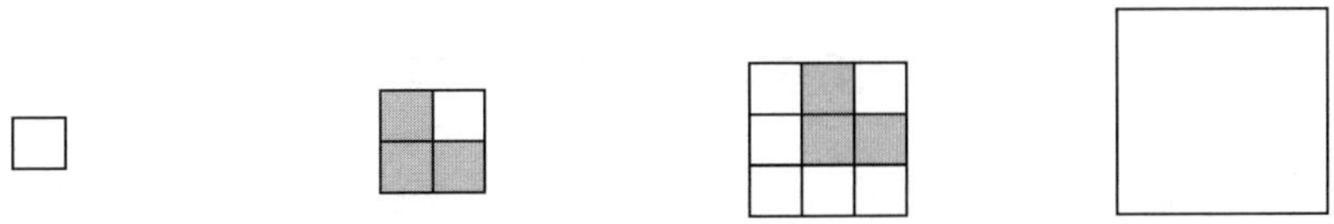

$1\times1=$	$2\times2=$	$3\times3=$	______
	$1+3=$	$1+3+5=$	______
	$1+2+1=$	$1+2+3+2+1=$	______

我归纳

2. 仔细观察上面的式子，从左往右看，各组式子各有什么特点？说一说你的发现。

我应用

3. 利用你发现的规律，把下面的式子填写完整。如果有困难，可以画一画图。

$1+3+5+7+9=(\quad)^2$

$1+3+5+7+9+11+13=(\quad)^2$

$1+2+3+4+5+4+3+2+1=(\quad)^2$

$1+2+3+4+5+6+7+6+5+4+3+2+1=(\quad)^2$

回音壁

我有新发现：	我要求助：

为了让学生积累更加丰富的材料，我们在编写第二版时，由更加简单的“三角形数”的分析入手，再把分析“三角形数”的经验迁移到“正方形数”的分析中。在该先学任务付诸教学的过程中，我们又感受到，直接出示式子，再来寻找与“形”的联系，更多的是发现与解释的过程，缺少了自主探究。是否可以提供学习材料，让学生自己经历发现特点的过程呢？

先学任务第二版（2015年）

同学们，“数”与“形”是数学学习中两大最基本的内容，它们之间既有区别，又有联系。这节课就让我们一起来体会它们之间的联系。

一、我发现

1. 观察三角形点子图。接着填数。

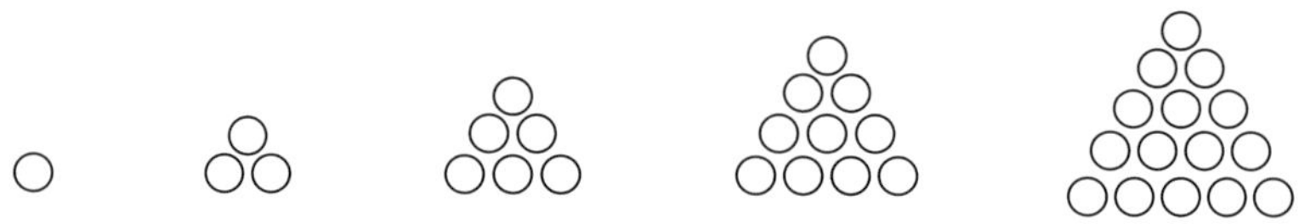

1　　3　　______　　______　　______

想一想：这些数有什么特点？

二、我尝试

2. 观察正方形点子图与对应式子之间的关系，并计算出结果。然后画出第五幅图，并列出相应的式子，计算出结果。

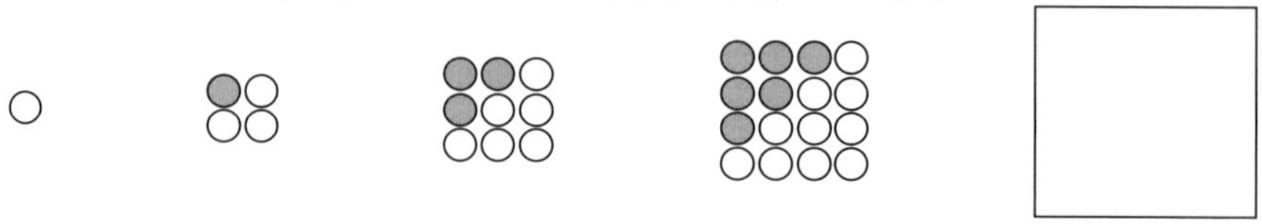

1×1=	2×2=	3×3=	4×4=	______
	1+2+1=	1+2+3+2+1=	1+2+3+4+3+2+1=	______

仔细观察上面的式子，你发现了什么？

你还能找到正方形点子图其他规律的计算方法吗？请你涂一涂，算一算。

1　　______　　______　　______

于是，有了第三版的先学任务。这份先学任务，以“数数”作为学习的起点，让学生在“数数”的过程中发现并提炼“数”的特点。

先学任务第三版（2016年）

在2500多年前的古希腊，有一位叫毕达哥拉斯的数学家，喜欢把数描绘成沙滩上的小石子，小石子能够摆成不同的几何图形，然后通过从不同的角度来数出几何体中的石子数，居然发现了许多数的特征。请观察下面的几种摆法。你有什么发现？

下面用点子摆出了不同形状的图形，请先数出各个图形的点子数，填在图形下面的横线上。然后再根据不同的摆法与数法，发现相同的同一类型图形里面“数”的一些特点。特点可以用文字、式子等来描述，也可以试着在图形中表示出特点。

形：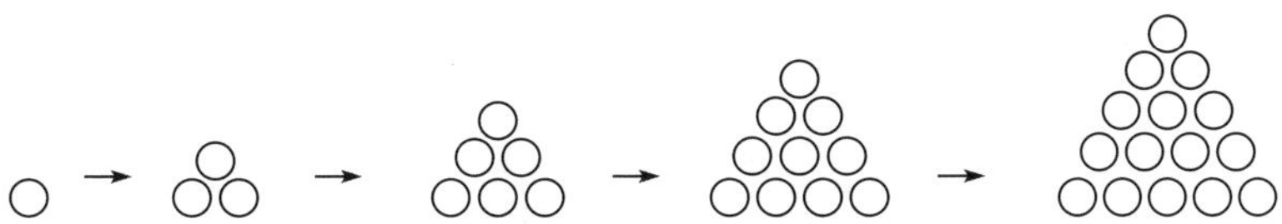

数：1　3　______　______　______

形：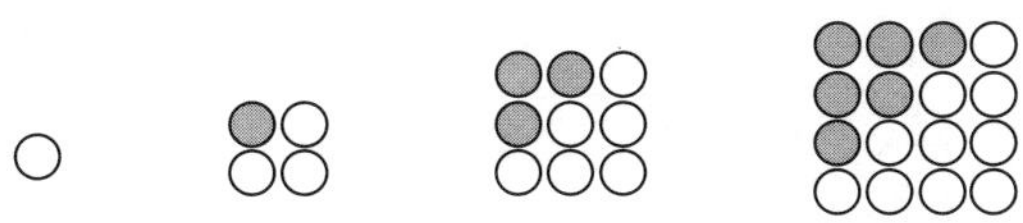　______

数：

特点1：

特点2：

特点3：

从上述先学任务完善的过程中，我们可以发现，基本思路是下移学习起点，促进自主探究，让学生的思维得以真正激活。

（杭州市萧山区所前镇第二小学　邵汉民）

第四节　合作学习任务的设计

在“学为中心”的课堂中，合作学习是促进学生有效学习的重要举措。有效开展合作学习，任务设计是关键之一。许多合作学习之所以未能取得预期的成效，学生的学习自主性、参与性未被调动，往往是因为合作任务设计得不周密、不科学。本节就合作学习任务设计的原则、合作学习任务的类型、合作学习任务的应用实践作具体的阐述。

一、合作学习任务设计的原则

课堂中的合作学习需要在核心问题的引领下进行。教师在学习设计时，须充分研读教材，熟知每节课的知识点、重点和难点、生长点，并根据学生的先学情况，充分了解学生的学情，明确学生已经掌握了哪些知识，还有哪些知识仍处于混沌状态或空白状态。在熟知教材与学生学情的基础上，教师再通过简洁、具有逻辑性的语言概括具有层次性和思维空间的核心问题，引导学生有效交流。合作学习任务的设计原则主要有以下几点。

（一）问题开放，激活思维

合作学习的每个环节须关注学生的个性理解与体验，以激活每一个个体的真实学习体验。教师设计合作学习任务，应有一定的开放性，题型开放，结论也尽可能开放，以鼓励学生根据自己的学识与经验各抒己见。如果结论是唯一的，也要选择那些可能会呈现不同的错误结论的题目，便于讨论澄清。如在小学数学五年级《长方体和正方体的体积》一课中，教师设计如下问题：

（1）通过第1题的计算，你猜想长方体的体积计算方法是怎样的？

（2）怎样验证你的猜想是否正确？（可以画图或借助学具摆一摆）

（3）请你用喜欢的方式表示你发现的长方体体积的计算方法。

（4）根据长方体体积的计算方法，你能推出正方体体积的计算方法吗？

在这些问题的引领下，学生经历了“猜想—验证—概括”的长方体体积公式推导过程，并借助正方体是特殊长方体的关系得出正方体体积公式。

又如在浙江初中课堂教学改革联盟研讨会上，钟海平老师执教陶渊明的《饮酒》（其五）时，要求学生们用“联系法”读诗，他设计了两个问题：

（1）再读这首诗，看看哪些诗句或词语最符合你印象中陶渊明的形象。

（2）这首诗中哪些诗句或词语最不符合你印象中陶渊明的形象？

这两个问题，所有学生都能回答，但具有不同学习积累、不同思维方式的学生，回答的角度和答案的深度是有很大区别的。

（二）提示清晰，有序有效

合作学习任务通常由核心问题与指导语组成：核心问题指引着学生讨论和交流的方向，指导语保证合作学习过程有序、有效。

在合作学习推进的初级阶段，学生尚未熟练掌握规范的交流方法与程序，交流秩序尚未完全建立起来，此时设计合作学习任务的指导语必须要清晰，要明确任务要求、程序、分工、时间等，以指导学生井然有序地开展讨论。如在小学数学五年级《数学广角——找次品》一课中，教师在小组交流环节中提出如下要求：

（1）同学们交流各自找到次品的次数。由次数最少的同学向小组汇报，并画示意图说理，大家相互补充。（明确任务要求与程序）

（2）讨论次数更少的称法，并用图示加文字表示出来。（明确辅助方法）

（3）双号组讨论8个零件，单号组讨论9个零件。（明确分工）

（4）交流时间为5—8分钟。（明确时间）

（三）梯度合理，难易适中

合作学习小组通常是由4—6人组成的异质小组，他们按照组内异质、组际同质的方式组织，小组中成员搭配均衡。教师在设计小组合作任务时，要注意难度适中且有梯度。

适合小组合作学习的内容，难度要高于个人能力，低于小组合力。这样，小组合作学习才有必要，才能够成功。任务应有挑战性、激励性，让大家能够积极参与，不要设置不用讨论便得出答案的问题。

教师要设置不同层次的问题，引导学生循序渐进地探究和展示。以不同层次的问题，让不同层次的学生都有展示的机会。如小学数学五年级《用字母表示数的简便写法》一课，教师设计了四个难度逐渐提高的任务供学生小组讨论：

请同学们先独立思考，再小组讨论。每位同学按组内编号重点准备对应题号的问题。

1. 写出下面各题的算式。

（1）一本作业本的价钱是5元，10本作业本需要多少元？（5×10）

（2）自行车厂每天生产b辆自行车，2天生产多少辆？（b×2）

（3）一辆汽车每小时行驶40千米，t小时行驶多少千米？（40×t）

（4）张师傅平均每小时加工零件a个，t小时加工零件多少个？（a×t）

（5）一种奶糖每千克是b元，买c千克应付多少元？（b×c）

（6）小红每天吃1个苹果，n天吃几个苹果？（1×n）

2. 这些式子有什么共同点？

3. 根据乘法式子中因数的特点分类。

4. 式子简写的条件和规则分别是什么？

这四个渐进式的任务就是这堂课的主要内容。有梯度的任务要求使得学生都在自己的“最近发展区”中努力。

（四）任务适量，时间可控

设计合作学习任务时，一定要估计好学生完成的时间。只有这样，学生的思维才能被激活，合作学习才能进入状态。有的教师比较随意，常常一两分钟就收场了，学生根本来不及展开深入的讨论。另外，一堂课上合作学习的次数不能太多，一般一到两次。所以，任务设计要控制题量，并要考虑问题的复杂程度。要考虑小组中每位成员花费的时间，互动和交换意见的时间，归纳整合形成全组成果的时间等。一般的合作学习任务，要求5—20分钟完成。要给全班展示交流及课堂小结留出一定的时间，以保证交流内容的多样性。

二、合作学习任务的类型

由于学科的不同、课型的不同，合作学习的活动形式也是多样的。常见的合作学习任务有以下几种类型。

（一）讨论型任务

讨论是最常见的合作学习形式。设计讨论型任务，一般需要考虑三个方面：一是选题，既要与学习内容相关，又须考虑每位成员的可参与性，要让学生在讨论前有基本的知识储备或有一定的生活经验，避免无法形成讨论；二是预期成果，讨论后应形成什么成果，在任务设计中都需明确说明，避免讨论的肤浅化与随意性；三是任务分工，讨论一般要有主持、要点记录、时间控制、发言和评价等角色分工。

如在道德与法治课中，教师设计了如下讨论题：

阅读故事，回答问题：

七年级学生小雨，喜欢模仿街上一些青年的装扮。有一天，他染着橙色的头发出现在家门口，遭到了爸爸的责骂。一小时后，小雨光着头回来了，嘴里喊着："我要独立！"

1. 请你评价小雨的做法，并用几个词语形容小雨的个性。
2. 你觉得小雨这样做的原因是什么？
3. 你认为初中生的"独立"是指什么？

在这一任务中，教师给了一个具体的故事情境，并设计了三道讨论题，让小组展开讨论。因为讨论内容与学生生活密切相关，所以学生容易参与，有表达的欲望。

（二）实验型（探究型）任务

在科学与数学学习中，实验是必不可少的。很多实验需要小组合作来完成。设计小组合作实验，一般要关注三个方面：一是实验的目标，要从实验中得到什么；二是实验流程与记录方式，这是保证实验顺利有效的要点；三是实验注意事项，提示学生实验注意点，提高实验效率。如下例。

案例 1.13

小学数学《可能性的大小》合作学习任务设计

猜测事件结果

将7颗红棋子、4颗蓝棋子、1颗绿棋子放入一个正方形盒子中，并且摇匀。

师：摸一次，可能会出现什么结果？

生：红、蓝、绿三种颜色的棋子都有可能被摸出。

师：猜一猜，哪种颜色棋子被摸出的可能性最大？哪种颜色棋子被摸出的可能性最小？

生：红色被摸出的可能性最大，绿色被摸出的可能性最小。

小组实验、验证猜测

师：那好，一会儿我们以小组为单位摸棋子，为了能顺利地研究摸出哪种棋子的可能性大，我们在摸棋子时需要注意什么？

生1：不能看。

生2：摸前要摇匀。

生3：要做好记录。

生4：要有顺序。

……

师：为了合作愉快，小组成员合理分工；两人负责轮流摸棋子，每人15次，一人负责把统计结果填入表格，另一人负责绘制条形图。

学生热情高涨，都积极参与其中。

汇报交流

组1：我们小组实验30次，红色出现18次，蓝色出现8次，绿色出现4次。

组2：我们小组实验30次，红色出现20次，蓝色出现8次，绿色出现2次。

……

师：刚才每个小组都合作愉快，尤其是第1组，彬彬同学遇到了困难，得到丽莎同学的及时帮助，才顺利完成任务，奖励一颗合作星。

（杭州市萧山区党山镇中心小学　徐冬燕）

（三）资料搜集型任务

最近这些年，常会有教师要求学生在课外搜集资料，带到课堂上讨论交流，开展课内外相结合的学习。这种资料搜集型任务具体包括分别搜集与集体汇总两个环节。其目的主要是追溯了解相关信息、寻找支持性的证据以及扩大视野。

在设计资料搜集型任务时，首先要明确主题与要求，并根据目的，选择合适的呈现方式；其次要有搜集资料的计划，这可以明示，也可以提示，也可完全交由学生自己来设想；最后要有分工，以及交流、提升与汇报的要求，明确课堂汇报的要求，以提高学生交流的质量。如案例1.14中的“信息搜索”。

案例1.14

初中科学《太阳和月球》合作学习任务设计

信息搜索

主题：认识常见的太阳活动，如太阳黑子、耀斑、日珥、太阳风。

组员任务：在书本、资料链接和课外读物中搜集有关太阳活动的信息（主要包括概念、解释及其对地球的影响），并把它们整理成标签。

组长任务：在组内交流时，把组员收集的标签贴在太阳大气层的相应位置，并派成员汇报信息的搜集和处理成果。

设计意图：让学生们化被动为主动，更能加深学生对“太阳活动的形式”的理解，初步培养他们搜集和处理信息的技能，促使学生和同伴进行有效的讨论和分析，并能听取同伴的意见。这节课的教学目标不是单薄地停留在知识层面，更多的是教学生一些获得知识的技能。

分享展示

关于太阳，你还有哪些想告诉大家的信息？请每个小组确定一个话题，做成PPT，和大家一起分享（可供选择的话题：极光、太阳的能量、太阳的寿命）。

设计意图：兴趣是最好的老师，是学生学习中最积极、最活跃的心理因素，对学生的学习起着积极的推动作用。关于人类对太阳的探索所得，教材中的介绍是很有限的，很多学生感兴趣的话题，如极光、太阳能是怎么产生的、太阳的寿命有多长等都没有涉及。为了弥补这一缺憾，我们设计了这个环节，让学生对感兴趣的专题进行资料的搜集，并和同学分享，增长他们的见识，也锻炼了他们的表达能力。

（杭州市萧山区益农镇初级中学　金丹凤）

（四）展示型任务

展示型任务，指的是小组成员共同学习研讨后，集体展示学习成果的学习任务。这类任务设计要考虑小组成员的数量，让每位成员均能在其中扮演一个角色，或者展示其中的某项成果，让展示成果时人人有事做。这类合作学习任务，还需要小组成员合理分工，让每个成员在其中发挥良好的作用。如案例1.14中的“分享展示”。

（五）组合型任务

组合型任务，主要是指任务无法由一个人独立完成，每个学生均占有一定的学习资源，然后集思广益，运用头脑风暴法，互相启发，综合形成较为完整的学习成果的一种合作学习任务。教师设计组合型任务，能够节约时间，提高学习效率，同时又能调动全体成员的积极性，让大家共同参与，积极互动。

案例1.15

小学语文《秦始皇兵马俑》合作学习任务设计

学习兵马俑的军阵（第三自然段）。

1. 教师课件出示“军阵”图片，学生看图片说感受，并找到哪段是在写兵马俑军阵。（第三自然段）

2. 小组合作学习任务：

（1）如果让你们当一回军事家、文学家、播音员、导游，你们最想当什么？每个小组成员选择一个角色，从不同的角度来做研究。

军事家：画、摆军阵图（简单的示意图）。

文学家：研究作者的观察顺序、写作顺序。

播音员：读出军阵的威武雄壮。

导　游：练说导游词，向我们介绍兵马俑的军阵。

（2）每位成员研究完毕后，在小组内交流与展示。

（3）互相点评各自的学习成果。

（4）完善内容，准备全班展示。

3. 全班交流，汇报并展示合作小组的合作成果，师生共同评价。

三、合作学习任务的应用实践

合作学习任务设计好后，其实践应用需考虑任务传达的载体、呈现时机与方式等。这是任务进入课堂，引发学习的具体策略。

任务的传达通常用纸质“合作单”，也可以在课堂上以PPT的形式呈现，但不宜口头布置。因为合作学习的过程一般较长，如口头布置，学生容易遗忘。采用纸质“合作单”有利于记录小组合作的痕迹与组员的贡献情况。

呈现任务的时机需根据课堂时间分配的情况而定。小组合作任务一般都是课内呈现，现场完成。但有些花费时间较多且需要运用课外资源的合作学习，可以课前布置，课外完成。其呈现方式与课堂组织流程密不可分，不同的流程，学习效果的差异会很大。（小组合作学

习任务的分配、课堂的具体组织详见第二章第三节）

课堂一般由集体教学、个体学习和小组合作学习三种方式交替呈现。小组合作学习是完成教学任务的主要方式。以合作学习为主要教学形式的课堂，一般包括课堂导入、任务布置、独立学习、合作学习、组际交流、评价反馈六个步骤。

课堂导入：在开始时创设一定的情境，营造一定的氛围，明确学习的导向，或者解读课题，明了学习主题等。这是必要的环节，但过程应简明恰当。

任务布置：教师布置课堂合作学习的内容，并做适当的引导。

独立学习：合作学习要求人人参与，应先给每个人一段独立学习的时间，让每个人都能有参与交流的基础。

合作学习：这一步骤方式多样，根据不同的学习内容与合作学习任务的类型来选择。一般来讲有分有合，以保证全体成员的积极参与、人人尽责。

组际交流：也称全班交流汇报。每个小组派代表或全体参加，汇报或展示小组的学习成果。在交流过程中，如果各组学习任务是相同的，那么后面小组的交流要求与前面小组的内容不能重复。如果后面小组已经没有新的补充，那么交流结束。

评价反馈：小组合作学习的评价以小组的整体学习情况为依据。评价可以由教师评价，也可以是学生相互评价。评价内容包括学习的成果与合作交流过程的情况。对于评价中反馈的信息与问题，应及时补救，并通过小结来完善提升。

这一流程适合一般的学科教学。但不同学科，特别是不同类型的小组合作学习任务，其流程也是不同的。

（一）问题讨论的流程

课堂上，围绕教师提出的问题，展开小组讨论，形成共识，完成学习任务。这是最为常见的合作形式。其流程一般为：接受任务→小组分工→独立自学→互相交流→整合成果→准备汇报。

如在初中语文《泥人张》一课中，教师设计讨论题：

1. 故事在泥人张和海张五之间展开，那么两人进行了几个回合的较量？

2. 事端是谁先挑起的？目的是什么？如果是你，你会怎么回击？

3. 泥人张是怎么回应的？你读到哪个句子或哪个词时感觉特别痛快？

小组讨论时：

1. 接受任务。

有时各组任务是不同的，可以是教师指定，也可以是各组自由选题。组长确定任务后，再进行小组分工。

2. 小组分工。

上述问题是前后相关的，所以很难分解开来。但在交流时，可以有所侧重。合作小组组长接受任务后，应根据实际情况明确6个组员的学习任务，进行有效分工。

3. 独立自学。

每个学生独立阅读课文，思考3个问题，并在笔记本上记下思考的要点。

4. 互相交流。

先在两人组中相互交流，完成后，再根据组长分配的题号，重点汇报其中一题。

5. 整合成果。

记录员将交流的内容整理好，再征求大家的意见，进行补充完善，形成小组的共同成果。

6. 准备汇报。

汇报一般有三种形式：一是汇报员专人汇报，二是随机抽一人汇报，三是组员一起汇报。随机抽取汇报员能够让每个人都积极准备，防止有人偷懒；若小组一起汇报展示，组长要协调好分工任务。

上述流程主要是围绕教师预设的问题而展开的讨论。这是课堂中最为常见的形式。但有时学生未必关心教师预设的问题。于是，在浙江的初中语文界流行起一种新的课型，即基于学生生成的问题的讨论，见案例1.16。

案例1.16

基于学生立场的问题的课堂讨论

2013年4月与5月，在分别于柯桥和长兴召开的浙江省初中课堂教学改革联盟的两次教学研讨会上，绍兴市柯桥区实验中学丁丽娟老师两次都用同一个结构上《就英法联军远征中国给巴特勒上尉的信》一课，但两次讨论的问题各不相同。两次课的课堂流程基本都是：

（1）学生课前自读课文，提出自己尚未明白的问题。

（2）学生小组内讨论解决初读时的疑惑，把不能解决的或认为很重要的问题（每组1—2个），写在小纸条上交给教师。（10分钟）

（3）面对全体学生，教师将各组提出的问题汇总，梳理，并作适当的合并，合理排序，形成本节课后面课堂讨论的问题清单，问题一般6个左右。（4分钟）

（4）每名学生从中选择1—2个问题，独立思考，边想边写，为讨论做准备。（8分钟）

（5）教师组织全班学生，就刚才聚焦的问题，一一展开讨论。（20分钟）

在这一流程中，课堂环节仅4步，十分简明。不包括课前的独立思考，学生有两段较为充分的时间自己思考（合计18分钟）；在教师引导下的全班集体讨论存在两种类型的学习：一是整体把握的4分钟，二是深入分析的20分钟。因为最后讨论的都是学生自己提出的问题，所以大家参与热情颇高，思考也较为深刻；因为有多达8分钟的独立思考的停顿，后面讨论中学生的思维参与就会深入。在整个讨论过程中，教师会就具体问题作点拨指导，并注重启发学生去总结和掌握学习方法。因为讨论的问题完全基于学生的关切，所以两次课上聚焦的问题不完全相同。

如第一次课上讨论的问题有："这个奇迹消失了。"一句中为什么用"消失"而不用"毁灭"？这篇文章感情那么强烈，为什么用句号而未用叹号？为什么说法国政府是强盗而法国人民永远不会是强盗？雨果对圆明园的态度是尊重历史还是热爱艺术？……

而第二次课上同学们讨论的却是：雨果是法国人，为什么要替中国人说话？“丰功伟绩！”“收获巨大！”是否含有讽刺意味？“富丽堂皇”与“破烂”是否矛盾？为什么？“我们欧洲人是文明人，中国人在我们眼中是野蛮人。这就是文明对野蛮所干的事”一句有何意义？……

（绍兴市柯桥区实验中学 丁丽娟）

从以上案例中可以看到“学为中心”课堂的一些特点：课堂学习环节越来越简单；留给学生思考的时间越来越充分；越来越关注学习方法的体会与习得；越来越重视学生立场的问题与体验。教师不再把精致或紧凑作为有效课堂的追求，简明而充分反成为支持学生有效学习的新课堂的特征。

（二）选题辩论的流程

在小组合作学习中，辩论是经常采用的方式。辩论，能够加深学生的记忆，提高学生的高级推理和思维能力。辩论，还能够促进个人的反思，获得最佳的解决方案。课堂辩论类的合作学习的一般步骤如下。

1. 选择辩题。

教师一般可以提前将辩题公布，然后让学生预先准备。如果学生的选择比较集中，就可以适当干预，保证课堂内容的多样性。

2. 预学准备。

这可以是课内准备，也可以是课外准备，让每个学生预先进行学习，准备辩论的材料并提炼观点。

3. 分派立场。

一般将合作小组成员分成两半，一半为正方，另一半为反方。先自由选择，后协调分派，要求双方人员力量均衡，尽量做到异质搭配。

4. 双方准备。

正方反方将事先独立准备的材料进行汇总，梳理好顺序，然后推荐一人主辩，余者补充。而组内分头准备时，可以准备一张“合作单”，组内每个学生把自己搜集来的材料记录在小纸条上，再将不同论据贴到“合作单”上，这样利于陈述的清晰准确。

5. 轮流陈述。

双方依次向对方进行陈述，每次陈述一条，轮流进行，直到一方无话可说为止。各位成员一方面要认真倾听，及时记录要点，另一方面要积极参与，尤其是己方主辩人员有问题时，要积极协调补充，力争说服对方。

6. 自由辩论。

围绕双方的辩论进行反思，不分立场，讨论出更加正确的观点。

7. 形成共识。

辩论是为了澄清问题，明晰观点，尽可能达成共识，形成小组的基本意见。当然，个人有不同的观点，可以保留。

8. 准备汇报。

将小组的辩论结果与过程情况向全班汇报交流。

（三）实验探究的流程

实验探究任务的合作学习流程，关键在于实验材料的分配和使用、实验记录和现象的分析讨论等。一般的合作学习流程如下。

1. 提供任务。

提供实验的器材，明确实验的要求。

2. 讨论方案。

小组内进行实验方案的讨论，统一思想，明确操作过程。

3. 小组分工。

一个小组一套实验器材，成员之间进行操作分工，比如，确定好谁操作、谁记录、谁监控等。

4. 合作探究。

进行实验，关注操作细节与规范。在组长的组织下，按照分工进行合作探究。

5. 讨论结果。

讨论实验结果，组员轮流发表意见。

6. 整合成果。

根据记录，整理汇报材料。

7. 准备汇报。

（四）互测互批的流程

各学科的学习告一段落后，经常会进行测试及学生作业的批改等，这类任务交由合作小组来完成，有时效果比教师直接来做要好得多。如某些口头测验任务，教师无法一对一进行，采用合作小组互相测试，就能收到较好的效果；语文作文以及综合性学习任务的批改，交给合作小组来完成，同样能够达到相互学习、共同提高的目的。一般的合作学习流程如下。

1. 布置任务。

如两节作文课，第一节完成写作后，第二节就可以布置小组互批作文。

2. 讨论规则。

批改作文（其他作业或试卷也一样），要有一个标准，不同的作文主题，要求不一样，可以师生一起讨论，定下几条批改要求。具体的操作方式，可以相对固定。如批改每篇作文，除了改出文中的错误及打上等级（分数）外，都要求在文后先写优点，不少于2条，指出缺点，同样不少于2条，而且不能与上面已经改过的同学的评语相同。

3. 互测互批。

轮流批改。每人将作文本按顺时针方向交给下一位同学，批改完后，再将本子交给下一位同学批改，依次完成批改。如果是4人小组，就要求1号生批改2号生，2号生批改3号生，3号生批改4号生，4号生批改1号生；各自改完后，继续按顺时针方向，依次交换本子，直到每人改完其他3人的作文为止。

4. 交换意见。

对这次作文的写作体会，各自交流自己的经验与不足，同时，对组内同学作文的优点缺点作一些简要的点评。

5. 评议优胜（佳作）。

共同评议出本组的一篇佳作，以备全班交流。

6. 全班交流。

汇报员（佳作作者）介绍优秀作文，同时汇报本组作文批改情况。

（五）调查汇报的流程

调查汇报类的小组合作学习任务往往是课内外结合的。有的任务布置可以提前一段时间，让学生有充分的时间的进行调查。一般的合作学习流程如下。

1. 讨论方案。

根据教师布置的任务做社会调查，小组内成员要进行一次方案及任务分配的讨论，形成合理的方案。

2. 实施调查。

各小组或集中或分散，按照分工及方案要求进行调查，搜集资料与数据。

3. 轮流汇报。

组内成员将调查所得的资料与数据在组内分享交流。

4. 统计汇总。

在组长的组织下，大家把调查结果汇总。

5. 讨论主题。

组员讨论分析调查结果，得出结论，形成汇报主题。

6. 准备汇报。

共同合作完成调查报告，可以做成PPT，并整理搜集到的资料与实物。

7. 汇报展示。

派代表或小组集体进行展示。

（六）综合表演的流程

综合表演类合作学习任务也是课堂上常见的，如语文、道德与法治、英语、心理健康等课堂上，为了深化理解或检验学习效果，让学生在小组内进行角色扮演。这类学习任务，简单的可以当堂完成，比较复杂的可作为阶段性学习任务。如学习初中语文《皇帝的新装》一课后，教师请学生将童话故事改编成戏剧表演出来。我们以此为例来看综合表演类学习任务的合作流程。

1. 布置任务。

通过分角色朗读，我们进一步理解了这个故事。现在我们按小组来演这个故事。

2. 分配角色。

6人小组进行角色分工，自由讨论选择皇帝、大臣、骗子、小孩等角色。

3. 准备角色。

各人根据分配的角色，再认真阅读课文，体会角色的行为动作，设计对白、服装等。

4. 合作排演。

按照故事的进程，每个组员根据自己扮演的角色进行排演。

5. 交流互动。

排演后互相交流改进。

6. 准备展演。

做好展演准备，如服装、道具、场景、化妆等。

7. 汇报表演。

在全班学生面前进行表演，全班交流。

[第二章]

促进合作学习的学习组织

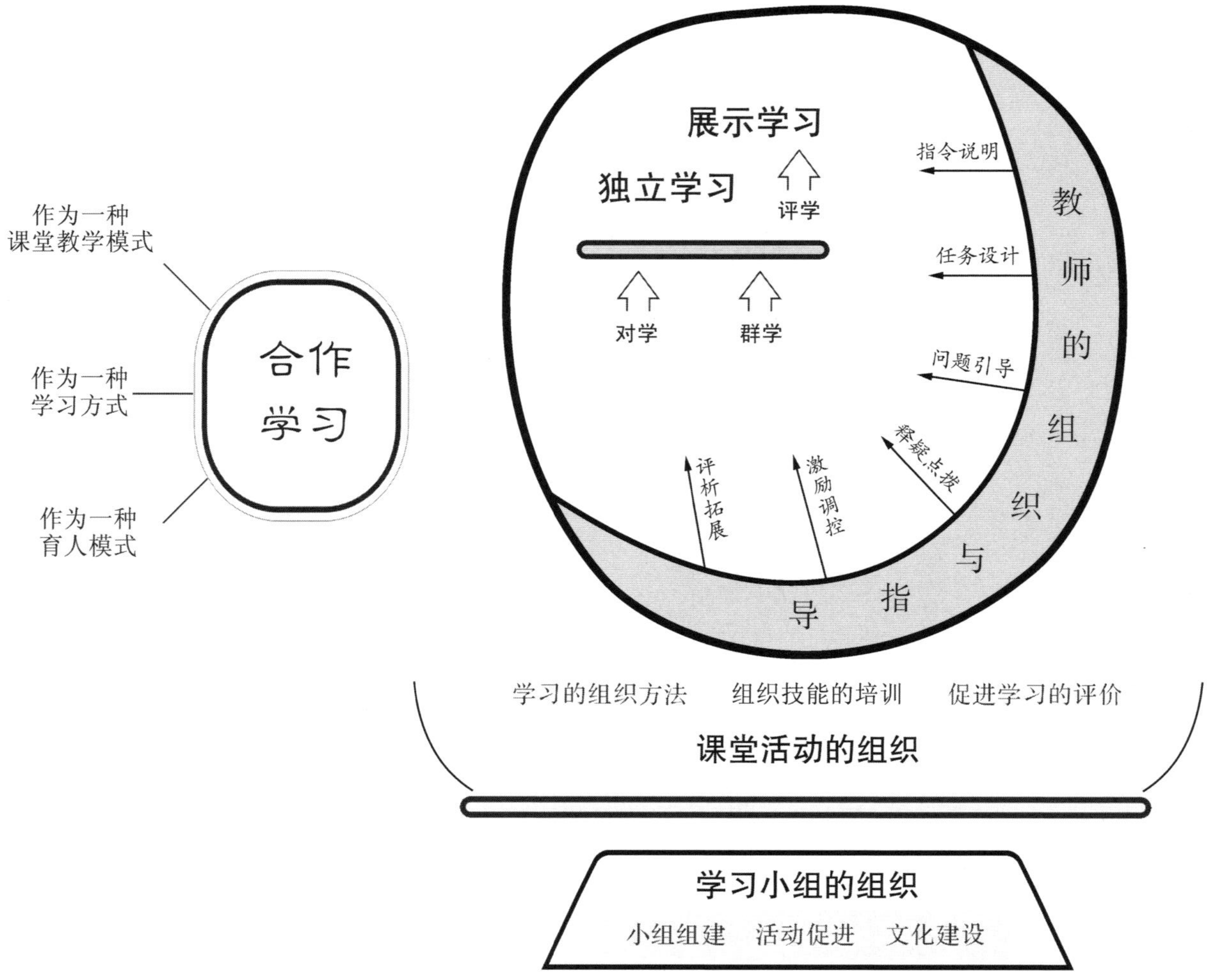

图2.1　促进合作学习的学习组织

合作学习是一种古老的教育观念和实践，也是目前在世界范围内被广泛运用的课堂教学组织形式。早在2000多年前，《学记》中就有“独学而无友，则孤陋而寡闻”的论述，强调学习过程中的合作。1806年，合作学习的观念从英国传入美国，在帕克和杜威的积极倡导下，在斯莱文、约翰逊兄弟、卡甘等学者的推动下，于20世纪70年代初形成了现代合作学习理论。现代合作学习理论强调教学活动过程中的以小组为单位的学习组织形式的重要性，是一种富有创意和实效的教学策略，被人们誉为近几十年来最重要、最成功的教学改革成果之一。

20世纪90年代，我国各地也出现了一些关于合作学习的研究与实验，并取得较好的效果。但学校大规模的实践探索，出现在2001年新课程改革后。

浙江省十余年来关于合作学习的实践主要有三种样态：一是作为课堂教学模式的“合作学习”，它成为课堂学习活动有形变化的重要体现；二是作为学习方式的“合作学习”，它促使人们理解课堂变革的实质在于学习方式的转变；三是作为育人模式的“合作学习”，它试图去改变班级授课制的习惯思维，以小组合作制的新思维去营造新的学校文化与育人“土壤”。这三种样态的发展，是随着实践者对于合作学习小组功能的认识而进步的，是随着合作学习小组建设方法的成熟而发展的，三者分别对应着正式小组、非正式小组、有合作基础的小组这三类合作学习小组的建设。

新课程改革以来，中小学积极投入以“自主、合作、探究”为主要特征的课堂教学改革中，但这并未成为常态。2008年前后，浙江各地又出现一些探索自主学习与合作学习的学校，如台州市路桥区第二中学、杭州市勇进中学等。此时的合作学习主要是扩大学生课堂参与面与提高学习积极性的一个教学环节。

强调以合作学习为课堂教学模式的典型实践兴起于安吉县区域推进课堂变革的2009年。作为合作学习教学模式的坚定实践者，以安吉县昆铜中学为先锋的安吉县中小学成为推动合作学习的理念与技术在浙江发展的重要力量。

将化在模式中的合作学习重新抽取出来，当作一种学习方式后，人们对于合作学习的理解就更充分了。在浙江省中小学教学改革项目推进中，越来越多的地区从“模式推进”中“渡”出，学习合作学习技术，将合作学习作为体现“学为中心”的课堂的重要方式，大规模应用到学校实践中。

从全省范围看，似有这样步步推进的脉络。但在那些深入开展以合作学习为主要学习方式的课堂变革的学校里，他们逐步发现成功的合作学习，要依靠小组成员合作关系的形成与价值观的凝聚。他们开始不约而同地关注如何打造有合作基础的小组，把学习小组作为班级管理的基本单位，把学生自我管理意识与合作能力的提升作为德育的重要内容融入课堂教学改革。安吉县教育局蔡洪伟进一步提出“小组合作制”的主张，探索建设以小组文化建设为基础、以小组合作学习为核心的学生自主管理体系和自主教育体系，形成了较为完备的小组建设的体系，实践效果显著。本章第一节先就合作学习的内涵与价值展开讨论，并对浙江教学改革实践中的合作学习作了综述。第二节聚焦教师的“学习组织”行为，讨论课堂合作学习中的学教关系、行为要素与操作流程。第三、四节则从操作性的视角讨论课堂合作学习活动的组织与合作学习小组的组织建设。

第一节 合作学习的价值意蕴

作为当代教育领域的一种重要思想与教学组织策略，合作学习已相当成熟。但在学校实践中，仍有待教师们理解接受、实践检验与丰富提高。有效开展合作学习，必须先明确合作学习的基本要素，研究合作学习的有效方式，并在实践中发展其价值意义。

一、合作学习的内涵

现代合作学习理论形成于20世纪70年代初的美国，代表人物有美国约翰霍普金斯大学的斯莱文教授、美国明尼苏达大学合作学习中心的约翰逊兄弟、以色列特拉维夫大学的沙伦博士与卡甘合作中心的卡甘博士等。斯莱文教授对合作学习的定义是："学生在小组中进行一系列学习活动，并依据他们整个小组的成绩获取奖励或认可的课堂教学技术。"[①]约翰逊兄弟认为："合作学习就是在教学上运用小组，使学生共同活动以最大限度地促进他们自己以及他人的学习。"[②]

20世纪90年代初期，我国中小学课堂教学开始引入小组活动，由此引发了对合作学习的探讨。比较典型的有杭州大学教育系的合作学习小组教学实验、山东省教育科学研究所开展的"合作教学研究与实验"，以及近年来主体性教育实验对小组合作的探讨。其中较有代表性的是杭州师范大学马兰教授和浙江大学盛群力教授对合作学习的定义："合作学习就是指，在传统的课堂教学中，借助异质小组的基本

① Slavin, R. E. Cooperative Learning: Theory, Research, and Practice. MA: Allyn and Bacon. (1990).

② Johnson, D. W, Johnson, R. T. & Hulubec, E. J. Cooperation in the classroom. Boston: Allyn and Bacon. (1998).

形式，通过小组同伴的沟通与交流，以小组目标达成为标准，以小组整体成绩为评价、奖励依据的教学策略。”[①]

王坦认为，无论是当代合作学习领域代表人物的定义，还是我国学者的界定，都能体现出合作学习的内涵与实质。合作学习“以现代社会心理学、教育社会学、认知心理学等为基础，以研究与利用课堂教学中的人际关系为基点，以目标设计为先导，以师生、生生合作为基本动力，以小组活动为基本教学方式，以团体成绩为评价标准，以标准参照评价为基本手段，以大面积提高学生的学习成绩、改善班级内的社会心理气氛、形成学生良好的心理品质和社会技能为根本目标，是极富创意与实效的教学理论与策略体系”[②]。

由于学校教师对合作学习的内涵与外延缺乏深入了解，在采用合作学习组织课堂教学时，会出现将小组学习等同于合作学习、合作学习有形无实等问题。所以有必要对合作学习的基本要素作个澄清。关于合作学习的要素的研究，主要有斯莱文教授的三因素论、卡甘博士的四因素论、约翰逊兄弟的五因素论，其中五因素论是目前较为公认的。约翰逊兄弟指出合作学习有五个必不可少的因素：积极互赖、面对面的促进性交互作用、个人责任、社交技能和小组自加工。卡甘博士在谈及合作学习的结构要素时也提出，如果合作结构没有体现基本的合作要素，那么它只是小组学习，而不是合作学习。因此，考量是不是真正的合作学习，小组只是基础，还要看小组成员间有无相互依赖、荣辱与共、休戚相关；合作任务的设计与课堂组织有无责任到人、人人尽责；小组成员有无掌握积极互动的社交技能；教师有无为每个学生创设公平参与的条件……学校教师也可以据此来判断自己课堂的合作学习是不是真正意义上的合作学习，或者可以据此改进自己合作学习的组织并提高实效。

鉴于浙江课堂合作学习的特点，下文将用小组合作学习、小组交流、小组展示、对学、群学等来指称合作学习的一些主要形式。

---

① 马兰，盛群力，等．多彩合作课堂[M]．福州：福建教育出版社，2013.

② 王坦．合作学习——原理与策略[M]．北京：学苑出版社，2001.

二、合作学习的价值

随着纷繁复杂的信息社会的到来，“合作”日益成为热词。政治上，人们对话合作，寻找共同点来化解冲突；经济上，各国在共同遵守规则的基础上寻求广泛合作；社会热点问题，如全球气候变暖、生态问题、恐怖主义等，都需要合作解决。可以说，合作已成为时代的主流思潮，合作既成为人们获取最大化利益的手段，也成为人类追求的一种生活方式。

合作学习的价值在课堂教学领域中，也逐渐被人们广泛认同，合作学习的价值正不断被丰富。从合作学习的发展轨迹来看，早期的研究者比较崇尚技术理性，偏好应用型研究，较多地把合作学习视为手段，探讨其有效性，以期较好地指导教学实践，合作学习价值工具化倾向比较严重。20世纪70年代，现代合作学习理论提出后，随着其实践的不断深入，合作学习的价值也不断得到验证与延展。

合作学习不但可以提高学生的学业成绩，而且在学生自主发展、社会性互动等方面也会产生积极的影响。合作学习有三大效用，即增强学习动机，提高学习成绩；建立积极关系，增进关爱互信；促进心理健康，改善自我认知。这些结论得到了理论与实践工作者的广泛认同。马兰教授认为，合作学习不仅仅是一种学习方式，也不仅仅是一种教学策略，而是一种新的生活方式，一种新的价值观。只有竞争意识而缺乏合作精神的人，在当今的社会将失去生存发展的空间。因此，合作应该成为现代人的合理内涵、现代人存在的一种方式，成为未来人才培养的教育目标。重视培养学生的合作意识、合作精神与合作能力，培养学生的社会交往、人际沟通能力，激励学生主动学习、建构新知识，培养学生的创新精神等，也逐渐成为众多合作学习的实践者共同追求的目标。

由此可见，合作学习不仅关注学生认知目标的实现，同时也关注学生情感目标的实现，尤其在培养和形成学生的互助精神、合作意识、集体观念以及改进学生对学习、学校、同伴和自己的态度等方面优势显著，这正是合作学习的价值与魅力所在。

三、 学习组织视角下的合作学习价值分析

学生的独立学习和同伴间的合作学习，以及来自教师的学习指导，三者组合成学生学习的整体。这些学习形态显然不会各自孤立存在。作为课堂以及更广泛意义的学习活动的组织者，教师的责任是组织起学生的独立学习与合作学习，并在学生需要时施以指导。因而，教师在课堂中最重要的任务不是讲课，而是组织学习。这是对“学为中心”课堂中学教关系的概括。

合作学习是促成独立学习的一个途径。学习组织的最终意义，在于运用直接指令、任务驱动、问题引导、合作研讨、评析指导等方式，促成学生的独立学习。

在“学为中心”教学改革的推进中，探讨如何组织学习活动，自然要先理解学教关系的实质与变化，厘清学习活动中的行为要素，明晰基本的操作流程。

（一）改进学教关系

合作学习，又称协同学习，它是学生与同伴一起，相互促进的学习。其内在结构决定采用这种课堂组织策略的学习活动，必然以学生为中心。

遍观浙江省教学改革试点地区与课改联盟学校的各种课堂教学改革模式，如安吉县昆铜中学的“六步三查，以学定教”教学模式、宁波市高新区外国语学校的“三环六学”课堂、台州市路桥区第二中学的“自主交流式”课堂、义乌市后宅中学的“自主互动性”课堂等，总能发现镶嵌于其中的诸如“小展示”“大展示”“小组交流”“班级展示”“对学（两人互学）”“群学（集体学习）”“组学”“展学”等词汇。这些词汇其实是浙江学校对合作学习主要环节的草根称呼。

在这些学校，与之呼应的常见模式是从学生立场出发，学生在教师所设计的学习路径（载体可以是导学案、先学任务单、学习卡、助学单等）的指引下，在教师的组织下，通过自主合作探究的学习方式，达到学生个体或团队学习所能达到的高度；在此基础上，教师根

据学生学习的生成情况，有针对性地进行评价、点拨和拓展提升等指导。

由此可见，当小组合作成为常态，课堂行为要素要发生质的变化，需要形成新的学教关系。在新的学教关系里，可以从以下几方面认识学教关系的改变带来的学生学习变化。

1. 学教关系是学习感官相互配合的关系。

在常态开展小组合作学习的课堂中，学生或听或说、或读或演、或展或评，感官受到的刺激丰富多样。教师们根据不同知识点或知识达成不同阶段的特点，设计并综合使用不同的学习方式，使学生学习感官的调用变得综合和系统。这样做的作用主要有二：一是使学生在这样丰富的刺激下，减少连续学习的疲倦感；二是在更多学习感官的共同参与中，使学生接受信息、提取信息、整合信息或输出信息的途径变得多样，学生处理信息变成了一个综合协调的过程，信息的保持更持久，学习质量也能提升。

2. 学教关系是知识类型逻辑匹配的关系。

从知识分类学说的角度看，什么类型的知识，就需要什么类型的学教方式与之对应。学教方式的构建应与知识构建、知识生长的内在逻辑相吻合。

3. 学教关系是情意品质内化生成的关系。

在合作学习的课堂中，学生主动应用各种方式开展学习。教师随时捕捉学生在课堂里的良性表现，及时点评激励；对于学生在学习中不到位的表现，教师要及时矫正引导。这种同生互长共存的关系使师生之间、生生之间的互动附带着浓浓的感情色彩，在这样充满正能量的生生互动、师生互动中，学生的嘴会打开、心逐渐开放、智随之活跃、慧自然生成。除了掌握知识技能之外，这种良性的学教关系有利于学生生成丰富的情意品质、形成健全人格。

（二）改进学教行为

从学校实践看，“学为中心”的课堂中，学生学习行为主要表现为独学、对学、群学、展示、补充或点评等要素；教师行为主要表现为组织、引导、点拨、拓展、评价等要素。

在传统教学模式为主的课堂中，教在先、学在后，“教”为主动要素，“学”为被动要素。而在新学习模式课堂中，却是“先学后教、以学定教”，学的行为应是主动的，教的行为往往在学的基础上发生。

具体来说，在“学为中心”的课堂中，学生的独学、对学、群学、展示、补充、点评等主动行为置换了原来的听、练、答、记等被动行为；教师用组织、引导、点拨、拓展、评价等助学行为置换掉示范、板演、演讲、串问等主动且强势的行为。

1. 课堂合作学习中的学生学习行为。

学生是学习的主体。从小组合作学习来看，学生的行为要素主要有以下几种。

（1）独学。

独学指学生一个人快速、安静、专注地独立思考，这是他对知识的初步感知。独学一方面为学习提供前知识前概念的准备，另一方面为课堂上的对学提供问题素材。独学的操作方式可以有：读一读、画一画、想一想、记一记、做一做、标一标。

（2）对学。

对学是指两到三名学生间的合作交流，主要是共享独学成果、从同伴处得到解决独学中尚存问题的启示，甚至解决并筛选出共性问题并呈交小组群学。对学的操作方式可以有：对查、对问、对议、对抗。其流程大致是：相互分享→相互求教→一起讨论→自己整理或记录疑惑之处。

（3）群学。

群学一般在小组内开展，它是在组长的组织下，针对对学中筛选出的问题，群策群力，谋求解决方式，并进一步筛选出小组群学后仍不能解决的问题。其流程大致是：讲解倾听→补充质疑→总结成果。

（4）展示。

展示是将群学中得到的有价值的方法和筛选出的问题，或静态地展示在黑板上，或以口头发言的形式动态展示。

（5）补充与点评。

这是根据展示的内容，小组相互间进行补充评价，或以小组交叉方式，或以轮转方式，或以抢答方式。

2. 课堂合作学习中的教师行为。

从教师行为看，教师确实是学生学习的促进者、帮助者。与传统课堂相比较，教师在课堂上的讲授时间、频次明显减少，语言变成以引导、点拨、评价为主。在学生对学与群学时，教师需要深入小组了解、发现与监控。在学生进入展示、补充、点评阶段时，教师对学生的智力成果和非智力表现要进行恰当的点评，同时要充分调用听觉与视觉，即刻提取信息、整合信息，为下阶段有针对性的精要的“教”打下基础。在课堂上，教师要对不完备的内容有所补充，对学生迟疑不决、不甚理解的内容予以点拨，对有些知识增长点进行恰当的拓展延伸。教师的“教”已不是传统意义的“教”，而是以评析为主的指导，其教的针对性、讲的浓缩性是传统“教为中心”的课堂无法比拟的。

在这样的学习过程中，学生有序的系列学习行为是一个问题筛选的过程，前一学习行为的发生将为后一学习行为的发生做准备，而后一学习环节则是对前一学习环节筛选出的内容的深度加工。教师的“评析”也成为对学生筛选出来的内容的画龙点睛式的拓展点拨。

学教关系的调整，有助于良好师生关系的形成。师生行为要素的厘清，有助于课堂流程中这些行为要素的合理排列组合，有助于学习任务的完成，有助于小组合作学习效益的最大化。

案例2.1

“六步三查，以学定教”教学模式

课前自学——培养自学能力

［操作］教师提前一天下发导学案，学生根据导学案进行自学，并完成上面的练习，第二天早上交给教师，教师批改后于课前下发。各小组学科组长交替检查，根据完成情况对各小组进行打分，并将分数公布在黑板上的课评表预习栏内。

［意义］学生不再等待教师的知识灌输，不再记忆教师给予的现成结论，不再通过大量的巩固练习强化记忆，而是通过自主阅读、独

立思考形成自己的知识网络。长期训练之后，阅读的习惯、独立思考的习惯、发现问题的习惯等就逐渐养成了，而这些习惯养成的背后是学生学习能力的提升，这远比知识本身重要得多，它将让学生受益终身。

同时，教师根据学生完成导学案的情况对学生进行了第一次学情调查，清晰地了解到哪些问题学生通过自学已经会了、哪些问题学生需要相互讨论才能解决、哪些问题需要教师的讲解才能明白。然后，教师在自己的导学案上进行二次备课，对原先的教学预设进行相应的补充、调整，真正实现以学定教。

小展示——让每个学生在每堂课上都能发言

［操作］**课前各学科组长根据能力大小给每个组员分配任务。上课一开始，全体组员站立起来，围成一个圈，依次展示自己分配到的问题。如有不同答案就进行全组讨论。小组讨论还不能解决的问题就由学科组长将题序填在黑板上的课评表上。此时，教师的任务是深入各个小组，监督（打分）、答疑、发现亮点、分配下一步大展示的任务。**

［意义］许多学生，特别是学习能力相对较弱的学生，在传统的课堂上很少甚至没有发言的机会，而在这个环节，每个学生都有了发言的机会，每个学生都成为学习的主人，“面向全体学生”不再只是一句口号。在传统课堂上，教师带全班50多个学生，许多学生在学习中遇到的问题，教师无法及时了解情况、提供帮助，问题越积越多。新的课堂模式中，分成七个小组，在小展示中，每个学生的困惑能得到同伴及时的解答。

同时，教师完成了第二次学情调查——根据深入各组的小展示情况和课评表上的问题反馈情况，教师将问题进行分类处理。第一类是交叉问题，即各小组存在的不同的问题，可交叉分配给各个小组进行全班的大展示。第二类是共性问题，即几乎所有小组都无法解决的问题，这往往是本节课的难点。教师将立即调整教学方案，对这些问题做一定的铺垫、提醒、启发，让问题呈现一定的梯度，让学生循序渐进地掌握重难点。这里又一次体现了以学定教的原则。

大展示——突破学习难点

［操作］根据教师的分工，各小组依次派代表上台进行展示，可以通过朗读、讲解、板书、表演等形式进行。其他小组的学生进行点评、补充、质疑、辩论。教师的任务是激励、引导（深度、方向、节奏）、评价、适时点拨和讲解。

［意义］学生是天生的学习者，教师可以让每个学生通过思考、讨论、争辩、感悟，最后得出结论，在经历知识探究的过程中掌握方法、激发情感、加深印象。这个过程把课堂还给学生，让学生真正成为课堂的主人。特别值得一提的是，每个上台展示的学生都会得到一定的分数，而基础较差的学生得到的分数较高。为了使小组得分最大化，在大展示前，几乎所有的小组都在做同一件事情——拼命地辅导本组基础最差的学生，直到把他教会，才放心地送他上台展示。当他在同伴的帮助下自信从容地走上讲台，展示自己的才华，为小组争得荣誉满载而归时，他会觉得“我是一个有用的人！一个成功的人”。学生在突破学习难点中发现了自己的价值。

课堂小结——不是教师教了多少，而是学生学会了多少

［操作］通过课前自学、课堂交流，学生将自己的收获进行小结，并构建出知识框架。教师让之前得分最少的小组进行展示，其他小组补充。

［意义］传统的课堂小结一般是教师以板书或课件的形式小结本节课的内容，学生的任务是誊抄并背诵，至于学生是否真的全部掌握了这些内容就不得而知了。而这里的小结是由学生来完成的，每个学生经过几分钟的思考后将自己的收获写在导学案上，这既是对本次学习的回顾和梳理，又是学情最真实的反映。教师只要在小组间来回巡视一圈，便知道学生学得如何，预设的教学目标完成的情况如何。

当堂训练——检验这堂课是否高效

［操作］小结之后学生独立完成导学案上的巩固练习。针对不同层次的学生，题目也分成A、B、C三类不同的难度。必须围绕基础知识、基本技能，必须让绝大部分学生能当堂完成、当堂核对。

［意义］学以致用、趁热打铁是巩固所学知识最好的方法之一。让学生及时地进行有针对性的训练，对其巩固所学、加深理解、提升

能力、查漏补缺无疑是十分有效的。同时，教师完成了第三次学情调查，根据学生练习的正确率高低及错误集中点进行课后反思，并针对学生存在的问题设置补充训练，同时，再对导学案进行修改、完善，以便下次使用。

汇总记录

［操作］教师在学生做当堂训练时，对黑板上课评表中每个小组的各项得分进行汇总，并在本节课结束时对优胜的小组及个人进行表扬。课后学科的课代表将分数记录在日评表中。

［意义］传统的学业评价形式单一，基本都以终结性的考试评价为唯一标准，缺乏对学生学习过程的关注，评价也常常是滞后的、消极的。而这种过程性的评价伴随着学生的整个学习过程，它对学生一点一滴的进步进行肯定，鼓励其坚持不懈，对其不足也能进行及时的校正和帮助，让其步入正轨，真正体现了“评价是为了刺激学生更好地发展”的理念。

（安吉县昆铜中学　谢昱圣）

第二节 学习组织：促成协作互助的合作课堂

一、教学改革实践中合作学习的发展

浙江省区域层面推进合作学习的实践是从“中小学教学改革试点项目”启动后开始的。它体现于各校“学为中心”的课堂教学模式与课型之中，被许多学校当作引导学生主动学习的重要途径。虽然，浙江区域推进合作学习的时间稍晚于山东、江苏等地，但在学理思考、学科本质方面都有自己独特的理解与实践，在合作学习的价值层面与操作层面贡献了浙江教育人的实践智慧。

（一）合作学习的认识变化与价值拓展

从浙江早期先发学校课堂教学改革的情况看，自主学习与合作学习是课堂上最主要的两种学习方式，课堂现场常见学生“独学”与“合学”的环节。但教师们在认识上也存在误区：一是泛化合作学习，有许多小组开展的讨论或交流，其实并不属于合作学习的范围；二是僵化理解合作学习，甚至出现每堂课必须有合作学习的规定。

后来，随着研究与实践的深入，教师逐渐认识到，小组只是组织形式，合作才是核心要求。对合作学习的评价，不在于组织形式，而要看四个方面的状态：每个人是否都能得到适时的帮助、认识是否在原有基础上得到提高、交流中是否有问题的生成和解决、是否产生与他人合作的情感需求。作为一种理念，合作学习广泛存在于学习的全过程中，但不必拘泥于形式。每堂课不一定都有小组合作环节，学生也不一定相向而坐，重要的是形成合作精神，体现合作实质。

在浙江各地的实践中，还有一个很明显的现象，凡是合作学习能顺利推进的地区，或合作学习比较有成效的课堂，他们不仅把合作学习看作教学技能与教学策略，更强调合作学习的教学价值，强调合作学习是一种学习方式。合作学习注重学生合作品质的培养、合作精神的养成。这和浙江教学改革的进程高度吻合，其“学生立场、学为中心”的指导思想在合作学习的课堂实践中得到充分体现。同时，这也很好地呼应了浙江高校学者的先行研究。

侧重合作精神的培育，折射出的是浙江诸多改革学校的教育价值取向，这些学校的教育更侧重于健康人格的塑造，重视对学生智力和非智力品质的同步培育。小组成员只有在合作过程中逐步形成共同的行为准则、价值理念和思维方式，才能形成有效的课堂合作学习。

这些合作学习价值观念的逐步趋同与共识凝聚，使浙江学校和教师在课堂合作学习的实践中，更关注合作小组的基础建设，如安吉县的“小组合作制”认为，小组文化建设是基础。他们关注合作学习课堂规则的建立、班规合作细节的约定、促进学生合作的德育实践。

在推进小组合作学习的过程中，往往需要进行班级管理的配套改革，要求班主任把合作学习所需要的彼此接纳欣赏、互相取长补短和携手进步等品质，化为班级日常规定，引导学生轻声说话、积极聆听、相互鼓励、客观批评、化解冲突，形成班级同学的共同价值观。这在无形之中将德育与课堂教学改革相联系。正是因为认识到德育与教学的高度依存关系，浙江的许多学校在改革之初就提出整体性改革的思想，确立了课堂教学改革、班级自主管理配套、学校管理改革同步的思想。

（二）学科层面合作学习研究的深入

合作学习也要尊重学科本质。在当地教研部门的指导下，众多有前期实践经验的学校总结了“导学设计、合作小组、课堂展评、学法指导”等课堂要素的落实情况及改革行动中有待克服的操作问题，就这些要素如何与学科特征相结合，组成促进学生有效自主学习与合作学习的、多样的、适宜的学科课堂新形态展开了热烈讨论。每个学科的特征是不一样的，比如语文、英语侧重语言建构与运用能力，数学侧重思维发展能力。只有弄清楚了学科特征与要素，才能采用合适的教学方式，这已成为这一阶段的共识。

一种合作学习策略不一定适用于所有的学科。各学科的学习规律不同，合作学习策略不可千篇一律。在语言学科中，合作学习主要是鼓励小组成员相互交流，碰撞思维。而在自然科学的学科中，则更多是小组成员分工协作，共同完成实验任务等。即使是同一学科，不同的学习阶段也应有不同的合作学习策略。如作文课中，在选题、审题、构思等阶段，可以运用合作学习策略，促使学生借鉴互补，共同提高；但是在个人写作时，当然要强调独立思考与表达。

合作学习不一定适用于所有的学习任务。合作是否有效，一要看学习内容是否确实需要通过合作学习来促进深度理解；二要看任务策划是否利于学生的深度参与。一般来说，简单的知识技能、教学任务无须小组合作学习，而要求发挥集体智慧和力量的学习任务就适合采用合作学习方式，比如，探索性的思考题（要求学生作出某种有价值的预测发现）、拓展性的训练题（要求学生多方面思考，寻求解决问题的多种方案、思路）、比较性的分析题（要求学生对多种答案进行比较分析，从中选择最佳答案）、多步骤的操作题（设计比较复杂，学生个人难以完成，需要分工协作）等。

大家不仅在学科适用层面上对合作学习进行了审视与辨析，还在如何结合学科的特点与教学内容、寻找合作学习任务设计的适用方法、开发小组合作学习的多样形式、重新定位小组合作学习中的展示功能，帮扶困难生进行有效合作学习等方面，均进行了有益的探索。

（三）学校合作学习操作的实践智慧

随着课堂教学改革的推进，许多学校对合作学习的认识进一步深化，并在课堂实践中拓展出合作学习新的价值。学校层面如何推进合作学习？班主任班级管理如何助力配套课堂教学改革？学科教师如何有效地评价学生学习与进行新课堂规范的培训？学生合作小组如何组建？小组活动如何组织开展？在这些问题上，许多学校与教师贡献了自己的实践智慧，形成了一些比较有效的操作方法。

1. 合理编排座位，支持合作学习。

分组原则一般是组内异质、组间同质，尊重学生、适时调整。组间同质可以有效调动小组间竞争的积极性，组内异质有利于组内学生的相互补充、交流与合作。编排要按学生的学业基础、学习风格、性别等进行优化组合；人数应控制在4—6人；可设行政组长与学科组长；组内座位间隔小些，小组保持相对稳定。

2. 角色分工，形成自动运行机制。

教师通过小组内的角色分工，鼓励每个成员承担小组责任，完成相应的任务，达成相应的目标。组内各成员都有明确的分工与责任，并定期轮换。要促使学生理解分工合作的必要性，进而自觉地按一定的规范在小组内行动，最终优化并自动运行。

3. 学生领导力培训，培养小组领袖。

在小组合作学习中，学习小组内可分设行政组长与学科组长，定期轮换，让更多的成员有锻炼的机会。无论是在课堂合作学习的组织中，还是在小组人际关系的维持与促进上，都要求组长具备一定的领导能力。因此，要重视对组长的系统培训，进而开展对全体学生的领导力培训，让更多的学生能胜任组长的职责。

4. 小组自主管理，促进成员互相信赖。

要促进异质分组的合作小组形成积极互赖关系，除了学习中的任务关联与评价关联外，还应充分利用班集体的管理，以学习小组为班级管理的基本单位，促进小组参与班级日常事务管理，进行小组自主管理，增加人际交往与合作沟通的频率频次，促进积极互赖关系的养成。

5. 完善小组活动体系，建设紧密型团队。

建立学习小组后，还要以团队活动促进组内形成紧密型关系。可以小组为单位，参与校内外活动。从德育、体育到艺术劳动、社会实践，定期策划常规活动、主题活动、特色活动，使小组各成员在为共同目标行动的过程中，形成小组的凝聚力与协作力。

6. 培训课堂规范，提高合作效率。

“学为中心”课堂倡导把学习权还给学生，自主学习、合作学习成为课堂主要的两种学习方式。对于这种有别于传统的以教师讲授为主的课堂，很多教师发现，进度慢下来了，容量少下来了，课堂秩序乱起来了。为顺利推进课堂转型，新的课堂规范的建立与培训至关重要。许多学校在改革初期，要求任课教师放慢进度，在课堂上手把手地指导学生熟练掌握新课堂规范与技能，并要求年级段长负责、班主任落实，尽快让学生学会听、学会说、学会看、学会写、学会讲等，以提高自主学习、合作学习的效率。

7. 以团队评价激发合作动力。

建立团队评价制度以促进学习小组合作。建立学校年段班级对小组的评价制度。有的学校构建了如“一节一记、一日一结、一周一评、一月一表彰”这样比较全面的评价体系。在丰富多彩的评价表彰中，逐步形成良性的氛围，并潜移默化地影响学生的情感认同，形成多元的、正向的价值取向。

8. 研制实践指南，形成课改研究共同体。

浙江学校的教学改革，大多走过“析模”“建模”“炼模”“出模”四部曲。在借助模式改革的阶段，往往采用行政推进手段；而在“炼模”或“出模”阶段，往往更重视专业力量的推动，更重视研究共同体的建设。其实，课堂教学改革提供了新的教学研究的向度与资源。学校可以将教改科研、教研培训一体化，梳理课改中遇到的实际操作问题，编制学校教学改革的研究指南与实践指南，如各科合宜的自学载体、合作学习的有效操作、班级评价的有效推进、小组建设的多样方法等。建立教学改革攻关课题研究的机制，鼓励年级组、教研组、备课组、跨学科项目组等开展研究，这既可以解决教学改革中遇到的难题，激发教师在团队中自觉地追求课堂转型，也促使学校利用专业力量推动改革走向深水区。

浙江省的合作学习研究与实践，不仅涉及对普适性的合作学习内涵的厘清、对合作价值的审视，还渗透着对学与教先后关系、学与教主次地位的深入思考。许多学校能系统考量课堂教学改革、班级自主管理、学校管理改革的关联性，强调突出学习小组文化建设的重要性，并初步完成从合作学习的组织建设、合作学习的活动行为要素，到合作学习的过程评价、合作学习技能培训的实践操作系统的构建。

二、课堂合作学习的操作流程

尽管独学、对学、组学、群学、展示、补充、点评等主动学习行为令人鼓舞，但如果没有合理的设计，这些新要素组成的合作课堂并不一定高效。分析浙江学校的课堂合作学习的实践，我们发现他们的运作程序基本相似，其课堂合作学习的教学流程如图2.2所示。

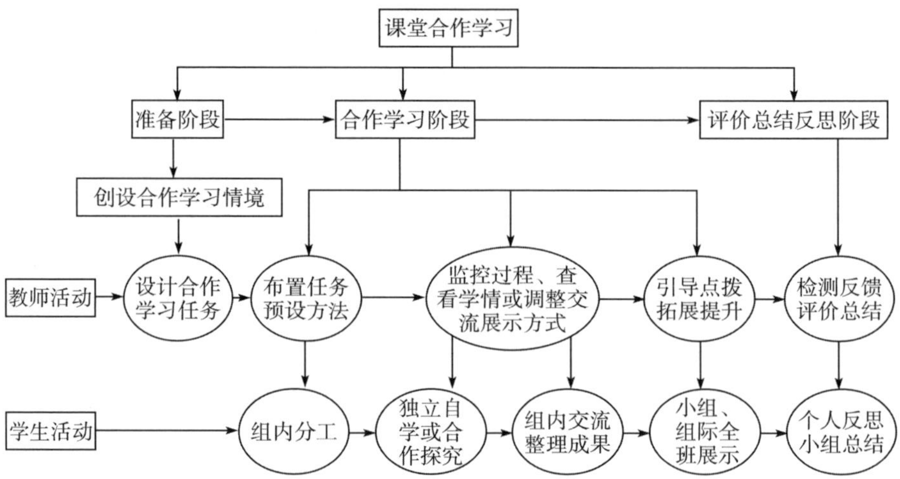

图2.2　课堂合作学习的一般流程

整个合作学习的过程可分为三个阶段，涉及教师活动与学生活动两个层面。

（一）准备阶段

有的教师不重视合作学习的准备，以为合作学习只是“教师讲解＋学生讨论”。实践证明，要组织好合作学习活动，就要对合作学习做充分准备。合作学习准备阶段的关键是创设适宜的合作学习环境。为此，教师要培育适宜合作学习的物理环境和心理环境，让学生在师生平等、信任、尊重的环境里体验合作学习的成功与乐趣。比如，倡导课堂的无错原则，把课堂的“三权”（发言权、提问权、评价权）还给学生，都是营造良好的合作学习环境的有效做法。

准备阶段还有一个很重要的任务，即教师要设计适合合作学习的任务，并且预设合作学习的方式方法。例如，杭州市上城区教育学院在推进课堂教学改革的过程中，总结出合作学习任务设计的途径与方法，他们认为，合作学习的任务通常从教学的重点、难点、易错点中产生。在教学的难点处使用小组学习的方式，有利于学生相互启发，促进理解。在易错点处展开小组合作学习，有利于学生更好地辨析概念、反思错因、积累学习经验，以便更好地监察、评价、反馈自己的学习，进而对自己的学习进行调节、修正和控制。

（二）合作学习阶段

学生开始小组合作学习活动后，教师的职责主要有三：一是在巡视中解决学生学习中遇到的困惑，给学生以鼓励、支持和启发；二是根据学习阶段的具体要求动态调整，督促学生，保证合作学习的效率和质量；三是把握课堂节奏与学习进程，引导合作学习从一个阶段适时推进到另一个阶段。

在此阶段，教师要激发和维持学生合作学习的内在动机，使学生始终保持良好的合作学习心理状态，不断体验成功，增强自我效能感。要对学生的合作学习活动进行形成性评价，注意防止“优生一言堂”等现象的出现。要促成师生互动合作、组内成员互动合作、组际成员互动合作、小组互动合作等多向互动机制的建立。

（三）评价总结反思阶段

当合作学习活动接近尾声时，有些教师会匆忙结束合作学习活动。这容易让学生将合作学习视作形式，减弱学生今后参与合作学习的热情。所以必须重视合作学习活动的评价总结反思，做到“两结合、两侧重”：过程评价与结果评价相结合，侧重合作过程的评价；小组评价与个人评价相结合，侧重小组评价。

小组评价主要关注小组成员的差异性和互补性、小组分工的合理性、小组成员组合方式、小组成员活动参与度、交流状况、互动程度、合作学习目标达成程度等。个人评价主要包括小组成员对小组任务的态度、小组成员执行合作学习任务的过程及其完成情况、小组成员如何与同伴互助合作、小组成员对小组学习任务的贡献、小组成员是否有创新等。

在小组合作学习的评价中，评价内容与评价方法都应多样。如评价要注意认知、情感、体验等目标的达成，既要重视成绩又不忽视问题，既要注意表现积极的学生又要注意表现不那么积极的学生；可采取教师评学生、组长评组员、组员评组长、学生自评、组员互评等多种评价方法。评价总结反思的方法，同时可为新一轮合作学习提供启发。下面是宁波市高桥镇中心小学的例子。

案例2.2

小组合作学习的课堂操作流程

1. 提前数天将导学案发给学生，学生按要求独立完成。

2. 课前教师批改，或学科组长推磨批改、教师选择批阅，并进行二次备课。

3. 课前，组长将前两部分内容进行组内分工。

4. 组内交流导学案“基础部分”。

5. 教师有选择地引导学生对基础部分进行展示。常见处理办法有四：一是不用展示；二是笼统处理即可（如：大家对这部分内容有困难吗？老师提醒大家要注意的是……）；三是少数展示，教师选择个别内容要求学生加以展示；四是全部展示，只给每组一次机会。

6. 组内交流“要点部分”。

7. 教师将“要点部分”组合切块，分到小组。

8. 各组按任务进行二次合作，深度探究，为展示所分到的任务做好准备。

9. 组织全班进行“要点部分”的展示。

10. 教师引导学生或由优秀学生展示“拓展部分”。

11. 学生对本课的练习进行巩固。

12. 教师引导学生进行本课总结反思。

具体实施参见下例。

<table>
<tr><th colspan="2">环节</th><th>时限</th><th>学生环节</th><th>教师环节</th><th>关注点</th></tr>
<tr><td colspan="2">课前延伸</td><td>课前2天</td><td>依照学案，进行自主学习，完成自主学习题目，同时生成并整理新问题</td><td>根据学生完成情况和教学进程进行二次备课</td><td>课前了解学情</td></tr>
<tr><td colspan="2">导入课题</td><td>不超过1分钟</td><td>调整学习状态，进入上课模式</td><td>创设情境，引出课题</td><td>激发学习动力</td></tr>
<tr><td colspan="2">基础部分</td><td>5—8分钟</td><td>组内交流(课前组长分好工)进行小展示</td><td>教师巡视，视内容难易，决定是小展示还是大展示</td><td>基础水平学生</td></tr>
<tr><td rowspan="2">要点部分</td><td>合作</td><td rowspan="2">25分钟左右</td><td>1. 先独立思考，对讨论题有自己的初步想法或答案。
2. 在组长的带领下，总体感知要点部分的内容。
3. 服从组长安排，做好展示准备</td><td>1. 对要点部分的题目进行切块。
2. 明确合作的内容、流程、方法与要求。
3. 巡视合作过程，及时指导薄弱小组。
4. 发现典型题或不同解决方法的小组，确定展示对象(小组或人)</td><td rowspan="2">中等水平学生</td></tr>
<tr><td>展示</td><td>1. 展示要面向同学；有适当的导入语，尽量采用较高层次的展示形式。
2. 非展示者要认真倾听，发现问题及时质疑、补充。
3. 展示者要虚心听取别人的评价意见；点评者要先讲优点再说不足。
4. 对有价值的展示内容，迅速做好笔记</td><td>1. 按照薄弱组有限的原则，确定展示小组；鼓励采用不同形式的或有创意的展示。
2. 对展示者可采用追问的形式让其讲明白，讲精确。
3. 做好质疑、对抗的点火工作。
4. 为展示好的小组加分</td></tr>
<tr><td colspan="2">拓展部分</td><td>5分钟左右</td><td>自主完成，根据自己能力灵活选择展示</td><td>来回巡视，选择较好的进行展示</td><td>高水平学生</td></tr>
</table>

(宁波市高桥镇中心小学)

第三节　课堂合作学习活动的组织方法

在真正的合作学习成为常态的课堂中，教师最重要的任务不是讲课，而是组织学生学习，促进学生开展独立学习、进行交流合作。课堂合作学习活动的组织，既要研究合作学习的各个环节，研究有效的组织方式，也要研究组织方式背后合作方法的指导、技能的培训，还要研究促进合作学习的评价。

一、课堂合作学习活动的组织方式和常用方法

在合作学习课堂中，交流和展示是学生小组合作学习活动的两种重要行为。在这一过程中，教师的恰当介入非常重要，过度介入或不作为都会削弱合作学习的效果。教师须根据合作学习任务的特点，精心设计流程，并进行有效的组织。同时，教师还要重视合作学习方法的指导。

（一）课堂合作学习活动的组织方式

1. 学生合作学习主要环节的组织。

在课堂合作学习的过程中，学生一般会经历组内分工、独立自学或合作探究、组内交流整理成果、组际或全班展示四个环节。

首先，接到教师布置的任务后，小组长根据组员的能力与意愿，合理进行组内分工；然后，组内独立自学或合作探究，独立自学时，小组要维持纪律，保持安静（一般有角色分工，有专门的督促者）；接着，进行组内交流，一般按照班级的规范要求或坐或立，根据上课教师预设的组织形式开展交流；最后是对小组学习成果的整理，进行组内汇报展示的分工，有时间还会做彩排。下面重点讨论交流、展示两个环节。

根据合作任务的类型，交流、展示可以分为问题讨论型、选题辩论型、实验探究型、调查汇报型、综合表演型等。根据讲解方式，可以分为：组长依次讲解，组员倾听、质疑；潜能生讲解，中等生补充，优等生总结；中等生讲，卡壳时优等生提醒；独立思考，自由讨论；等等。

在实践操作中，教师还会有创新。例如，台州市路桥区第二中学的语文组总结了“现代文教学整体设想”，提出课堂交流、展示的多种形式。

交流形式：①自学成果之无声交流，主要是对已有内容进行补充；②小组内共性问题之探讨交流，以解决疑难；③展示准备之合作交流，为小组派出的展示者出谋划策；④基础能力之互检交流，两人合作、听写、听读；等等。

展示形式：①指定展示，学生自学时教师巡查，锁定有展示价值的内容（指优秀的、独特的典型），巡查时交代学生准备展示；②自主展示，学生自愿、内容自由的展示；③抽签展示，是小组合作学习成果的检测；④小组展示，根据分配的任务，由小组组织，推荐展示。在展示中，还须有师生参与的形式多样的互动，如点评、纠错、补充、拓展、提炼、质疑等。

小组合作学习的交流、展示的功能不能只局限于表面的热闹或个体的精彩，应着重于问题的暴露以及大多数学生的方法总结与思维提升。交流评价不要平均用力，要在知识形成处、辨疑处、解难处舍得花时间，暴露学生真实的思维过程，引导评议优化。尤其是理科，教学就是要通过教师的启发引导、适度讲解，把这些隐藏着的因素挖掘出来，并通过充分的交流共享，让虽已完成解答但未清晰理解的学生通过反思形成清晰的意识，让中途卡壳而没有完成的学生知道别人的思考过程，从而得到思维策略的启发，积累活动经验，进而学会学习、学会思考。

2. 教师组织合作学习时的恰当介入。

“学为中心”的课堂需要教师用组织、引导、点拨、评价、拓展等助学行为要素置换掉示范、板演、演讲、串问等主动强势的行为要素。这要求教师从“设计教”向“设计学”转变，课堂上教师行为从显性向隐性转变，可以说，教师是否真正“还教于学”，是否把握好自己在合作学习课堂的适当介入，关系到合作学习的课堂氛围及质量。

从教师活动的层面看，主要涉及合作学习任务的设计、合作学习任务的分配、教师过程巡视（监控过程、查看学情、调整交流展示方式）、引导点拨拓展提升、检测反馈评价总结。

（1）合作学习任务的分配。

在小组合作学习的过程中，教师要对任务进行切块。“如何切块”考验的是教师的智慧以及对学生的了解程度。具体策略有三种。

一是任务分配要突出重点和难点。比如，在《我的叔叔于勒》一课中，教师设置了5个探究问题，班级共有10个4人小组，通常会要求每两组思考一个问题。但有教师突出第五个重点问题，分给4个组，要求他们都讨论这个问题。一个任务中的同题组越多，就越能突出重点，学得更充分。

二是根据各小组的不同特点分配任务。如在数学课中，没有完全按照组间同质来组建小组，而是按能力不同，把学生分为A、B、C三组，教师把相对较难的题目分给有数学尖子生的A组和B组，相对容易些的分给C组，这样小组之间可以互补，同时也符合学生的实际能力。

三是平衡各小组的发展，避免两极分化。任务的分配不是一成不变的，而要有目的地培养学生各方面的能力。对于能力较弱的小组，从合作简单的题目开始，当合作能力有所提升的时候，增加任务的难度，以进一步挖掘他们的潜力。对于能力较强的小组来说，当他们达到较高的合作展示水平的时候，要适当地将展示的机会让给其他小组，这样才能使班级内各个小组的能力都得到充分的提高，而不是强者益强，弱者愈弱，教师在其中应发挥重要的调节作用。

（2）教师过程巡视。

当学生沉浸于小组合作学习时，教师应该做些什么？在听课中，我们常会发现一些现象：有的教师深度介入小组指导，却失去对全班的监控；有的教师无所事事，错失了解小组学情的机会；有的教师突然打断学习进程进行补充交代，干扰小组合作……

出现这些情况，与教师对自己在小组合作进程中的作用不清有关。此时，教师的主要任务是巡查，并有监控过程、查看学情、调整交流展示方式三大任务。监控合作学习过程中的纪律，发现不投入或伪合作的情况应及时个别提醒，对合作良好的行为要做好记录以便评价。巡查中，教师应倾听各组讨论情况，及时诊断学情并现场调整备课，如发现难题以备重点讲解，发现大家忽视的错误点以备展示时及时点评，发现讨论偏差及时提醒。同时还要根据各组生成的学习成果，考虑是否调整课前预设的展示方式，考虑展示的重点、难点等。

（3）展示时的点拨引导。

点拨是指教师在课堂教学过程中，对学生回答的评价反馈，可反问、追问、总结、延伸等。教师点拨释疑恰当，可以激发学生的学习兴趣，调动学生思维的积极性，为学生营造积极探索、求知创造的氛围，建立愉快和谐、心理相融的师生关系；反之，会严重地损害学生的自尊心和学习积极性，熄灭学生求知与思维的火花，甚至使学生失去对这门学科的学习兴趣。

在课堂教学改革初期，一些学校的课堂展示环节存在“萝卜炖萝卜”现象。在学生合作学习的过程中，为了保证知识的准确、方法的合理，并达到展示提升的目的，教师必须进行实时、有质量的点拨、引导与拓展。

案例2.3

合作学习中的教师点评指导方法

好的点拨能够发挥指导和引领的作用，这是对教师智慧的挑战。在“亮羽”教学改革中，学校倡导教师的“点”要成为“精点”，在紧要处精要地讲，没有废话，点拨到要害处。

以鼓励为主的点评

激励性的点拨语言永远不会过时，而且可以推进课堂的深入和推动学生的进步。特别对于中等偏下学生，教师激励性的点拨语言和更有吸引力的言辞能明显调动学生的积极性。例如：

——我从你的眼神中感觉到你们还有疑问，能告诉我吗？我想为你服务。

——不知我说的话你听清了没有，明白了没有，能告诉我吗?

——虽然你说的不完全正确，但我很欣赏你的勇敢。

——你很有创见，这非常可贵，能再响亮地说一遍吗?

——××说得还不完全，哪一位能补充?

——老师知道你心里已经明白，但是嘴上说不出。没关系，我帮你把意思说出来，你听听是否与你的意思差不多?

——听你的朗读是一种享受，你可以把自己的感受通过声音的变化表现出来。

——默读时，贵在可以边读边思考，现在我们就来默读，要边读边思考。

——你们的问题提得很有水平，能问在点子上了。

——你的问题很有价值，看来你读书时是用心思考的。

——这里有同学提出了这样一个问题，请大家帮忙解决解决。

——这个问题提得很有意思，让我试着回答，正确与否，你可以去验证。

——我们的提问已大大地超出了课文的范围，反映了我们的思维是何等的活跃。

——有一个问题，老师也想不明白，谁能帮我解决?

——同学们的作业本很干净，字迹书写也端正，这是良好的学习习惯，我很高兴。

——写文章的目的是与别人交流，将自己的感情和思想用文字表达出来，让别人了解。我们的作文也应该有读者，有读者群。我建议大家互相交流，看完后将自己的体会，用一两句话写下来，目的是互相鞭策、鼓励。

——用自己的笔写出心里话，这一点很重要。我们班××同学做得比较好，虽然他的作文有的语句不太通顺，但字里行间给人一种真诚感。

——××同学能从生活中捕捉写作材料，即使一件不起眼的小事，他也能留心观察，将其作为原始材料积累起来。

事实证明，学生都期望教师对他的认可。少说不如多说，多点不如精点。准确到位又令学生"怦然心动"的语言，是教师在教学过程中需要不断加强的一门艺术。

促使学生顿悟的点拨释疑

在实际的课堂中，教师点拨的关键未必是呈现学习内容，而是促成学生顿悟。教师可以通过提问式的点拨，引出新知，把课堂推向纵深。当然点拨也可以是反问、追问，还可以是总结、延伸等。

《光的反射》一课中有一个教师点拨的课堂片段。一个学习小组为了展示如何利用反射定律进行角度计算，设计了三个问题：

问题一：如果一条光线入射角与反射角之和为80度，那么，反射角与镜面的夹角是几度？

问题二：如果法线与入射光线的夹角等于入射光线与镜面的夹角，反射角是几度？

问题三：一条光线与镜面成45度角入射，请问经过直角镜面后的反射光线与镜面的夹角是几度？

学生在准备展示时，注重由浅入深地设计问题，由易到难、由简单到复杂地陈列了不同的题型。由此，教师在关键时刻总结陈词："我们在第三个问题中可以看出，一些复杂的问题其实都是由一些小问题组合而成的，像直角平面镜的反射，我们就可以将它看成两次反射的叠加，这样解题就会容易很多。"这样，教师可以引导学生理解并体会化繁为简的解题思路。

又如在语文课《盲孩子和他的影子》一文中提到盲童看见了影子和萤火虫。教师组织学生讨论："盲孩子真的看见了影子和萤火虫吗？"教师在巡视中发现有个小组的学生是这样讨论的：

生1：没看见。是他的心感受到了它们的存在。盲孩子能看见就不是盲孩子了。（生2点头）

生3：应该是看见了，课文里写着他看见了呀？（声音轻柔，不太确定）

教师：指了指写在黑板上的"童话"两个字，部分学生若有所悟。

生4迫不及待站起来，脱口而出："童话"，是夸张的手法，应该是看见了，因为童话可以幻想和夸张，许多现实生活中不合常理的现象，在童话里都是可以实现的。

（瞧，不用死记硬背“童话”的定义，就都理解了）

教师点拨也可能是一个小小的动作，一个微妙的提醒。在点拨过程中，首先要注重因材施教，对不同类型的学生点拨的尺度也应不同。特别是对于有的学生，要以激励为主，帮助他们克服回答问题时的自卑心理，树立自信心。其次，点拨要体现多样化。教师正确、恰当的反馈，能激励学生的积极思维，但长期使用一种方法，可能会失去其作用。所以教师对学生的点拨和反馈形式应多样化，不断“推陈出新”，让学生感到新奇，乐于接受，学生在这样的气氛中没有任何心理负担，课堂教学的效率也能提高。最后，教师点拨应着眼于学生的思维发展。教师在总结归纳时可以将学生中生成的好的思维方式和学习方法加以突出并不断强化，促使学生思维发展，培养学生的自学能力。

（杭州市勇进中学　周芸佳）

（4）评价总结个人与各小组表现。

在每一节课的合作学习过程中，我们会发现每个小组有不同的表现。对于进步比较大的组，要及时进行表扬，激发学生合作学习的兴趣，提高他们学习的积极性。对于不同学生表现出来的亮点，要及时予以肯定和鼓励。小组发展也会出现两极分化。教师应在后续学习的组织与引导中，对任务分工、展示方式进行适当的调整，以促进各小组平衡发展。

案例 2.4

教师在小组合作学习时的注意点

教师在小组合作学习中不是局外人，而是学习目标的制订者、学习程序的设计者、情境创设者、讨论参与者、协调者、鼓励者和评价者。

1. 小组活动时，教师的任务主要是观察，提醒，尽量不参与、不指导，不急着回答。

2. 教师在提问或让小组总结陈述时，要每次都换学生（如可用抽测的方法）；点评时，不仅要点评学习成果，还要点评小组内的互动情况、课堂规范等。

3. 通过填写小组合作单等方式，尽可能留下学生合作学习的思维轨迹，便于反思与评价；定期在课后或班会课上用15分钟左右的时间组织合作学习效果的反省。

4. 交流展示评价时，一定要采用小组汇报方式，尽可能避免教师与一个学生点对点的对话。

5. 给学生的合作时间要充分，能够让每个小组产生有价值的结论。

6. 指导学生学会基本的合作交流方法，培养学生人际与团体的合作技能，引导学生轻声说话、积极聆听、相互鼓励、客观批评、化解冲突。

7. 用各种形式的评价来调节小组活动的效率，及时评价与系统评价相结合。

（杭州市拱墅区教育研究院　何丽红）

（二）课堂合作学习活动的常用方法

在备课时，教师们对学习任务和讨论问题的设计往往会比较重视，但对合作的方法思考琢磨得还不够。这其实是不少小组合作学习效率不高的重要原因之一。小组合作学习的方法多种多样，目前课堂常用的方法有以下几类：

1. 组内配对。

（1）请教同桌。

请教同桌是一种简单又方便的方法，它使学生能作为说者和听者有效地与搭档交流。步骤如下：

第一步：教师向全班学生提出问题，但并不立刻要求回答，而是让学生先请教自己的同桌。每一位学生面朝同桌，向他提出问题，先1号同学问、2号同学作答，然后交换为2号同学问、1号同学答。

第二步：教师随机抽取若干学生问“对这个问题，你的同桌是怎样回答的”。这一问法要求学生在交流时必须仔细倾听，并鼓励学生帮助自己的同伴去思考问题，以使答案更为完整。倘若没有仔细倾听的话，一旦教师点到自己就会茫然不知所措。为了充分利用有限的时间，学生会认真准备自己的答案，以便使自己的观点更充分、更有说服力。与此同时，同伴也会向他提一些补充问题。每一位学生向自己的同伴陈述答案的过程，就是一个展示的过程；同时在同伴陈述时，他们必须认真倾听，为向全班同学陈述同伴的答案做准备。这一方法对发展学生的倾听和表达技能是极为有利的。

（2）配对交流。

配对交流会让学生体验到“人多力量大”的道理，它对形成团队的责任感极为有利。步骤如下：

第一步：教师提出一个问题。每对小组成员各自写下自己对此问题的回答。

第二步：和自己的配对伙伴相互交流各自的见解。

第三步：在相互交流的基础上尝试作出新的更好的回答。

第四步：两人都必须能对新回答作出阐释，能讲清楚新回答与最初的见解有什么不同。

第五步：教师随机抽查个别学生，请他们说说自己的看法及同伴在此问题上给自己的帮助。

显然，配对交流适用于开放性问题而不是答案简单的问题。学生改进了自己的答案之后，通过与同伴交流，分享了成果。

（3）配对复习。

让学生“出声想”是促进学生加深理解、帮助学生相互学习的极好方法之一。配对复习是一种别具特色的合作学习方法，其核心内容是“出声想”，其步骤如下：

第一步：每个四人小组分成两部分，两两组对，每对学生都有一个相同的问题。同伴1看着同伴2“出声想”，即把问题内容和思考过程、认识或者答案讲给同伴听，以求得帮助。同伴2则承担“帮助者”的职责，包括向同伴1提出建议，提出自己的想法，同时给予鼓励，但不包括指出搭档的所有错误。

第二步：互换身份。同伴2“出声想”，同伴1作为“帮助者”，研究第二个问题。

第三步：每研究两个问题之后，四人小组相聚一次，四个同伴共同就这两个问题的答案进行探讨，力求达成一致。讨论后互相致谢并继续进行下面的两个问题。

2. 组内轮流。

（1）轮流写作。

轮流写作是一个简单且通用的合作学习方法。在轮流写作中，每个人都必须写出内容。具体实施时又分“同时写”和“依次写”两种形式。

“同时写”是指全体小组成员在老师提出问题时，同时独立思考并写在自己的纸上，然后在传阅公共纸中补充，一面向同伴学习，一面分享观点。例如，学习《木兰诗》，教师设计了一个问题：“在文中画出表现木兰形象的句子，并在纸上用词语概括木兰的形象特点。”

第一步：所有的组员同时写出关于木兰形象的词语。

第二步：写好后，学生们把纸传给左边的人，让他们在纸上增补关于木兰形象的不同词语。

第三步：依此类推，持续到每个组员都没有补充为止。这时，这张纸传回到第一个在该纸书写的学生手中。

第四步：教师随机提问，考查学生和其组员们概括出了木兰的哪些形象特点。

“依次写”与“同时写”的不同之处在于全体小组成员只需在一张纸上书写即可。当任务完成时，教师可请一名学生向全班汇报自己所在小组的观点、结论或见解。需要注意的是，“依次写”时，耗时会多些。所以，两人小组比四人小组更节约时间。如语文课上要进行诗歌创作，可以在同一个命题下，每个学生写一句，依次接着写完四句或更多。如科学课上要列举生活实例来说明某一科学现象或原理的应用，就可以让学生依次写一种，直到有某一人或几人写不出为止。

（2）轮流发言。

轮流发言是轮流写作的一个变式，每名组员轮流回答或阐述观点。一般要求后面阐述者不能重复前面发言者的观点，以提高效率。在这个过程中，学生个体的责任意识被明显促进，因为每个成员都要通过写或说做公众表现，通过看或听来了解他人的思想。

（3）轮流批改。

轮流批改是以写为主的合作学习，这是促进组员间积极互动的一种方法。步骤如下：

第一步：给四人小组组员编号：1、2、3、4。

第二步：师生共同讨论批改要求，明确规则。

第三步：组员将各自完成的作业按顺时针或逆时针顺序依次交给下一位同学批改，如1号给2号，2号给3号，依此类推。

第四步：第二次批改、第三次批改时依次轮流，直到每个组员将另三位同学的作业全部批完为止。

第五步：依次交流批改的心得，或提出对批改的疑问，互相解答，直到完成批改要求。

如轮流批改作文，每个组员依次轮流批改其他三位同学的作文，提出优点，指出不足，打上分数。最后交流写作心得，推荐最好的一篇作文到全班交流。

3. 组际交流。

（1）相互取经。

相互取经是指各组完成自己的任务（作品）后，派人到其他小组参观学习，取得新的经验后，再回到自己小组修改完善自己的任务（作品）的一种促进互动的方法。步骤如下：

第一步：各小组独立完成一个比较复杂的任务，如一个项目、一幅画、一个实验、一个科技作品、一个节目等。

第二步：各组轮流派出组员（如每次两位，留下的接待来访者）参观、阅读或体验其他组的研究成果，与其他组员交流经验。

第三步：各组利用参观所得改进自己的成果。

（2）编号抽查。

编号抽查是一种常用的合作学习方法，步骤如下：

第一步：给四人小组组员编号：1、2、3、4。

第二步：教师提出一个问题或给每组一个任务。

第三步：小组成员共同讨论解决办法。

第四步：教师任选某编号的学生代表小组汇报他们小组的讨论过程与结果。如要求各组的2号学生到其他组交流汇报本组的讨论情况。这时的公开活动人数就占到了全班的四分之一。这也是一种非常好的组际交流的做法。

教师在运用这个方法时，最好提前告诉学生，这次合作学习任务完成后，将采用编号随机抽查的方法交流小组学习成果，而不是由专门的发言者发言（合作小组一般会有一个相对固定的发言人，专门负责在全班集中交流时代表小组发言，陈述本组的学习成果）。

编号抽查的方法能够提高每个人在小组学习中的专注力。同时，也能够促进小组成员之间的互助，有效防止前面所述的合作学习中的“假合作”“伪交流”现象。

以上八种方法，是课堂合作学习活动中常用的、行之有效的方法。当然，还有许多其他方法，教师们可以博采各种合作学习方法之长，结合自己的课堂实践加以改良与丰富。

二、课堂合作学习的组织技能培训

合作学习的要义在于发挥群体（小组）的积极功能，提高个体的学习动力，从而提高教学效率。但现实中，许多教学活动停留在表面的讨论上，无法突破教学重难点，甚至无法完成教学任务。究其原因主要有三：

一是合作学习任务设计不合理。如合作内容脱离学情，探究内容超出或低于学生的思维水平和接受能力，导致学生兴趣不大；合作学习内容泛化，思维容量不够，无法引起学生观察、思考、质疑的兴趣；问题不具备启发诱导的作用，没有讨论的价值和讨论的空间，无法鼓励学生在阅读中去发现、去探索，获得个性化的感受。

二是成员人际关系疏离，凝聚力不强。有些小组出现“自说自话”与“一言堂”的情况，对于小组分配到的任务，组长难以将其分解到每个组员，如课堂讨论环节有组员各自为政，或者某个组员滔滔不绝，其他人沦为听众；小组因运行困难而提出换人或解散。

三是合作学习的技能培训不到位。学生没有掌握合作学习的相关技能，在合作学习时，出现组内任务分配混乱、讨论流程冗长、转变位移缓慢、因干扰较大而倾听效果不佳、因缺乏人际沟通技能而组内冲突不断等问题。

要克服这些问题与困难，除了要改进学习任务设计与加强小组建设外，还必须重视对学生进行合作学习方法技能的培训。

（一）合作学习中的组长培训

开展小组合作学习，离不开组长的组织。组长是小组的领袖与灵魂，一个小组是否优秀，合作学习是否顺畅，跟组长有较大关系。通常每个小组设组长一名，且在一段时间内保持稳定。有的学校还会设学科组长若干，以鼓励组员参与承担责任。

为培养出称职的组长，需要面向组长开展全方位的培训。组长培训的目标是让学习小组在独立完成学习任务、合作中的分工、分工后的整合、展示与交流等环节中实现自动运作，提高自主管理能力和小组合作课堂的学习效率。具体包括课堂合作学习组织的培训与领导力的培训。

1. 课堂合作学习组织的培训。

组长在组织合作学习活动时，应明确以下任务：

（1）任务分配。课前或课中，按照教师布置的合作任务，各组长根据组员能力大小进行分工，让每个人都有在能力范围内的明确的任务。

（2）组织组内同伴互助（对学）。组长组织组员按班级交流的规范（或坐或站或转身）开展两人或多人交流，并管控纪律。同伴互助绝不仅是告知答案，而是阐述思考的过程，听的一方应做适当记录。

（3）组织组内讨论讲解（群学）。组长组织组员按照课前分配的任务，依次进行讲解与讨论。讲解从基础相对薄弱的学生开始，之后为水平较高的学生讲难度较大的题目。组内讲解完毕时，组长可约定一种方式表示结束，轻轻示意并坐下。

（4）组织班级展示。老师在巡视时会根据情况给各组分配汇报任务，各组组长知道任务后组织二次群学，对分配到的任务进行深入探究和汇报预演。班级展示是组际竞争的“战场”，是体现组长组织管理能力的“舞台”。在展示环节，组长的任务有：①尽最大努力让自己小组获得好的评价；②尽可能让自己小组获得展示的机会；③尽可能让自己小组的展示达到“完美”——答案完美、形式完美、姿态完美；④尽可能让自己小组获得点评的机会；⑤组织组内成员认真倾听展示者展示，观察思考有何不足，并争取进行点评或补充。

（5）组内学习反思。组织小组成员对本堂课的学习情况进行反思，包括学习内容的反思和合作过程的反思，以及学习过程得失优劣的归因，并提出改进意见。

（6）组内评价总结。讨论结束后，组长应在记录本节课基本情况的同时进行分析总结，对表现突出的有贡献的组员进行表扬，对相对落后的组员进行鼓励。

2. 组长领导力的培训。

合作小组的组长是小组的核心人物，负责领导、组织、监控、调节小组运行等工作，其领导力的强弱在一定程度上决定了小组合作学习的有效与否，因此，需要采取多样的方式提高组长组织学习的能力。具体的培训方式有讲座、观摩、看电影、互动讨论、组长论坛、体验式培训等。可通过班主任或班长主持下的组长例会促进组长们反思学习；通过辩论赛等活动强化学生在合作中所需的收集信息、整合信息、输出信息的能力；还可以通过组长论坛，促进组长间的经验共享与交流。如台州市路桥区桐屿中学把学生领导力培训作为重点，成立“学生领袖培训中心”，专门面向学习小组组长开展了16课时的短期培训班，内容包含“领导力、执行力、学习力、团队力”建设以及班会课设计、班刊设计、班级活动设计、班级SWOT分析等一系列的内容。同时，通过团队组建、记忆密码、孤岛求生、驿站传书等有趣的游戏，锻炼学生的大局意识、团队合作意识、思考力、观察力、执行力，为课堂教学改革培养了大量小组（长）领袖人才。

案例2.5

合作学习中组长的能力要求与组织方法

▶合作学习中组长应具备的能力

1. 学会组织。组织小组成员取好小组名称，提出小组活动口号，讨论制订小组相关职责；组织小组成员制订小组学习计划、奋斗目标、小组学习奖励条例、小组活动章程等；定期组织小组成员总结分析本小组学习等情况，讨论提出改进办法，并提请教师指导；组织小组学期或阶段小结（包括学习态度、作业情况、成绩考核情况、建议、计划等），以书面形式上报给教师。

2. 学会协调。组长要学会做思想工作，协调处理小组成员之间的关系，求大同，存小异；要充分发挥本组成员的特长与聪明才智，调动积极性，形成小组合力；发挥组长在教师与小组成员之间的桥梁作用，沟通与协调师生关系，协助教师建构和谐文明的合作型班级；主动处理好与其他小组长的关系，积极组织参与本班小组间的和谐竞争，掀起比、学、赶、帮、超的良好氛围；协调并处理好本组成员与其他小组成员的矛盾，学会借助外部资源防止矛盾的激化。

3. 学会示范。组长与小组成员间是平等互助的伙伴关系，但组长须以身作则，身先为范。小组内的各项制度，组长首先要遵守；小组内的各项任务，组长要争取最先保质完成。班级或学校组织的各项活动，组长要带头并发动组员积极参加，时时处处带头维护小组、班级和学校荣誉。

4. 学会管理。组长要维持小组活动纪律，维持好小组课内外活动的正常秩序；要组织成员相互监督各项制度的遵守情况和各项作业的完成情况，组织组内成员帮扶辅导，互帮互助；要督促同伴改正错误，督促完成作业不积极的学生按时完成作业，协助教师做好辅导工作。

5. 学会反馈。组长要定期检查或随时抽查小组同伴的学习情况，做好学习记录，及时向教师汇报本组成员的学习和思想等方面的情况，主动向教师了解本组成员的学习等情况并提出建议；要把教师提出的需要完成的内容准确及时地反馈给本组成员，并组织落实；加强与本组成员的沟通，及时把同伴学习等情况反馈给教师，便于教师进行调整安排；要负责小组成员的成绩记载、兴趣爱好的调查统计等工作，整理相关信息，协助教师完成组内学生的基础档案、发展档案。

6. 学会协助。组长要协助教师完成一些力所能及的日常工作，如帮助教师收发作业、组织读背课文与公式、协助组织组内成员的听写等。

►组长分工时的注意事项

1. 不要出现有的同学包揽大部分工作，而有的同学却无所事事的现象。

2. 分工尽量用人所长，各尽所能，兼顾公平。

3. 谁都不愿做的、最难完成的事就是自己的事。

4. 分工要细致明确，使各成员拥有明确的责任，提高相互协调合作的效率。

5. 对任务的完成，组长一定要积极主动，不能呈现消极状态。

▶组长组织课堂学习时的注意事项

1. 合理分配任务。谁是主展示人，谁补充，谁总结，谁在黑板前板书等任务，合理分配，确保人人有事做。

2. 熟悉小组合作学习的流程，针对不同的问题采用适切的合作交流的程序。精确把握学习时间，确保小组成员在适当的时间干恰当的事，讨论与本课程有关的话题，不说无关的话题。

3. 及时组织本组成员展开讨论和结束讨论，必要时阻止小组成员的不规范的动作和语言。

4. 要阳光自信，回答问题时声音响亮，起带头作用。

5. 在课堂上要清楚地知道小组成员对知识的掌握程度，在让同学板演、回答提问、交流发言方面，做好调控，不要只让优生参与。

（安吉县教育局　蔡洪伟）

（二）合作学习基本规范的培训

开展合作学习，须让学生理解并掌握合作学习的基本规范。具体途径主要有：

1. 任课教师结合课堂教学开展培训。

交流展示的基本规范主要由任课教师来培训。对于启动课堂合作学习之初的班级与学生，任课教师要舍得牺牲一定的课堂进度，帮助学生养成新的课堂学习所需要的良好习惯。指导学生学会基本的交流展示的方法。如，对合作学习中的自我管理，要求不离座位、不讲废话、控制音量、不扰他人；对合作学习中的倾听，要求不要插嘴、听完再议、记住要点、恰当评价；对合作学习中的发言，要求独立思考、先想后说、围绕中心、口齿清楚；对合作学习中的帮助，要求虚心请教、关心同学、主动热情、耐心细致；对合作学习中的互动交流，要求先同后异、学会质疑、尊重诚恳、以理服人。

又如，小组展示时的用语也有规范。

展示用语："我代表第×小组展示第×题。（读题—答题）""我的展示完毕，同题组还有补充吗？（同题小组同学补充）""其他小组还有什么补充和疑问吗？（其他小组补充质疑点评）"请老师点评。

同题组用语：“我们组还有补充……”“我们组认为……”

学生点评用语：“我还有补充……”“我认为……”

汇报组在听其他组补充点评后用语：“接受你的意见”“谢谢你的提醒”“我们还是坚持我们的想法”等。

案例2.6

“小先生制”

——让学生学会自讲

自主课堂教学力图改变“老师讲得辛苦，学生听得无趣”的现状，让老师少讲，让学生讲起来，人人争当“小先生”。让学生开口讲，是一种出声思维。许多问题学生听懂了，未必真懂；但他们讲清楚了，那一定是真懂了。学生讲给同学听是一类积极主动有效的学习方式。

我们在全校范围内推行“小先生制”。每个教师、每个学生都要在教学生如何讲解上下功夫。为鼓励学生讲，我们先从培训小组长开始，让他们率先成为榜样；再在课堂教学设计中要求让每位学生都有讲解的机会；然后通过班级、年级、校级的“小先生比赛”，营造浓厚的学生分组主讲氛围，真正发挥学生主动学的作用，以促进学生更好地发展。

以数学课为例，如何指导学生学会讲解呢？

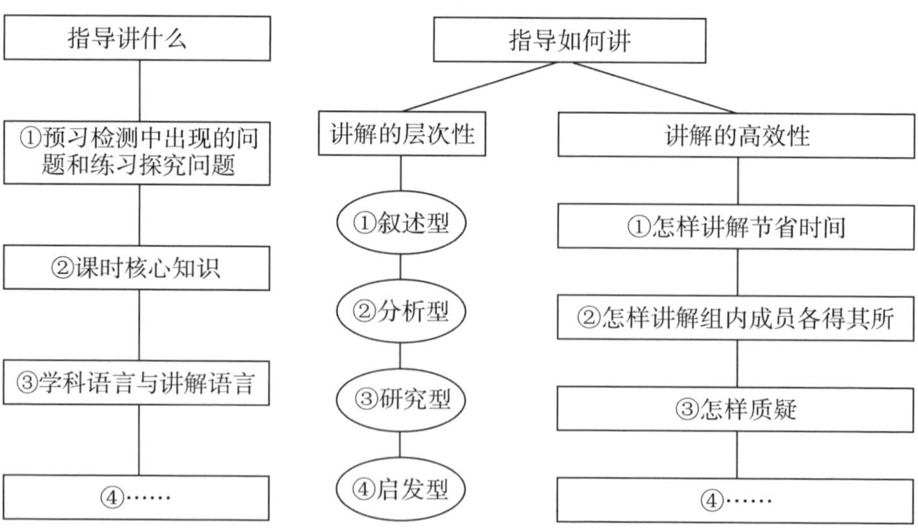

1. 通过学习目标的分类，让学生掌握讲解的基本方法。

数学问题按照知识类型可以分成：定义、法则、定理；计算题、应用题、几何证明题等。每节数学新课的内容基本上都是上述部分知识的组合。所以掌握这几类知识的自学方法和分析讲解方法后，新课就不再有新意，教师放手让学生自学也不难学会。这为教师少讲、学生自主学习消除了障碍。

2. 明确不同阶段讲解的不同侧重点。

不同阶段学生讲解的侧重点是不同的。七年级上学期的重点在定义、法则、计算与应用题；七年级下学期的重点在公式法则、求值题、应用题与分析法；八年级上学期的重点在定理、几何证明、函数图像分析；八年级下学期及更高年级的重点是上述问题的综合。

3. 通过书写解题分析，促进学生深刻理解。

从七年级下学期开始，在学生初步具备一定的讲解能力后，教学生学写典型问题的解题分析，即将解题的分析思路及简略的解答过程写下来。平时作业，有些学生的部分解答题也可以不写详细的解题过程，但要写出分析思路，以培养学生关注题理思考的学习习惯。这一关于题理的思考过程，既是学生讲解的准备，又是学生讲解的自然延伸。这是让学生通过理解而实现真正的输入，从而为讲解输出做好准备。书写解题的另一个好处是有利于深度思考与反复修改，从而促进对一类题的理解。

4. 理解高效讲解的要求，提高学生讲解水平。

培养学生高效讲解能力，可以分层训练。先自己尝试讲，再在组内讲，最后代表小组到班级讲。课外组织过关，除了班级过关比赛，学校每学期组织为期一周的“小先生比赛”。也可以借助家长力量来训练，我班所有学生家里都有软白板挂在墙上，由学生讲题给家长听，学生在家将指定题目的讲解过程录制下来交给教师，每周上交一次。

（宁波国家高新区外国语学校　郑华玉）

2. 通过班级自主管理细化落实相关规则。

光靠任课教师来落实合作学习技能是不够的，班主任还要配合做好新课堂教学常规的基础工作。各班应在学校统一要求的基础上，讨论细化相关规则，促使学生理解并有效参与合作学习活动，提高课堂教学效率。比如，有的班级就把合作学习的要求凝练成朗朗上口的“打油诗”：

对学：对查对议不争吵，自控小声善表达；

群学：轮流发言不独断，以强带弱同进步；

展示：分工明确不慌乱，条理清晰重过程；

倾听：眼看对方不插嘴，积极思考勤补充。

又如，路桥区第二中学教师在和学生讨论的基础上，制订了有意思的班规。班规要求：学生做了努力而有精彩表现时，要替他高兴表示祝贺，鼓掌响而短；学生发言出错或有缺陷时，不能有嘲笑、搞笑等不敬的言行，应该表示“同意＋补充”或“不同意＋肯定＋更正”或“感谢＋说明”；等展示者讲完后（说“谢谢”后）再补充或更正；聆听者要迅速找准位置，目光紧随展示者，让自己的思维火花影响和激发其他学生；展示者上台动作要敏捷，面朝大多数观众，准备充分，语言简洁有序，让听众听得清楚，产生最大程度的思维碰撞。

3. 学校层面建立新教学常规。

合作学习课堂基本规范的落实，除了要任课教师结合课堂教学的培训、班级与年级细化落实外，还必须基于新的课堂教学方式重建教学常规。而且学校层面的要求会更有助于新常规的落实，对课堂合作学习的促进有很大作用。

表2.1　台州市路桥区第二中学新课堂规范要求

项目	具体要求
课前准备	1. 安静候课，准备好学习用品，教师应提前告知本课所用学具，避免学生课中到课桌中找东西 2. 准备好铅笔、黑笔（或蓝笔）、红笔，教师应明确其使用
自学环节	1. 教室保持安静，同学间没有相互干扰 2. 认真、独立完成学案或者阅读课本，疑惑处做好记号 3. 早于规定时间完成任务的学生，应保持安静，深入思考，准备交流

续表

项目	具体要求
组内交流	1. 以2人或4人学习小组交流为主,一般不提倡8人大组交流 2. 小组交流,原地站立,音量要适当,交流完毕自行坐下,以示意教师进入下一环节(各科都要对小组长进行如何有效交流的培训) 3. 组长要提醒组内假学习、不学习的同学
集中交流	1. 小组长要对本组分配到的任务,迅速组织组内学生进行分工,安排好展示顺序,抓紧时间进行展示准备,使本组学生每人都有事可做 2. 交流者要面向大多数学生,站位正确,教棒使用合理,声音洪亮,落落大方,讲析脱稿,流畅有礼(对交流展示的学生进行培训,如讲解的要点,包括答案、思路、解题过程、知识点、方法提炼等) 3. 板演者,书写清晰、工整、快速,格式规范,节省粉笔 4. 倾听者,视线身形要随讲解交流者及时转动,围绕交流者,动作迅速,位移安静,姿态自由,不随意打断别人说话(如有补充、点评要在讲解者说完坐下后再说),聚精会神,精彩处鼓掌 5. 倾听过程中不忘及时做好要点摘录或纠错
检测	在10秒内迅速分开座位,安静独立完成书面检测内容
总结	1. 对照学习目标,整理出本节学习问题所在 2. 修改纠正学案中的错误 3. 学案分门别类归纳

(三)人际交流沟通技能的培训

高质量的合作,个人学习动力的产生,与小组成员社会交往技能与合作技能的娴熟程度密切相关。为使小组学习取得成效,教师必须重视学生人际交流沟通技能的培养:学会注意场合,择机沟通;坦诚相待,冷静谦和;换位思考,了解内心;尊重他人,团结为上。

同时,还要帮助学生提高个人的沟通协调能力,掌握一些技能,如:建立和维护小组成员间信任感的技能,尊重别人、善于觉察别人的情感,把控自己的情绪,对别人恰当赞美、微笑;学生间有效沟通的技能,析听他人发言的要点,边听边思考,表明自己的见解,发言条理清楚,简练而又突出重点;解决组内冲突的技能,如组员间有争议或不同见解时能妥善处理;合作策略的技能,会选择适当的合作策略,恰当分工,优化组合。

美国的约翰逊兄弟还把“掌握社交技能”作为合作学习要素的重要内容提出。约翰逊兄弟认为，社交技能和学科内容一样也是可以教授并通过教学得到提升的。合作技能是可以被镶嵌在特定的合作结构中教给学生的，他们认为，合作技能的学习应以正规的课程为依据，在教学中，教师应巧妙地将内容与相关的交往技能结合，并指导学生如何利用这些技能去解决问题。例如，在“配对交流”“和同桌交流”“编号齐动脑”等合作活动中，学生不仅要记住学习内容，同时还须注意倾听、理解、领导等社交技能的运用。下面根据合作学习的操作要素，择要介绍人际交流沟通技能的培训方法。

1. 掌握社交技能五步骤。

约翰逊兄弟提出帮助学生学习和掌握社交技能的五个步骤：

（1）教师向学生说明懂得并掌握社会交往技能的必要意义。

（2）学生理解这些技能的意义与适用场合。如社会交往技能方面，用微笑表示“你有什么想法”，用眼神会意表示“令人敬佩”，用竖起拇指表示“多妙的主意”，用拍手击掌表示“这多有意思”等。

（3）学生必须反复练习，如同桌之间用角色扮演的方式练习。

（4）学生要经常讨论、描述和思考他们运用社交技能的情况和表现。

（5）学生必须坚持练习，以达到完全自动化的程度。

2. 有效沟通四策略。

（1）倾听对方的想法。缺少倾听常常是导致冲突的一个原因。要学会积极倾听的技巧，如：密切注意发言者，直视发言人；复述发言者的讲话；及时归纳发言者的主要观点；核查理解，向其征询你对其观点与感受的理解是否准确；提出问题，进一步明确观点或带动他人展开话题深入讨论。

（2）排除沟通障碍。有效的沟通应该相互尊重，尊重对方的观点及经验，不要勉强别人接受自己的观点。排除恐吓、命令、批评、苛求、质问、拒绝讨论、给人贴标签等“沟通杀手”的方式。

（3）开诚布公，换位思考。要真诚说出自己的真实感受与想法，并且表达要一致。要站在对方立场换位思考，分析双方的差异与矛盾，使对方感受到尊重与理解。

（4）正面提出要求，给予足够的信任。只有受到尊重与鼓励，小组成员才会发挥主动性与创造性，给同伴提出正面的要求就是一种信赖与尊重。对同伴的信任，就是不猜疑与不作否定性评价，可以经常与同伴倾诉内心感受，建立信任关系。平时还需注意言行一致，不要轻易做出承诺，要言出必行。

训练学生学会倾听的方法还有很多，如采用“鱼缸型讨论”，练习积极倾听、做、讨论等技能与接受反馈。教师选择4—6名学生到讲台前围坐在一起，并设置1—2把多余椅子；讲台前围坐的这些学生讨论问题时，其他学生倾听、记录、评价，如有不同想法，可以走上讲台坐到前面的空椅子上，发表自己的见解，阐述完毕回到下面的原座位上；全部讨论结束后，教师抽取讲台下面倾听记录的学生进行发言，让他们总结讲台前围坐的学生主要发表了哪些观点，并从中学到了什么。

3. 协商解决冲突六步骤。

对于小组合作中产生的人际冲突，应该抱着积极的态度协商解决，而不能采用逃避或竞争的方式。逃避或竞争会使小组成员易怒、沮丧、悲伤，恶化小组人际关系，降低合作学习的有效性。解决合作学习中的冲突并不是消除冲突，而是适当地鼓励、策划、控制与利用冲突，具体有以下六个步骤：

（1）陈述自己的需要。陈述过程用“我”“我的”等词语强调自己的需要和目标，并说明它的正当性。陈述你看到的特定行为，而不是评价证明一个人的动机、人格、态度，要对事不对人。

（2）倾诉自己的感受。要清晰地表达自己的感受，口头语言与肢体语言的表达要一致。

（3）说明自己的理由。光陈述自己的需要与感受是不够的，还必须给出理由，告诉别人信息，说服别人。

（4）理解对方的真实想法。为了确保协商成功，提出解决问题的方案，冲突双方必须站在对方的立场思考对方会如何看待这个问题。

（5）创造互利的选择。决定前最好想出至少三个可以替代的方案，选择能使共同利益最大化又为双方所接受的方案。

（6）达成明智的协议。对几种替代方案进行尝试后，最终确定一种最好的方案，满足所有参与者的正当需求，达成能接受现实考验的明智的协议。[①]

无论是哪种人际交流沟通技能，都需要教师反复强调，结合课堂或主题活动适时训练，多次操练巩固。也还有许多其他人际交流沟通的技能方法，教师们在教学实践中可以不断丰富。

三、促进课堂合作学习的评价

评价应该贯穿课堂学习的始终，不论是问题导学、知识训练还是巩固达标环节，学生的表现都要被纳入评价；评价的范围不仅要关注参与展示的学生，还要关注非展示学生的表现与学习成果；不仅要关注课前的独学，还要关注课中的小组交流、展示和补充点评；不仅要关注学生的知识学习结果，还要关注学生的情感态度与学习习惯。

教师对课堂合作学习的评价，既体现在学生交流展示时的及时的点拨评价，也包括在小组合作学习后的总结性评价，教师特别要点评小组内的互动情况、课堂规范等，用各种形式的评价来调节小组学习的效率，这两种评价本章第二节已有所涉及，这里不再赘述。这里具体阐述的是针对合作小组的评价。

小组评价的主要目的是促进学生的学习，评价标准的制订既要依据教学目标，又要根据学生的实际情况。小组评价的标准要尽量公正，才能调动学生的积极性。为了使小组评价成为一种常态，评价标准要尽量保持一贯性，使学生熟悉评价标准，使课堂内的评价方便快捷，以节省课堂时间，节约评价成本，提高评价效率。

每周每月评选的优秀小组和优秀个人，也要做到量化、公开、公平。可将每节课每个小组的课内表现和小组评价的最后结果用表格形式加以呈现，来激励调动小组的学习积极性，从而营造一种你追我赶的竞争氛围。孩子由于年龄不同，心智发展水平也不同，一般情况下，年龄越小，对显性的分数就越在乎，显性化的分数也越能调动其学习的积极性。浙江很多学校在改革初期采用积分制，后来不断调整，创造出形式多样又新颖有趣、方便简洁的评价工具，通过对小组

①马兰，盛群力，等. 多彩合作课堂[M]. 福州：福建教育出版社，2013.

成员学习的参与度、参与的组织性、成果的有效性与创造性等进行团队评价，形成了互惠共荣的学习团队。如杭州市文晖中学的OK卡，以精美标语警句为主题，分作金卡、银卡、铜卡，用于课堂奖励小组与个人，还可兑换成学习用品，深受学生喜爱。

对于合作小组的评价，可以通过不同评价主体的不同角度进行，让学习更为有效地开展。

（一）学生自评

首先，需要制订一定的评价标准，让学生能有章可循，有理可据。中小学生因为受自我认识的限制，自我评价能力较弱。比如对于合作学习，教师可以在和学生商量的基础上，拟定一个课堂规范与评价标准。其次，教师要有意识地引导学生审视、反思并修正自己的经验和认知，学会正确地评价自己，这是学生自我发展的有效方式之一。学生在自我评价中学会反思，了解自我发展情况，看到自身的优点和缺点，通过反思自己的学习过程，比较自我学习的前后变化，从而明确自我发展的目标。再次，最好固定时间地点组织学生自评。要求各小组定期评价共同学习的情况，检查小组学习情况和功能发挥的程度，以便学生了解自己小组的学习成果，自觉弥补在小组合作学习过程中的缺陷和不足，让他们在合作学习的过程中认识合作学习的方式。最后，还需教师逐步放手让学生进行自主评价，甚至可以让学生根据自己的情况设定自我提高的标准，因为每一次活动的评价主体是学生，学生在自我评价中自我督促，促进成长。

（二）组内互评

由于中小学生认知能力有限，在评价过程中可能会产生一定偏差。要充分利用学生周边的同伴资源，引进组内互评，以修正、调整认知或完善评价。由于学生之间接触的时间比教师跟学生接触的时间更多，因此学生看到的、发现的闪光点会比教师更多、更全面、更客观。互评时，主要从参与是否积极、合作是否友好、工作是否认真负责等方面进行评价，要求学生之间相互找出优缺点，最后由小组长根据大家的意见，记录评价结果，交给任课教师。在小组学习过程评价中，要评价各组学习行为和效果，要注重对学习过程中小组成员的自主学习、参与程度、合作态度、合作方法、完成任务、学习效果等指标进行总体评价，要更多地关注大家的倾听、交流、协作情况。关注小组合作学习中学生的积极性和主动性，让学生认识到小组是学习的共同体，只有每个成员共同参与，才能实现小组合作学习的目标。只有多采用正面评价与鼓励性评语，才能在生生互评的过程中，让学生学会欣赏他人，增加同伴间的交往和了解，也学会反观自身，不断提高自己的能力，改善自己的合作态度。

（三）组际互评

小组合作学习把个人之间的竞争变成小组之间的竞争，把小组总体成绩作为奖励或评价的依据，形成了“组内成员合作，组间成员竞争”的新格局，使得整个评价的重心由鼓励个人竞争转向大家合作达标。课堂中可以利用组际互评调节合作学习的氛围，促进合作学习的深入，组际互评不仅要评知识掌握程度，还要评合作态度、合作能力等，以增强学生参与合作的意识，提高合作水平。班主任也可以充分利用组际互评进行小组建设、班级管理等。

（四）教师评价

当然，也不排斥教师对学习小组进行评价。班队活动时，班主任可以要求每个小组选出一名代表把自己小组的学习情况向全班同学进行汇报。鼓励其他小组的同学在听完汇报后提出问题，并由该组的任意一位同学来回答。各组都汇报完后，可根据小组学习汇报结果在组与组之间进行评比，看一看哪个小组的活动开展得最好，哪个小组的同学最积极主动、团结友好。对表现好的小组和个人经常给予一些奖励，以培养学生的团队精神。任课教师也要根据学生与小组上一阶段的合作学习情况，做出自己的评价并给出建议，对小组合作进行引导和调控，及时进一步反思自己的教学组织能力，调整教学内容和教学策略，以真正提高学生合作学习的有效性，真正发挥小组合作学习这种教学组织形式的优势和价值。

（五）家长评价

充分利用“家长会”“家长学校”“家校频道”等方式，根据教学内容，让家长参与到评价活动中来。家庭是学校生活的延续，很多学习活动需要家长的配合和监督。给家长评价的权利，不仅可以鼓舞家长，还可以加强家校之间的联系和沟通。例如，家长会上，让各组以小组集体展示的方式来汇报一阶段小组的进步，让家长参与，一起来评一评，这也是一种非常好的家校沟通方式，同时让家长了解学校进行的教学活动，增进接受度与信任感。

（六）小组自身的反思评价

除了有来自不同渠道的评价多角度促进小组形成“荣辱与共”的合作组织外，还有一种评价至关重要，那就是小组自身的反思性评价。

小组的反思性评价是指学生在教师的指导下开展反思训练。教师不管多忙，都要抽出时间指导学生进行反思练习。小组反思的过程也是小组加工的过程。其效果反映在四方面：一是简化学习过程，二是消除不熟练和不适当的行为，三是继续提高学生作为小组成员的合作技能等，四是给小组成员提供庆祝成功的机会。

案例2.7

促进“小组合作学习”的学习比赛

宁波市鄞州区策划了以“小组展示”为专题的学习比赛，促进学生开展小组合作学习。他们重点考察学生在小组建设、课堂学习、课后反思三个阶段的表现，来探索基于学生学习的课堂评价机制。

在小组建设阶段，评委以单个完整的学习小组为考察对象，评价其组织状况、学习过程、学习方法和学习能力。

在课堂学习阶段，重点关注学生的学习过程。评委针对学生的对学、群学、小展示、大展示、质疑、答疑、评价、检测、反思等学习过程，进行全程分项分段的观察打分，充分保障了学生“凭过程说话”的学习权利。

在课后反思阶段，反思主体由教师改为学生，让学生在半小时讨论后，上台对刚结束的课进行脱稿评论。其中有全组反思和个体反思，有综合反思和分科反思，有学习内容反思和方法过程反思，还包含了优劣得失的归因和今后的态度瞻望等。在这样的课堂上，学生拥有充足的自主时间，学习主体性得到了最充分的体现。学生之间互查、问答、质疑，甚至直接代替教师进行全班领读、答疑、小结、评价，最后带着更多的问题离开。

一般来说，教师在每天放学前都应留几分钟时间，让各组学生进行全天的总结反思，并于每周五下午组织一周的总结反思。在小组反思过程中，小组成员可以讨论他们的学习、活动、合作技能发展的情况，评价学习态度、学习方法、活动能力、课堂纪律、活动方式和效果等，以保持小组合作学习的有效性。反思单举例见下。

<table>
<tr><td>组员姓名</td><td></td><td>组名</td><td></td><td>中队名</td><td></td></tr>
<tr><td colspan="6">我们小组的组训是：</td></tr>
<tr><td colspan="6">通过上阶段的小组生活，我觉得自己有了长足的进步，但许多地方仍需努力。
（学习与行规两方面）
存在的不足：

进步的方面：

下阶段目标：</td></tr>
<tr><td colspan="6">我对我们小组成员的评价是
________同学值得学习的：__________________不足：______________________
________同学值得学习的：__________________不足：______________________
________同学值得学习的：__________________不足：______________________
________同学值得学习的：__________________不足：______________________
________同学值得学习的：__________________不足：______________________
________同学值得学习的：__________________不足：______________________</td></tr>
<tr><td colspan="6">我觉得我们学习小组在上阶段各项表现中（凝聚力、课堂表现、活动获奖、四星竞赛等）
不好的方面：
好的方面：
下阶段小组奋斗目标：</td></tr>
</table>

（供四、五、六年级使用，在每周五小组成员例会上交流）

（宁波市高桥镇中心小学）

第四节　合作学习的组织建设

促进合作学习的学习组织包含两方面的内容，一是课堂中的合作学习的组织，二是合作学习小组自身的组织建设。考察浙江学校的教学改革实践，小组的组织建设有三个发展阶段：一是初始阶段，利用座位的编排、角色的分工，形成一个人员相对稳定的学习小组；二是发展阶段，建立紧密型小组，利用课堂的合作学习组织与培训、评价等，促进学习共同体的形成；三是成熟阶段，根据合作学习理论的要素，开展班级活动来促进建立小组内积极互赖的关系，尝试改变班级管理的基本单位。

在我国大部分中小学仍处于大班授课的情况下，引入“小组合作制”，改变了课堂学习组织的结构，也对班级管理带来冲击。安吉县实践提出的“小组合作制”，后来在宁波市鄞州区、义乌市等地推广，进一步突出了小组合作文化的建设，强调从学习共同体（小组）的构建的视角推进课堂教学改革，并将学校德育工作与教学工作有效融合在一起。从人们习惯的“作为一种学习方式的合作”发展为“既是学习的方式，又是学习目标的合作”，在学生常态的学习生活中构建以小组合作学习为核心的学生自主管理体系和自主教育体系。

案例2.8

培育小组合作的文化土壤与实操体系①

小组文化建设是小组合作制的基础，它是通过小组的组织体系、活动体系、培训体系、评价体系等四方面的建设来实现的。

小组组织体系建设

首先要审视传统班级授课制下由两列组成的秧田式坐法的小组功

①蔡洪伟. 小组合作制：区域课改的机制创新[J]. 人民教育，2014(6).

能。这样的小组有两大功能：一是集会排队方便，二是收发作业方便。但这种小组虽有组长之名却无组长之实，小组长和小组成员在学生团队意识和团队能力建设中的作用微乎其微。若要其发挥团队力作用，应改造原有小组的组织结构。小组一般以组内异质的原则组建，以五到六人为宜。行政组长、学科组长由组员分而担之，卫生组长、纪律组长由组员分而兼之，每个组员双岗双责，做到组内人人有事做、事事有人管，建立我为人人、人人为我的组织架构，并且通过自主讨论生成代表小组价值取向的组名、组徽、组训、组歌等，形成小组显性文化。由于诸多小组规则由自主讨论生成，而非教师外力强加，故更能让组员产生认同感，起到自主约束之功效。

小组活动体系建设

有了小组组织，就要打造小组团队之魂。以小组为单元，通过从校内到校外，从德育体育到艺术劳动、社会实践，按一定的时间周期设计的系列活动，小组各成员不断地在一起为共同目标而共同行动，久而久之，凝聚力、协作力等团队力自然形成。

小组培训体系建设

有了组织，有了活动，如何完成共同的学习、活动、实践等任务？如何合作？如何独立完成任务？如何进行合作中的分工？如何进行分工后的整合？如何交流？学生不可能自发地什么都会，这需要培训。通过班主任或班长主持下的组长例会、组长主持下的组员例会，进行组长和小组两个层面的工作反思，进一步思考如何做好下阶段工作；教师或组长及时指出平时组员的不规范行为并加以纠正；通过校本课程如辩论赛课程强化学生在合作中所需的收集信息、整合信息、输出信息的能力，并为其提供合作之实际场景；还可以通过组长论坛，共享组长管理理念和经验。这些对增强小组团队力建设都会起到极强的助推作用。

小组评价体系建设

评价是小组团队力和成绩提升的催化剂。以小组为基本单元，从学习表现到德育体艺成果，从智力成绩到非智力领域特长，从分数鉴定到定性评议，从机会给予到隆重表彰，全面构建一节一记、一日一结、一周一评、一月一表彰的评价体系。在丰富多彩的评价表彰方式中，逐步形成良性的气场，并潜移默化地影响学生的情感认同，形成正向的价值取向。

四大体系的建设，使小组成员同学习、同实践、同活动、同竞争、同评价，使小组成员成为感情共同体、价值共同体、行为共同体，让小组成为连接孩子心灵与学校归属感的纽带、合作学习的土壤（合作学习为种子）、自主管理的细胞，彻底克服传统方式下的学生厌校倾向，这个小组不仅有型而且更有魂！这是传统班级授课制下的收发作业方便、排队方便的小组所无法比拟的，小组文化在这样的机制下自然孕育，班级文化水到渠成。

一、合作学习小组的组织

20世纪70年代初，合作教学法在美国教育界占据主流地位。这一教学模式的应用确实给课堂教学注入了活力，它辩证地促进了学生间的合作与竞争，激发了学生的学习热情，挖掘了个体学习潜能。基于个体不同的背景、性格等的异质分组合作学习，与传统教学模式相比，在创设教育资源的丰富性和学习环境的多样性上，有着无可比拟的优越性。但是，如果学生只是单纯因为任务关联、条件关联等外部因素，或是由于教师的权威而开展非主动的合作性学习，不在团队合作力的形成和提升上下功夫，这种缺乏内在动机的合作，难以在小组内真正形成信息互补、互助发展的和谐氛围，且随着时间的推移，合作的效度也会越来越低。因此，合作学习的小组建设机制成为浙江学校实践突破的着力点。

学习小组的组织建设

1. 学习小组组建的原则。

（1）组内异质、组间同质。

组内编排座位时，要合理分派，从成绩、性别、品质、行为、习惯、个性等方面综合衡量，强弱搭配。本着组内异质、组间同质的原则进行分组，使各个小组的整体水平大致相当，组内成员之间又形成互补，确保组内学生互助互学，并据此获得积极的情感体验，这也有利于小组之间在均衡条件下开展交流与竞争。

（2）尊重学生、适时调整。

在具体分组时，除考虑组内异质、组间同质原则外，要充分尊重学生意愿，包括组长的人选确定可以通过选举和自荐，尽量避免教师任命。只有在尊重学生意愿的前提下，选出来的组长才更具责任意识。不把有矛盾对立的学生编在同一组，以免影响小组活动的开展。同时，个别待优生要尽量分在对他持中间立场的小组，以便令他获得良好的情感体验。

（3）组长优秀、座位合理。

组长作为小组活动的核心，必须要有很好的知识基础、学习能力，有较强的组织沟通能力和为小组成员服务的意识。学习小组的座位编排要有利于组内合作，有利于“对子”帮扶，又有利于倾听与观摩。

2. 学习小组的分组办法。

（1）确定组长。

一般情况下，先确定组长候选人，可以采用学生自荐、互相推荐的办法选出。每个组长候选人必须在班级内发表“如果我是组长”的拟任职演说，并通过班委会和教师的集体讨论正式确定各组组长，也可采用学生认可的方式产生。

（2）均衡配员。

小组的具体人数视班级人数而定，一般以4—6人一组为宜。一般按照组内异质、组间同质的原则，将班级内其他学生以学业水平及品行个性等因素进行排序，按S形均衡配员。学生须动静搭配，避免动动、静静分组，使小组成员之间具有一定的互补性；在不违反分组原则的基础上可以适度尊重学生个体意愿，形成均衡、合理、科学的学习小组结构。

（3）适度调整。

一个学习小组确定后，应在较长时间内保持人员稳定，但也不是一成不变的，必要时也可调整。特别是在小组组建初期，组员需要一个相互了解与磨合的阶段。在这一阶段，通过日常的活动，可以看出一些桎梏小组发展的情况。这时，就需要本着组间均衡的原则，对人员或职位进行适当调整，以确保小组和谐、有序地运转。

3. 组员分工明确职责。

怎样促使每一位组员融入集体，有归属感？最好的办法就是让每一位成员参与到小组日常事务中来，让每一位成员都成为组内不可或缺的一员。先要设好小组的管理机制，尤其是组长的选拔。小组管理机制应由组员民主讨论、相互推荐，或教师提议决定。一段时间后，可适当互换角色，使每位组员在各方面都有锻炼和发展的机会。

在一些学校，每组除了设一名总负责的组长外，还要根据组内成员的性格特长，设置学科组长、纪律组长、卫生组长等。明确小组成员各自的分工与职责，使小组成员人人有事做，事事有人做，从而充分调动每一位学生的主观能动性，增强小组成员的团队意识，提高合作品质。

案例2.9

“小组圈”：源于日常生活启示的小组建设

杭州市卖鱼桥小学受“朋友圈”的启发，尝试着把“圈子”的理念引入小组合作学习中。如果同学们只是围坐在一起，但未真正形成有归属感和认同感的“圈”的话，那还只是一个机械的被拼凑的小团体。我们尝试构建的是像朋友圈一样的自觉分享、共通信息、“荣辱与共”的合作组织，探索更深入的合作学习机制。

小组圈组建的原则和方法

组内异质、组间同质是小组划分的原则，划分时要考虑几个要素：各组人员之间的实力是否均衡？各组人数是否相同？各组男女生比例是否均衡？是否保证每组都有能带领本组同学不断向前的组长？

为小组成员编码是为了让小组成员明确自己在小组中的职责，并有助于学习任务的检查。例如：异质分组，每组4—5人。教师告诉学生，教师的学习任务有难有易，难度从1到5逐渐降低，学生可以根据自己的需要选择编号。虽然教师不给学生编号，但是组内学生基本还是会根据自身的实际情况选择相应的编号。这样，为教师检查任务的执行和落实提供了方便。

小组圈的团队内涵

小组圈的团队内涵就是每个成员都能在组内传递正能量，每个人都能从对方的身上发现闪光点。在现在的班级听到最多的一句话是：今天你传递正能量了吗？

能改变一个人，改变一个坏习惯的组就是优秀组。刚开始在分组的时候，有三个同学成了全班同学嫌弃的对象，郭同学从来不发言，王同学上课特别爱说废话，周同学老不交作业，大家都怕这些同学给本组扣分。

经各组组长讨论后决定，这些同学不管到哪组，只要改掉一个坏习惯，这一组就能成为优秀组，于是他们很快就分组成功了。这四个组的组长摩拳擦掌，马上召开小组会议，组内成员纷纷支招。对于孩子来说，拥有自主权是多么神圣的一件事。

小组圈形成后的做事规则

小组圈的主要作用是促进组内学员的互相学习交流，大家互通信息，共享生活情趣。要让“小组圈”从课堂扩展到课外。以小组为单位，编制通讯录，组员间互留电话、QQ、通信地址，让组员有一种“圈”的感觉。每个小组每周都有一个组内的特殊作业：每周在QQ群里聊天一次。聊天的主题和时间由小组成员讨论确定。涉及学习交流、观点碰撞、趣事分享等话题，每次限时20分钟。聊天主题要记录到班级群中。在群里聊共同的话题与在教室里的交流讨论不同，前者相对轻松自由，“每周一聊”成了小组成员最快乐也最能向伙伴传递正能量的时机。小组圈为每个组员带来了沟通交流的机会，联络了组员的感情。小组内的每个成员都参与小组活动的策划，他们充分享受着“小组圈”带来的快乐。

小组圈内资源共享

小组成员共享资源。阅读节、美食节等都是形成小组圈的好时机。现在，每个小组的中间放着小书架，小书架上是组内成员最爱看的书，让书来诱惑“小组圈”，书就在眼前，而且是自己组的，静下来看书，成了每一个组共同的爱好。一套水彩笔、一个垃圾桶、一把小剪刀、一本字典等都是组内共享的资料，原本的每人一样变成了每组一样，原本鼓鼓囊囊的书包变空了，因为组员可以共享了，既节约了地方，也节约了资源，何乐而不为呢？正如一个同学在日记中写的："小组圈真好，以前上美术课、劳技课，我总是忘带材料被老师批评，现在再也不担心了。我们的小组同学都记得呢。"

（杭州市卖鱼桥小学　余笔清）

二、通过班级主题活动促进小组建设

座位编排所形成的只是小组的雏形，要形成真正的合作，必须建立积极的互相信赖的关系。这既可以通过课堂合作学习任务的设计与人际交流技能的培训来促成，也可以通过有目的地开展班级主题活动来促进。开展班级主题活动须关注以下五个方面：

（一）活动的教育性

班级主题活动是学生提高做事能力、学习做人之道、获得价值启蒙的机会。要开发一个好的活动首先要思考活动的意义，要充分挖掘其中的教育价值。在活动开展之初，教师需要深入思考活动的目的，这样才能避免活动的盲目性，才能充分体现教育的价值。在活动中，应着眼于小组的建设，强调参与体验，产生积极影响。要充分考虑可以利用小组进行的活动，深入挖掘具有合作意义的活动素材，设计内容丰富、形式多样的活动，使小组成员一起为实现共同目标而共同行动，逐渐形成团结互助、积极向上、责任心强的团队。

（二）活动的校本性

好的活动能为更多的孩子搭建展示自己的舞台，让具有不同优势的孩子都有用武之地。活动主题应与学校、班级的特点相结合。有的学校体育、艺术比较突出，有的文化底蕴比较深厚。可以从实际出发，建立具有自己特色的活动体系，来促进小组的建设。

（三）活动的自主性

组织实践活动时，要相信学生，要放手让学生去组织、去主持。要给学生更多的权利，充分尊重学生的参与权、选择权，发挥学生的主动性、积极性，让小组自己出主意、想办法、定计划、做事情，自己管理自己、自己教育自己，做活动的主人。

（四）活动的系统性

活动的系统性指围绕一个主题，开展一系列相关的教育活动。这些活动既可以是这个主题活动所包含的不同方面，也可以是这个主题的步步深化。只有这样，活动的教育效果才能是长久的。

（五）活动的可操作性

好的班级主题活动，要重视可操作性。班级活动的过程要符合学生的身心特征和认知规律，防止教条主义和形式主义，要具有可操作性。活动要循序渐进，让学生先有感性认识，再有理性认识，要先活动后总结，或者是边活动边总结。

案例2.10

促进学习小组建设的体育拓展游戏

为满足学生的娱乐、健身的需要，丰富学校体育节内容，同时结合本校课堂教学改革的实际，宁波市高桥镇中心小学特意策划了以促进小组团队建设的体育拓展游戏为主要内容的趣味运动会，以展示学习小组良好的精神面貌，营造团结、奋进和创新的学习氛围。以下选择介绍三项拓展游戏项目。

活动项目1：齐舟共进（大脚板）

活动方法：6人前后站立，左右脚分别绑在两块长木板上。发令枪响后，联步前进，最前面一名同学身体躯干抵达终点线后停止计时，在比赛中如果出现某一位同学脚脱离板鞋触地或摔倒的情况，需在落地处重新套好继续比赛。

活动项目2：联足并驱

活动方法：6人并排站立，相邻两人的左腿或右腿的膝盖以下、脚踝以上部分用绑带绑上，6人联成有7腿的团队。大家在起点处出发，当全部同学超过终点线时停止计时，用时最少者名次在前。

活动项目3：携球竞速

活动方法：6人一路纵队站好，前后两人之间夹着一个足球，组成一个整体参加短跑。途中不许用手触碰足球（每犯规一次比赛成绩加1秒），若在途中掉球，则在原地重新排好再开始，当最前面同学超过终点线时停止计时，用时最少者名次列前。

（宁波市高桥镇中心小学）

三、合作学习小组的团队文化建设

随着课堂上合作学习常态化，学习小组也由非正式小组变成相对稳定的正式小组。促使学习小组进一步成为真正的合作团队，将非常有利于课堂合作学习的开展。

一个团队只有形成共同的价值体系，再用这个价值体系支配每一个个体的意志与言行，这个团队才具有执行力、战斗力，并能得到充分的发展。同样道理，小组合作学习除了需要学生掌握合作的基本技能外，更关键的是要通过体验和实践，逐步形成小组成员间共同的行为准则、价值理念和思维方式，形成小组特有的文化，促成各成员团队意识的建立，形成和提升小组的合作力。

学习小组的文化建设主要是以熔铸共同的价值追求为核心，培养和激励学习小组成员的认同感、归属感、责任心和团队精神。将学习小组打造成情感、价值和行为高度一致的“成长共同体”，最终为合作学习提供“土壤”。也只有形成优质的小组文化，才可使小组的独立学习与合作学习做到高度协调与配合，合作学习的有效性才得以保障。

基于这样的认识，原安吉县教育局副局长蔡洪伟提出“小组合作制”的概念，它通过以小组为“细胞”的组织体系、活动体系、培训体系、评价体系的建设，使小组运作规则明确、层级管理有序，小组成员职责分明、学习落实有力。在“小组合作制”理念的影响下，全省有数十所学校的课堂合作学习取得了实质性的进步。

小组团队文化建设必然依托于班组文化的建设。一般需要三个阶段：显性文化构建阶段、班组文化内化阶段、班组文化提升阶段。

（一）第一阶段：显性文化构建阶段

1. 组建班组文化建设工作团队（含班主任团队），通过学习、培训、观摩，让骨干教师们充分认识“小组合作制”在推进课堂教学改革中的重要性。

2. 研究制订小组合作制下班组文化建设的方案以及责任落实的机制，包括建设目标、标准、推进计划、具体流程，制订培训、交流、评比等各项规章制度。

3. 按《班组文化建设操作流程》，循序渐进地落实每一步工作，使学生初步具有积极向上、团结合作、阳光自信的精神面貌。初步形成小组的自主管理和自主学习体系。

4. 每周召开工作团队例会，按照“前期小结—提出措施—认领任务—制订方案—团队研讨—组织落实”的工作模式步步落实。

5. 实行班主任团队管理。以打造学生学习小组为目标，组建年级班主任团队，同年级的各班级既是合作关系也有竞争事项。班级间要通过完成任务、过程督促与考核评价，促进竞争与合作，保持年级活力，寻求共同提高。

案例 2.11

学习小组显性文化的构建

文化内容：组名、组徽、组训、组歌、组规等（姓名及职责分工、个人及小组的近期目标与长远目标）。

设计组名：各学习小组根据自己的特点，创设富有个性、积极向上、朝气蓬勃的组名，这有利于凝心聚力，形成小组目标和团队精神。

制作组徽：制作学习小组标志牌，放置于本组桌面，时刻警醒、激励团队永远向前。

形成组训：学习小组成员通过讨论选择名言、警句或者自己创作的富有哲理的话，作为本组的组训，以激发小组的进取心。组训形成后要经常使用。如学习组长每天组织本组成员大声朗读以激励斗志。

确定组歌：可以挑选一首符合小组特质的、具有正能量的歌曲作为学习小组的组歌。为体现小组的个性和文化特点，也可以改编歌词，使组歌真正成为引领组员奋发向上的精神食粮。

确定组规：组规是小组成员共同确立的组内规范，用来约束小组成员的说和做，明确组员们在遵规守纪、行为习惯、预习效果、课堂展示、学业成绩等方面要达到的目标。组规的制订最好由组内的中位或下位的学生负责，这样本身对他们也是一种约束力。

组名、组徽、组训、组歌、组规等“组标五要素”的生成流程、重点、要求基本一致，即要与班级文化相关联，与小组特质相吻合。“组标五要素”一定要与班级文化建设的总体设计相吻合，同时体现各个小组团队的兴趣爱好、追求目标和独特个性。比如组规的制订要比班级公约更加细致、更具针对性，直接可以落实到人与事，体现出本组的实际特性。

小组显性文化内容的确定须由组员全面参与，采用小组合作体验的方式研讨设计生成，通过任务单的填写，达成组内交流共识。

学习小组的显性文化应该由学校统一提供小组牌，学生亲自绘制与填写，并放置于小组课桌上（中间位置），便于学生每天都能看到。并可在晨读、班会课等环节增加强化小组自我认知的活动，不断激励小组成员。

（安吉县教育局　蔡洪伟）

（二）第二阶段：班组文化内化阶段

1. 加强学生培训，不断完善和规范已建立的班组管理体系，有效开展班组文化建设工作。

2. 提高班级成员和组员对班组文化的认知度与认同感；促进学生的领导力、表达能力的发展，提高团队凝聚力。

3. 开发校内校外资源，落实“全员育人”的要求，完善导师制，建立家校德育共建方案。特别是加强对“家长导师”“义工导师”“同伴导师”资源的探索与利用，促使游离于小组外的组员“归位”，达到“一个都不能少”的目标。

4. 完善班组文化建设考评机制，与学校“××班级”“××小组”“课改先进教师”“优秀（家长、义工）导师”等评选活动相配套。

5. 在完成初级班组文化建设后，将班组建设的重点转移到小组与学科教学活动上来，以活动目标的达成为班组建设发展的导向，进一步推进班组文化深入发展。

（三）第三阶段：班组文化提升阶段

1. 实现对班组文化的动态管理，形成高度自律的自主管理模式。

2. 形成学校德育特色，构建有效的学校德育课程体系。

3. 根据班组文化及团队成员的性格特长、实践能力等，适时将团队一分为二，成立班组文化建设一队和班组文化建设二队，分别负责“新推进课改年级”和“已推进课改年级”的班组文化建设工作，且要做到连贯、持续。

4. 丰富学校教育管理手段，联合家庭、社区，落实学校民主式、开放式办学。

案例 2.12

班组文化建设的操作流程

第一步：组建小组

1. 宣讲意义：班内宣讲优秀学习小组组建的目的、意义和必要性，使全体学生认识到小组合作制的重要性，并积极参与其中。

2. 确定组长：通过学生讨论、推荐或教师指定的方式，选择品学兼优的、有组织能力和服务意识的学生担任学习小组组长（按班级人数确定小组数）。

3. 组建小组：召开组长会议，明确组建方法，以“组内异质、组间同质”为原则，组长自主招收组员，班主任和课任教师提出微调建议，初建小组。

4. 初步体验（团队力）：开展小组合作的团队竞赛，突出每位成员的重要性，让组员感受团队力量。

第二步：构建班组显性文化

5. 全员培训：召开班会，布置生成班级、小组显性文化的任务，强调所有的文化必须由学生体验生成，要使学生理解班组显性文化的基本要素（班标、组标、班名、班徽、班训、班歌、班级公约）及其所表达的意义。

6. 生成班标：班主任先带领学生分析班级现状和存在的主要问题，然后在课前下发以图案表现班级文化的任务单，请学生独立完成，学生课内小组讨论形成共识，再各组展示，班主任点评，确定候选班名、班徽、班训、班歌、班级公约，最后班委讨论确定班标，制作相应标牌。

7. 生成组标：过程同上，组内达成共识。班主任要引导学生尽量围绕班级文化生成小组文化。

8. 班级环境文化布置：以美化、洁化、亮化、绿化为目的，组织班委、小组长观看班级文化展示视频，会议讨论确定班级环境布置方案：分块设计（图书角、才艺展示台、绿化角、光荣榜等，最好有几个组就分几块）；分块认领任务（各小组分领一块：设计、文字说明等）；分组设计形成方案，再在班上展示征求其他组建议；会后班委和组长会议确定设计方案。根据方案实施布置。

9. 班级文化展示：学生讨论形成班级文化展示方案，将班标、组标、班级环境三块文化加以整合，各组分担任务，设计好各块的展示方案，合班演练后向学校班级文化督导评估组展示班级文化。

第三步：构建班组评价体系

10. 确立对个体的评价办法：在导学单的引领下，先分组讨论对个体、小组的评价内容、分数采集和记录方法，讨论个体与小组之间、课内课外评价之间的对接，再分组展示交流，请班主任点评，最后班委和组长通过会议讨论确定，据此设计各类评价分数记录汇总表格。

11. 确立对小组的评价办法：（1）确定课堂评价方法。（2）确定课外（德育、纪律、卫生）评价办法。（3）确定各课程学习个体的成绩计入小组团队成绩的评价方法。评价要简洁，数据采集、汇总要容易，操作性要强。

第四步：强化班组文化

12. 班组文化评比：精心设计一次全校层面的正规的班级文化评比和小组文化评比，做一次充满正能量的表彰。

第五步：首次周期主题活动

13. 首次家长观摩：以班级为单位向家长开放并展示班级文化，落实对家长的相关培训，获得家长对课改的支持。

14. 首次组长例会：在行政班长（班主任参与）主持下反思前期组长工作成效，形成对下阶段工作的共识，强化管理意识。研讨如何当好小教师（班主任应是策划者和指导者，不要包办，会上不多讲，均由学生主持开展）。

15. 首次学科组长例会：在学科班长（学科教师参与）主持下反思前期组长工作成效，形成对下阶段工作的共识，强化管理意识，并讨论如何做好课堂展示，当好小教师。

16. 首次组员例会：在组长主持下反思前期本小组工作成效，对下阶段工作特别是课堂配合等形成共识，强化合作团队意识（可请小组导师出席并指导相关工作）。

17. 首次组长论坛：举办全校或全年级层面的组长论坛，使组长的先进管理理念与经验得到共享。

18. 首次小组朗诵或演讲或辩论比赛：围绕学校德育月主题，进行班级、年级、学校三级递进式的以小组为单位的朗诵、演讲、辩论赛（可请小组导师或家长小组指导）。

19. 首次小组活动：花一节课外活动或大课间活动时间，组织一次以活动为载体的组间对抗赛，对结果进行评比（可请小组导师指导）。

20. 首次班队活动课：根据班中阶段性问题，生成主题，小组招标承办班队课，设计导学案，主持班队课，生成价值观（请部分导师和家长观摩）。

第六步：首次大型表彰

21. 首次班级表彰：由班委或小组自主承办，精心设计班内的表彰仪式，对班级优秀小组进行表彰，形成弘扬正能量的氛围。

22. 首次学校表彰：由班组文化团队承办（或班级自主承办），精心设计年级或学校的表彰仪式，邀请校内外相关人士，对班级优秀小组进行表彰，进一步强化弘扬正能量的群体氛围。

（安吉县教育局　蔡洪伟）

[第三章]

促进深度学习的学教策略

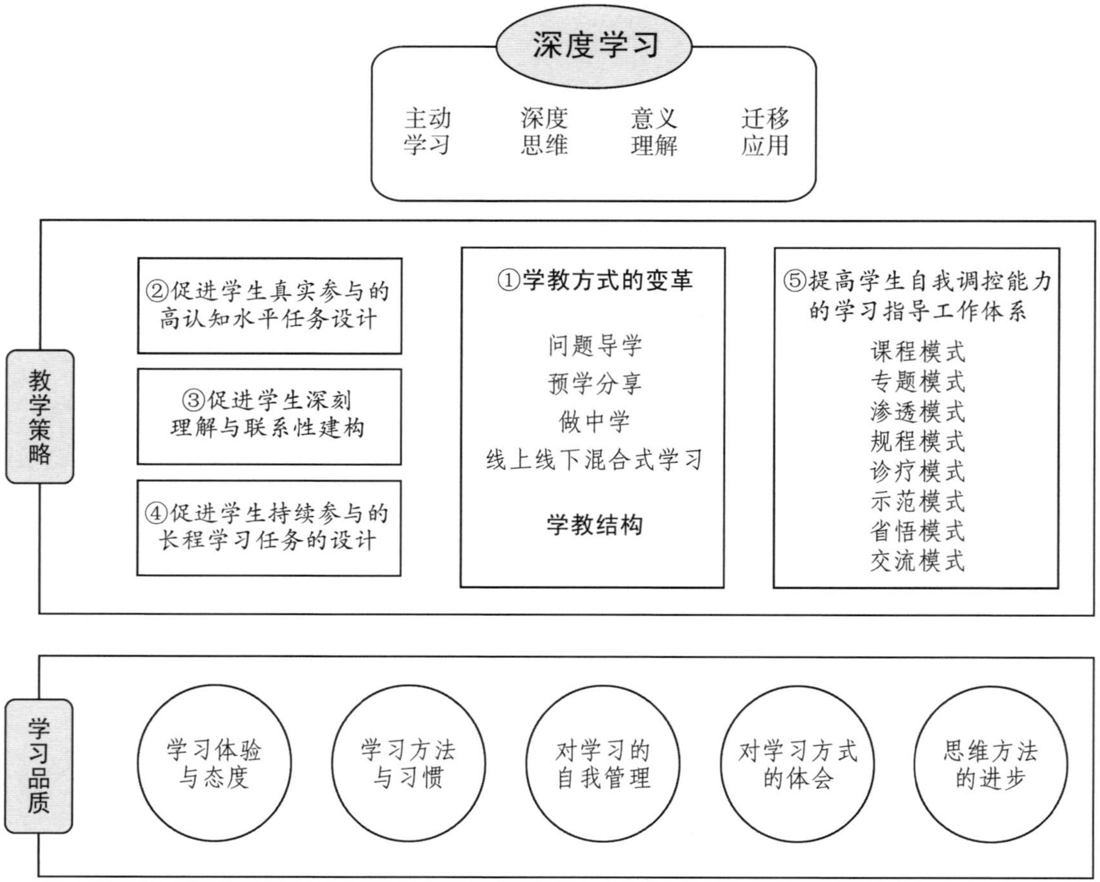

图3.1　促进深度学习的教学策略

在“模式推进”与“要素推进”相结合推进课堂转型的实践中，浙江省多个地区的教学改革取得较好的成效，这些改革有效撬动了“学教结构”的转换，激发了学生的主体性，使更多的学生在课堂上有了存在感。但在教学改革的过程中也出现一些新问题、新现象，如“注重文本知识的教学，忽视学生思维深度和学科素养的全面发展”“忽视学科特征，教学模式单一化与形式化”“关注了学习，忽视了教导，学与教导失衡”等。不管是“家常课”还是研究课，不管是新授课还是复习课，较多的学习过程仍然停留在简单接受、浅层理解、记忆模仿和重复训练的浅层次学习上。

面对改革实践中出现的新问题，秉持积极而理性的教学改革推进思路，浙江省开始关注深度学习，进一步明确教学改革的方向，完善教学改革。嘉兴市南湖区就是其中的代表，他们较早关注“深度学习”，并在学导课堂评价标准中将深度学习作为核心要素之一，研究深度学习的基本特征和在教学改革中促进深度学习的学与教的策略。舟山市普陀区关注“理解性学习”，探索理解性学习的操作模式，提出理解性学习的六大教学策略；台州市路桥区教研室科学教研团队关注“指向核心概念建构的初中科学整体学习”，也提出一些促进核心概念建构的教学策略。这些地区的探索，初步完成了促进深度学习的教学策略的建构。

什么是深度学习？为什么要强调深度学习？本章第一节主要阐述深度学习的价值意蕴，简述机器学习中的深度学习和教育领域中的深度学习，对比分析深度学习与浅层学习的区别，从学习过程与学习结果两个维度，以及主动学习、深度思维、意义理解、迁移应用四个方面阐述了深度学习的要素与特征。

如何促进深度学习的发生？本章第二节阐述了激发学

生深度参与、深度思考、深度感悟的学与教的策略：选择符合课程特质的学教方式、以高认知水平的学习任务驱动学生“卷入学习”、促进知识的深刻理解与联系性建构、以“长程学习”促进学习持续深入、以“自我调控学习”促进元认知发展等，最早从课堂教学改革的视角讨论项目化学习。

学习能否真实而有深度地发生，取决于学生是否“会学习”。“学会学习”是中国学生发展核心素养中的六大核心素养之一，也是实现深度学习的关键要素，是推动课堂转型、促进深度学习的重要路径。本章第三节从学习指导的目标指向切入，阐述指导学生学会学习、提升学生学习品质的方法；从课程模式、规程模式、诊疗模式、渗透模式等角度阐述学习指导的多元模式；阐述系统规划和构建学习指导的工作体系的方法，以有计划地开展学习指导，提升学生的学习能力和学习品质，为实现深度学习奠定基础，促进学生核心素养的发展。

第一节 深度学习的价值意蕴

一、深度学习的由来与意义

深度学习（Deeper Learning）的概念最早是在1976年由美国学者费伦斯·马顿（Ference Marton）和罗杰·萨尔乔（Roger Saljo）提出的，两位学者在《学习的本质区别：结果和过程》一文中首次对深度学习作了详细阐述。但对深度学习的真正关注是在人工智能兴起之后，特别是2016年初，人工智能AlphaGo战胜了人类棋手，更是激发了科技界、教育界等对深度学习的关注。

在人工智能领域，深度学习指的是一种机器学习方式。这是在人工神经网络研究成果的基础上，通过建立、模拟人脑进行分析学习的神经网络，它模仿人脑的机制来解释数据，包括图像、声音和文本。“机器学习领域的主要研究对象是人工智能，特别是研究如何在经验学习中改善具体算法的性能。”“机器学习的过程是用数据或以往的经验，来优化计算机程序的性能标准的过程。”深度学习也可以归为机器学习的一种特别的算法，这也是机器学习领域中的核心和极为重要的突破，可以使计算机从经验和大数据中自我学习。

正是受人工智能领域深度学习研究对人类学习的“反启示”，教育领域也兴起了“深度学习”的研究热潮，教育领域对深度学习的研究，主要从学习方式、学习过程、学习结果等角度切入并展开。

美国研究学会2014年的研究数据表明：“聚焦于深度学习的教学能够显著改善学生的学习成果。相较于接受普通教学的学生，进行深度学习的学生在复杂问题解决、协作、学业投入、学习动机和自我效能等方面均显示出更高水平。”[①]而在现实教学中，国内推进课堂转型的教学改革正如火如荼地进行，很多教学改革有效促成了“学教结构”的转换，激发了学生的主体性，使更多的学生在课堂上有了“存在感”。但教学改革过程中也出现一些新的问题，如“注重文本知识的教学，忽视学生思维的深度和学科素养的全面发展”“忽视学科特征，教学模式单一化与形式化”“关注了学习，忽视了教导，学习与教导失衡”等现象，不管是“家常课”还是研究课，不管是新授课还是复习课，较多的学习过程停留在简单接受、浅层理解、记忆模仿和重复训练等浅层次学习上。因此，教学改革的深入，需要实现形式与内涵的有效结合，促进学生的学习趋向深度学习。

二、深度学习与浅层学习

深度学习是基于原有知识能力的、以学习者主动参与为前提的、重视知识结构的建立和认知策略的元认知过程，以知识迁移和认知策略迁移解决实际问题为最终目标。[②]

与深度学习相对应的是浅层学习。浅层学习的特征是学生被动地、机械地、孤立地记忆所教授的知识，学生往往因没有深入理解知识，而无法灵活应用知识。

如在一次小学数学的调研测试中，有一道题：先测量出下面图形的相关数据（取整厘米数），再分别计算出它们的周长。

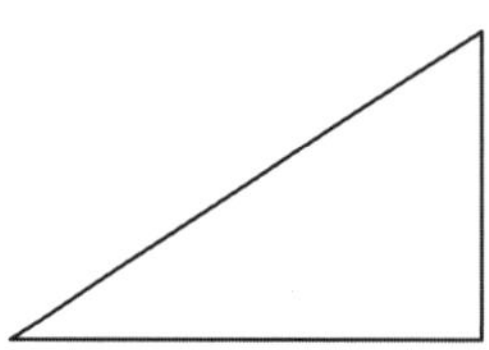

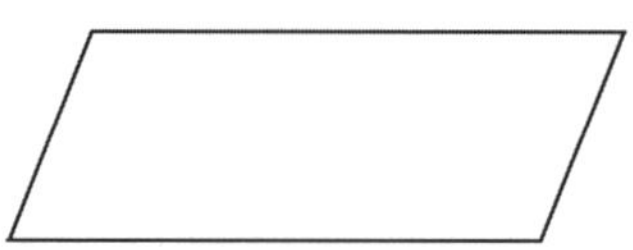

调研时学生的知识背景是已认识五种平面图形，已学过长方形、正方形的周长计算和五种平面图形的面积计算等知识。测试结果令人

①裴新宁，舒兰兰.深度学习：“互联网＋”时代的教育追求[J].上海教育，2015（10B）.

②慕彦瑾，段金菊.基于认知心理学理论的深度学习设计研究[J].内蒙古师范大学学报（教育科学版），2012（7）.

惊讶，看起来如此简单的题，学生的正确率只有42%。有的学生面对此题无从下手；有的学生测量了三角形的三条边，但不知道如何计算三角形的周长；有的学生已有思维定式，看到三角形就想求面积。在学生访谈中，当被问及为什么不会做此题时，很多学生回答“没有学过”“老师没教过”等；当被问及周长是什么时，很多学生把长方形与正方形周长的公式背得“滚瓜烂熟”。

教学中经常会看到诸如此类的现象。虽然学生概念、原理、课文背得很熟，基本的习题也都会做，但问题稍一变化，就无从入手了。究其原因，主要是学生经历的多是浅层学习，缺乏主动的深层思考，学习者只是被动地、孤立地记忆知识和机械地训练技能等，没有真正理解知识，也就不会灵活应用。

相对于浅层学习，深度学习是指学习者处在积极主动的学习状态中，采用探索、反思和创造等学习方式，在深刻理解的基础上记忆知识，把握知识之间的联系，并能将知识迁移应用到新的情境中，做出决策和解决问题。有学者对深度学习与浅层学习做过比较分析（如表3.1）。

表3.1　深度学习与浅层学习的比较①

	深度学习	浅层学习
记忆方式	强调理解基础上的记忆	机械记忆
知识体系	在新知识和原有知识之间建立联系，掌握复杂概念、深层知识等非结构化知识	零散的、孤立的、当下所学的知识，且都是概念、原理等结构化的浅层知识
关注焦点	关注解决问题所需的核心论点和概念	关注解决问题所需的公式和外在线索
投入程度	主动学习	被动学习
反思状态	逐步加深理解，运用批判性思维，自我反思	学习过程中缺少反思
迁移能力	能把所学知识迁移应用到实践中	不能灵活运用所学知识
思维层次	高阶思维	低阶思维
学习动机	学习是因为自身需求	学习是因为外在压力

①张浩，吴秀娟. 深度学习的内涵及认知理论基础探析[J]. 中国电化教育，2012(10).

另外，从学习目标看，根据布卢姆的认知领域学习目标分类理论，学习目标分为“知道、领会、应用、分析、综合、评价”等六个层次。浅层学习往往停留在“知道、领会”层次，以知识的描述、记忆、模仿为主；而深度学习则达到“应用、分析、综合、评价”的层次，注重知识的理解、应用与联系，有利于高阶思维发展。

三、深度学习的要素与特征

深度学习是对学生的学习过程、学习结果的特征的描述。从学习过程来说，深度学习是一种主动的、探究式的、有意义的学习过程。从学习结果来说，是指学生能深刻理解把握学习内容的核心与联系，能将学到的知识迁移与应用到新情境，实现知识的深刻理解、深层加工以及长久保持。

“深度学习”的特征可以从主动学习、深度思维、意义理解、迁移应用四个方面进行描述和判断（如图3.2所示）。

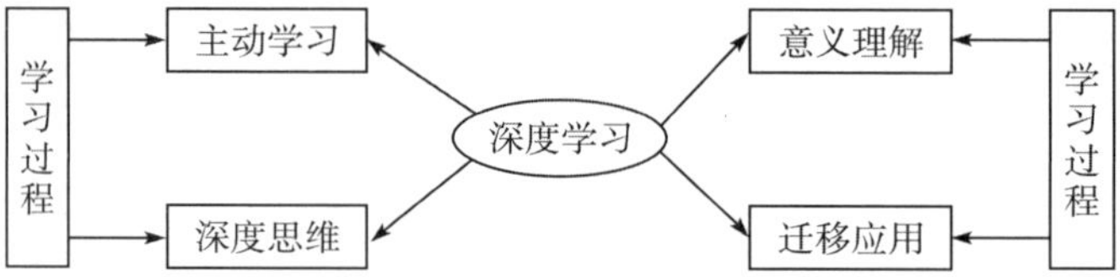

图3.2　深度学习的主要特征

（一）主动学习

学生对学习充满兴趣，在情境、问题或学习任务的驱动下卷入学习，积极参与、主动投入学习过程。课堂中“生生互动”自然生发，学生积极与人交流、合作、分享、讨论，并能互相评价、追问、质疑、补充、纠错等。

（二）深度思维

首先是积极思考，思维活跃。学生围绕学习内容深入思考、对话，积极表达与展示自己的思维过程。其次是善于思考，思维深刻。学生富有思考力，善于思考，善于反思，敢于质疑，能提出有意义的问题和发表自己的观点，让课堂产生精彩观点或独到见解。

（三）意义理解

学习中，学生能调动、激活知识经验，对学习内容加以解释，重新建构其意义，促进知识从“表层符号”进入“知识内在的逻辑形式和意义领域”，促进意义与经验的对接，实现知识的概念性理解、长久保持和灵活运用，这才是真正理解了知识。“深度学习”强调学习者积极地探索、反思和创造，而不是反复地记忆。

（四）迁移应用

美国国家研究理事会研究概括出深度学习的本质，即“个体能够将其在一个情境中的所学知识运用于新情境的过程”。也就是说，深度学习是学生在理解知识的基础上，将所学知识迁移应用，解决新问题或者解决真实情境中的复杂问题的过程。

第二节　促进学习发生的学教策略

促进深度学习的关键是处理好教师的“教”与学生的“学”的关系。学生的学习要有深度，教师首先要有“让学”的意识，让学生真正走到“前台”，教师适当“后撤”，教师的角色要从“课堂讲授”转向“组织学习”。要放大“学”，以学生的学习为中心组织教学，给学生更多的“学”的机会，通过设计丰富的学习活动，引导学生充分经历观察、操作、想象、描述、思考、交流、分析、推理、表示等活动过程，增加个体劳动量，实现每个学生的真正参与。要有充分的学习时间和学习空间，让学生能全面而有深度地参与学习过程。

学生的学习要有深度，还需要教师把握学习内容的本质，进行有针对性、参与性、启发性的学与教的设计；需要处理好“学”与“导”的关系，采取激发学生深度参与、深度思考、深度感悟的学教策略。

为了促进学生学习的真实发生，促进深度学习的实现，教与学需要关注以下学教策略。

一、选择符合课程特质的学教方式

促进深度学习，首先必须变革学习方式，要从他主、单一、被动接受的学习方式，向自主、多样、主动探究的学习方式转变。要改变机械记忆和反复训练的学习方式，适当增加自主学习、合作学习、探究学习、体验学习、实践学习、数字化学习、有意义的接受学习等，从而形成多元的学教方式——不同的学科、不同的内容、不同的课型可以选择不同的学教方式，同一学教方式下的学教结构也可以是多元的。教学中，教师要把握好每种学教方式的学教结构、关键操作技术以及适用性，根据不同的学习内容和学生实际选择适合的学教方式。

案例3.1

学导课堂的多元实践

学习方式具有多样性，包括自主学习、合作学习、探究学习、体验性学习、“做中学”、数字化学习、有意义的接受学习等。同时，学习内容也有多样性，学习者更具有差异性。因此，嘉兴市南湖区在推进课堂转型的过程中，构建了“学导课堂的多元实践”的课堂转型框架，不同的年段、不同的内容、不同的课型，可以采用不同的学教方式和学教路径，以多样的课堂样态实现“深度学习”。

不同学科的学科特征不同，学科核心素养也不同。如语文学科，关注“语言表达（会品、会用），语感培养（思维、实践），审美体验（情感、美感）”；科学学科，关注“科学知识，科学探究，科学思维，科学精神，问题—证据意识，学以致用的能力”；英语学科，关注“语言的有效输入与输出，语言互动的有效增量，语用能力的发展”；体育学科，关注“运动技术，运动能力，体能发展”；等等。

推进课堂转型时，要基于学科特征选择适合的学教方式，这里包含三层意思。一是不同的学科应选择适应学科特征的学教方式，如英语学科，语言学习有其自身的特征和规律，特别是像英语这样的第二语言，由于没有像母语学习这样天然的语用环境，学与教的方式的变革更应考虑语言学习的规律和特征。南湖区推进的“基于提高语言互动有效增量的语言习得学习”的学教方式，努力体现语言学习的规律和特征，以英语“有效输入”和“有效输出”为基点，设计“语用平台”，强化语言互动，放大“学”和“用”，弱化“教”和“练”，在语言充分习得的基础上，促进学生语用能力的发展。二是即使是同一种学教方式，在不同学科使用时应该有不同侧重，如同样选择“先学后教”，在语文、数学、科学等学科中的使用应该体现不同的学科特征，使教学充满“学科味”。三是在同一学科中，针对学习内容的不同特点，也应选择不同的学教方式，如语文学科中的说明文、记叙文、文言文等不同文体类型，学教方式也应有所不同。

（嘉兴市南湖区教育研究培训中心　魏林明）

下面以数学为例说明学导课堂的多元实践的基本思路及操作方式。

(一)“问题导学”——基于“情境+问题串”的探索性学习

“问题导学”课堂样态的要点有：注重“情境+问题串”的设计，以核心问题引领学生开展探究活动，让学生在知识探究中产生自己的体验、理解和思考，适时组织交流质疑，适时点拨引导。“问题导学”课堂样态的基本学教结构如图3.3所示。

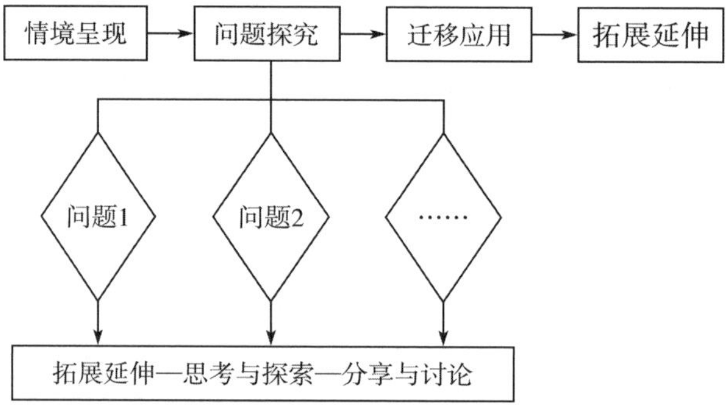

图3.3　“问题导学”课堂样态的基本学教结构

“问题导学”学教方式实现深度学习的关键在两方面。首先是“情境+问题串”的设计，“情境”要有利于激发学生的学习兴趣，并提出有关的数学问题。“问题串”指的是基于“情境”，围绕一定目标、按照一定的结构精心设计的一组问题，通过一个个问题指向数学知识、方法、思想等发生发展过程，从而引导学习过程的走向和思维活动的深入，有效实现学习目标。“问题串”是导向深度学习的关键，是聚焦教学重点和难点的载体，每一个问题都应精心设计成学生思维的阶梯，有效引导学习层次由浅入深。其次，问题展开时，要激活学生的思维状态，驱动学生积极思考和探究，步步深入地分析和解决问题。问题展开时，可以采用不同的学习方式、不同的进程，并根据学情适时提供“针对性助学”。

(二)“预学分享”——基于独立预学的分享讨论式学习

“预学分享”课堂样态的要点有:转换学教结构，强化学生的自主学习，即先由学生预学，再组织分享学习、解疑释惑、深度互动、针对性帮助等，“预学分享”课堂样态的基本学教结构如图3.4所示。

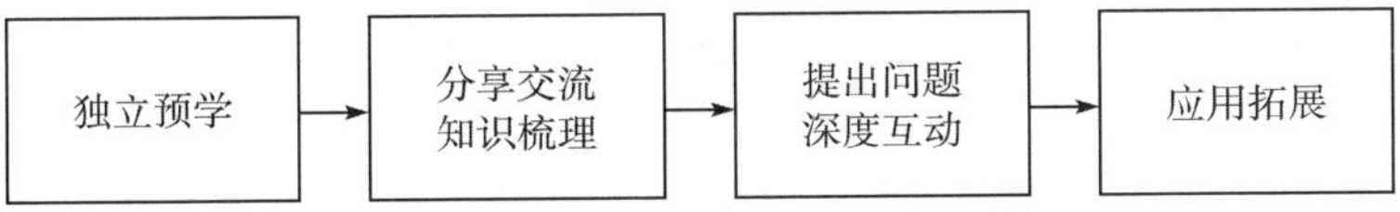

图3.4 “预学分享”课堂样态的基本学教结构

“预学分享”学教方式实现深度学习的关键点有二。一是学生“预学”的方法指导，教师要想明白“先学，学什么，怎么学”“后分享，分享什么”“导什么，如何导向深度学习”等关键问题，指导学生的“预学”，必要时可以设计“预学学习单”引导学生自学。二是基于学生“预学后提出的问题”的深度互动学习。要鼓励学生提出自己预学中的各类问题，并通过一定的方式呈现，再基于学生提出的问题展开深入学习，教师提供一定的“针对性助学”。

（三）“做中学”——基于实践体验的项目探究式学习

“做中学”课堂样态的要点有：以问题为载体、以学生自主参与为主，引导学生经历发现问题、提出问题、分析问题、解决问题的全过程。强调实践体验，适当平衡“书中学”与“做中学”，突出实践活动经验的积累和探究能力的培养。“做中学”课堂样态的基本学教结构如图3.5所示。

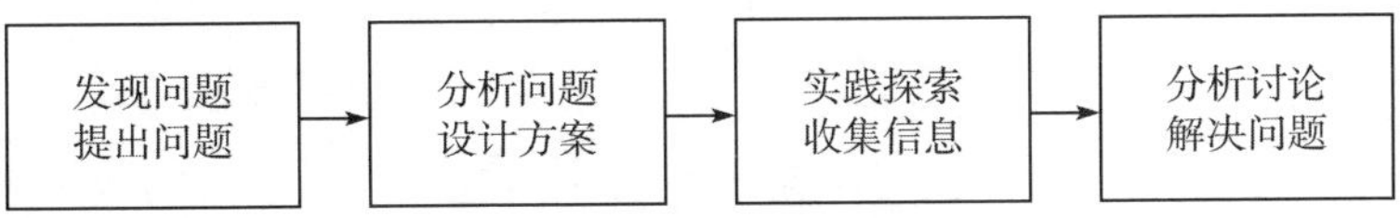

图3.5 “做中学”课堂样态的基本学教结构

通过“做中学”实现深度学习的关键点有三。一是关注学生发现和提出问题能力的培养。二是组织学生设计好探究活动的方案，策划好研究过程，学会“从头到尾”想问题。三是要为学生提供充分实践、思考、交流的空间，重视学生的自主参与、全过程参与，重视学生的学习成果展示，重视学生的自我评价、反思与总结。

（四）“线上线下混合式学习”——基于网络学习环境的数字化学习

“线上线下混合式学习”课堂样态的要点有：“线上学习”能实现个性化、差异化、选择性学习，能实现学生根据自己的进度自主学习，能记录和跟踪学生的学习轨迹，准确判断学生的学情，能更有效地开展即时型反馈、交互型交流。结合“线下学习”的讨论交流、解惑释疑，真正实现差异化、针对性教学。

该学教方式实现深度学习的关键在两方面。一是数字化学习资源库（或学习平台）的建设，如有无充分的学习资源，有无即时反馈练习结果的功能，能否记录学生的学习轨迹，能否差异化推送学习内容，等等，这些都是能否深入展开“线上线下混合式学习”的关键。二是“线上学习”与“线下学习”如何有机融合，分别发挥数字化学习与传统课堂教学的优势，实施差异化、针对性教学。

以上列举的是实现深度学习的四种主要课堂样态（实际教学中还有很多），教师要把握好每一种课堂形态的基本要素、学教路径、关键技术等，在教学设计时，根据学习内容的特点和学生实际选择适合的课堂形态，促进学生的学习走向深度学习。

二、以高认知水平学习任务驱动“卷入学习”

学习任务是启学引思、导学引教的有效载体，课堂教学可以以一个个学习任务为学习支点导引学生卷入学习。特别是选择或设计一些具有开放性、挑战性、探索性的“高层次学习任务”，激发学生在解决任务的过程中自然卷入学习进程，驱动学生积极探究和深度思考，层层深入，引导课堂学习的走向和思维活动的深入，从而有效建构知识、发展能力、积淀经验、感悟思想。

案例3.2

小学科学《大树和小草》学习任务设计

观察比较大树和小草，建议从以下几个方面思考：

1. 它们生长的环境和生长需要的条件。
2. 它们身体的组成部分以及各部分的特点。
3. 它们的生命特征（有生命吗？会繁殖吗？会死亡吗？……）。
4. 属于哪种植物？
5. 其他。

樟树	狗尾草
①____________	①____________
②____________	②____________
③____________	③____________
④____________	④____________
⑤____________	⑤____________
⑥____________	⑥____________
⑦____________	⑦____________
⑧____________	⑧____________

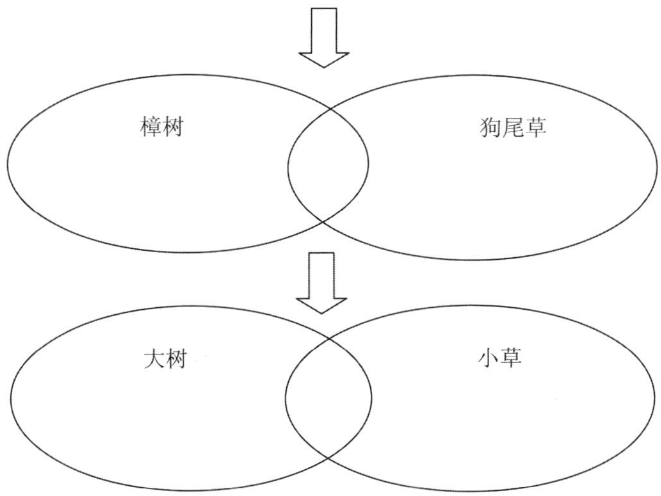

观察是人们认识世界、获取知识的重要途径，也是科学研究的重要方法。科学的新发现、新规律，一般都是建立在周密、精确、系统的观察的基础上的。学生的学习也离不开观察，在教学中只有运用观察，才能使学生对学习对象获得鲜明、生动、具体的感性认识，积累丰富的感性经验，通过抽象概括达到理性认识。可以说，观察是科学探究活动的起点。而学习任务是引导学生观察，培养学生观察力的有效载体。

在设计《大树和小草》的学习任务时，应注意以下几点。第一，应尽可能让学生有足够的探索空间，既不背离教师预期的设计，又让学生能够主动参与探究活动。只有学生明白可以从哪些方面观察、比较、思考，后来的观察才是有效的，有针对性，才可能达成观察的基本目标。

第二，在学习任务的设计上，内容应有层次，让学生的思维循序渐进。先是引导学生分别观察樟树和狗尾草，得出两者各自的特征，然后利用维恩图比较樟树和狗尾草的异同点，这样既可以完善之前观察的不足，又可以找出两种不同植物的共同特征。继而利用这种方法，根据樟树的特点推及大树的一般特点，根据狗尾草的特点推及小草的一般特点。最后比较大树和小草的特点，得出这两大类的相同特征和不同特征。在这个过程中，学生的思维逐级递进，一旦对一类事物形成更高层次的认识，观察力也随之得到进步。有层次的学习任务设计，有利于学生观察得出事物的普遍规律，实现观察的高级目标。

第三，学习任务的设计应促进学生理解问题的本质，实现深度学习。对适合采用“观察比较”方式的学习内容，不仅要学习观察的方法，还要掌握不同事物的异同点，更要学习总结一类事物的共同特征。《大树和小草》这节内容不仅仅是比较大树和小草两种植物的异同点，更是在比较的过程中，让学生体会事物之间的差异带来的多样性，以及普遍存在的内在联系和共同特征。学习任务设计了从樟树和狗尾草的比较到大树和小草的比较，就是为了总结事物普遍存在的内在联系和共同特征。

（嘉兴市实验小学　姚　伟）

学习任务的设计，要像产品说明书那样，在学生遇到迷惑、困难时，给予提示与说明。在学习任务设计时，可以根据内容的难易程度，提供一些旁注与提示，把学生的学习引向深入。

案例3.3

初中科学《指南针为什么能指方向》学习任务

1. 指南针能指南北一定是有原因的，请你们预测一下，指南针能指南北可能是什么引起的？你能用实验来加以验证吗？（提示：材料的用途一般是由它的性质决定的）

2. 在小学，我们已经学过磁的许多知识，说说你们已知道的磁的性质，探索怎样用实验器材把磁铁的这些性质表现出来。

3. （挑战1）有两根外形相同的钢条，你有哪些方法判断两根钢条是否有磁性？

4. （挑战2）了解了磁的有关性质后，你能利用这些性质解释指南针为什么能指南北了吗？（提示：自然界的事物都不是孤立存在的，它们之间都有相互作用。如果你把指南针扭转一个角度后放手，会看到什么现象？看到这一现象后，你发现了什么？）

（嘉兴市南湖区新丰镇中学　王俊萍）

设计学习任务要求充分考虑学生的水平分布，充分体现层次性：要使优秀生从预习任务中感到挑战，一般学生受到激励，学习困难的学生也能尝到成功的喜悦，让每个学生都学有所得，最大限度地调动学生的学习积极性，提高学生学习的自信心，激发预习的热情。

案例3.4

初中历史与社会《海拔最高的牧区》学习任务

我国的青藏高原是世界上海拔最高的高原，那里草场广布，畜牧业一直是支柱产业。

任务1.在自然条件上，青藏牧区发展畜牧业的优势有哪些？

自然条件	
地形	
气候	
耕地类型	
牧草品质	

任务2.青藏牧区牧民们的生产和生活有哪些特点？

	是什么	为什么(结合自然环境和牧业生产)
畜种		
衣		
食		
住		
行		

（嘉兴市南湖区新丰镇中学　沈燕燕）

学习任务是驱动学生“卷入学习”的重要方式，在学习过程中，还要营造“探究型对话”的教学文化，建立基本的对话规则，引导学生倾听并深入思考，引导学生发表或解释自己的观点，引导学生学会“大家还有问题吗”“大家同意我的观点吗”“我想补充一下”“我不同意你的观点，我是这样想的”“我想向你提个问题”等基本的对话用语，使学生在对话中对核心问题有深入思考，在对话中产生思维碰撞，自然地提问、补充、质疑、评价，从而促进对核心知识的理解以及自身思维的发展，最终使学生愿意思考，善于思考。

三、促进学生对知识的深刻理解与联系性建构

认知结构的清晰性、稳定性、概括性、包容性、连贯性和可辨别性等特性始终影响着新的知识的获得与保持，知识的联系性建构是促进深度学习的关键。联系性的知识和学生认知结构的有效优化，有利于知识的长久留存、迁移应用；“碎片化”的知识会阻碍知识的深度理解、迁移，不利于解决真实情境下的“劣构问题”。

“学习一个概念、原理、法则，如果在心理上能组织起适当的有效的认知结构，并使之成为个人内部的知识网络的一部分，那么学生才会产生他们自己的理解。”①

首先，要注意将联系的观点贯穿于教学的全过程，关注知识之间、学科之间、知识与生活之间的联系，注重教学内容的丰富性、关联性、综合性，从知识的内在结构出发，通过多种方式将知识关联起来，使各个知识点在学生的大脑中连成线、织成网，帮助学生建构开放的知识结构。

---

①李士锜．PME：数学教育心理[M]．上海：华东师范大学出版社，2001.

案例3.5

小学数学《三角形内角和》练习中联系的设计

在《三角形内角和》的教学中，首先引导学生思考新知识与原有知识之间的联系。如在探索“三角形内角和是180°”时，引导学生联系平角知识，用“撕—拼”“折—拼”等方法，把三角形的三个内角拼成一个平角，利用平角知识得出“三角形内角和是180°”的结论。通过练习实践，沟通知识，促进知识结构的整理和重组。然后设计以下练习：

1. 求出三角形各个角的度数。

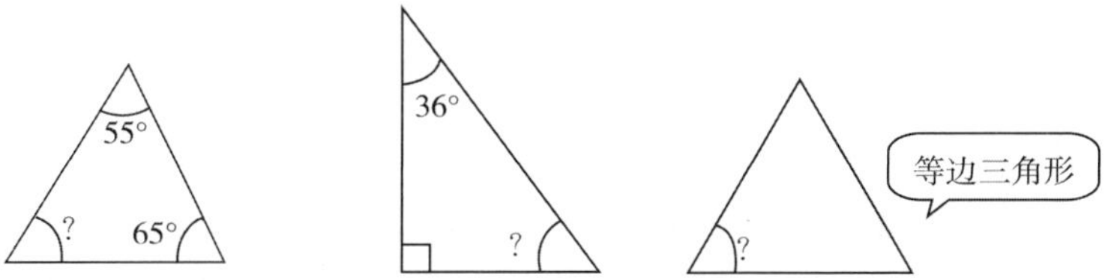

说明：该题是将三角形内角和的知识与三角形特征结合起来，引导学生综合运用内角和知识和直角三角形、等边三角形等图形特征来求三角形内角的度数。

2. 一个三角形可能有两个直角吗？一个三角形可能有两个钝角吗？你能用今天所学的知识说明吗？

说明：这一题将三角形内角和知识与三角形分类知识结合起来，引导学生运用三角形内角和的知识去解释直角三角形、钝角三角形中角的特征，沟通了知识。

3. （1）将两个完全一样的直角三角形合起来拼成一个大三角形，这个大三角形的内角和是多少？（多媒体呈现拼的过程）

（2）将一个大三角形分成两个小三角形，两个小三角形的内角和分别是多少？（多媒体呈现分的过程）

说明：该题是通过两个三角形的分与合的过程，使学生感受分与合过程中三角形内角的变化情况，进一步理解三角形内角和知识。

4. 智力大冲浪：你能求出下面图形的内角和吗?

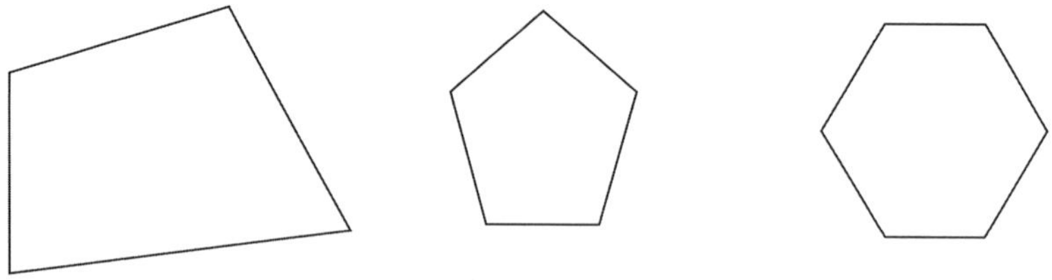

说明：该题是三角形内角和知识的进一步拓展，引导学生进一步研究四边形、五边形、六边形等多边形的内角和，促进图形内角和的知识的整体构建。

（嘉兴市南湖区教育研究培训中心　朱德江）

其次，运用“思维导图”也是促进知识联系性建构的重要方法。“思维导图”是英国学者东尼·博赞（Tony Buzan）在20世纪70年代初期创立的一种新型笔记方法。它是一种简单、高效、放射性、形象化的思维工具，一般由一个中心主题向外发散，利用不同颜色的线条、符号、词汇和图像，构成简单、自然、易被大脑接受的知识结构图像。与传统方式相比，思维导图利用颜色、图像、符号等元素，将一节课、一个单元甚至一本书的概念梳理成用关键信息分层组合而成的图形，不仅使大量信息得到有效压缩，便于学生记忆，也使学生在运用思维导图解决问题时思考更加全面，可以促进学生思维的发展和对知识的理解。目前，常见的思维导图有圆圈图、气泡图、双重气泡图、树状图、括号图、流程图、多重流程图、桥状图等。图3.6呈现了这些思维导图及其常用功能。

圆圈图

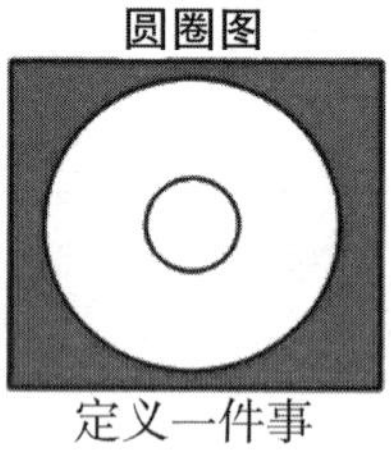

定义一件事

树状图

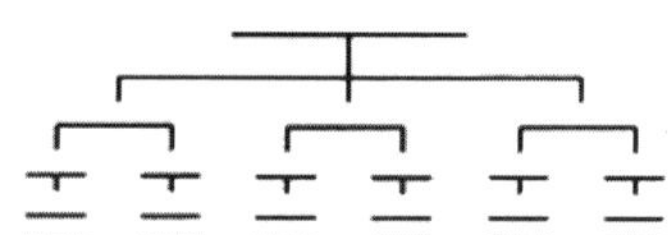

分类和归纳

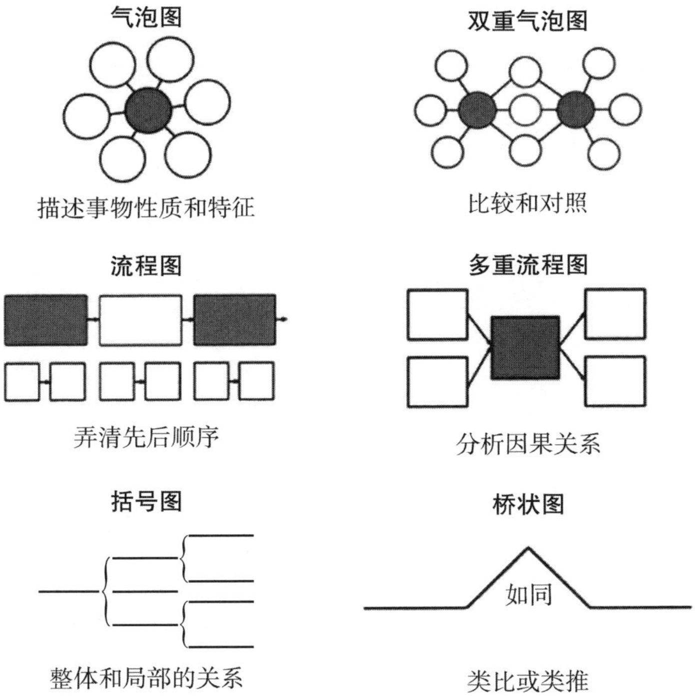

图3.6 常见思维导图及其功能

制作思维导图是促进学生构建知识联系的有效方式，教师要引导学生自我整理知识、构建知识体系，用最简洁的语言来描述，用图示来分析知识之间的关系。思维导图须简洁、高效。

案例3.6

小学科学复习中的“思维导图”

学生制作思维导图是思维发展完善、知识体系建构的过程。教师应指导学生循序渐进地制作思维导图。在具体操作上可分为三步。

搭建“脚手架”，训练学生的思维方式

一是填空法。

如在四年级下《食物》单元的教学后，先让学生简单回忆本单元的主要内容，再在黑板上写下关键词，然后用不同颜色箭头画出思维导图的主要框架。学生以这个思维导图的主框架为思维拓展的“脚手架”，围绕食物的主题，展开与收拢思维。思维导图不仅让学生在宏观上把握整体的知识结构，也有利于学生从微观角度复习具体的知识要点。

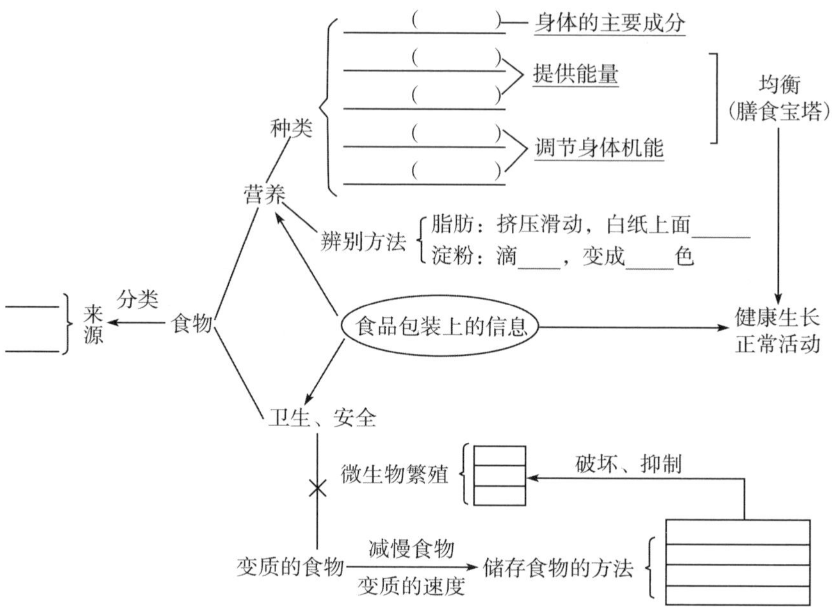

二是拼图法。

教师为每个合作小组提供卡片式的知识点，要求合作小组通过合作，快速地整理出各知识点之间的关系，并拼制出思维导图。拼图制作思维导图，可以降低难度，帮助学生理清思路，理解思维导图的含义。

放手制作，促进学生的思维发展

学生了解思维导图的制作后，教师要学会“放手”，让学生自己制作导图。教师不仅要引导学生制作，更应该为学生提供合作、交流、展示的平台，进而实现教师与学生、学生与学生之间的相互交流。最后学生取长补短，自主完善思维成果。

具体操作方法：先由教师和学生共同确定“主题”，学生分组讨论“次主题”，然后每组根据自己选择的“次主题”进行绘制，最后小组合作共同完成思维导图。在制作完成后，通过投影或张贴，分别向其他小组展示各自的思维导图。其他小组同学可以针对“思维导图”提问，也可以发表自己的意见和看法。在学生提问结束后，教师可以适当地引导和提出可行性建议，帮助学生完善思维导图。

如在进行《环境和我们》单元的复习时，可以先指导学生自主绘制思维导图；然后在课堂上组织学生交流、讨论与修改；再让小组自主选择1—2位同学，到讲台上进行展示，把自己组的成功的经验和失败的教训与大家分享，教师适时补充指导。

分层指导，形成个性化的思维

学生制作思维导图的能力不同，教师应当对他们进行分层指导。可以建议制作能力较弱的学生画简单的知识网络图，促使他们回顾一个单元的基本概念和规律，并进行整理。对制作能力一般的学生，可以指导他们用不同形式来制作思维导图，这样不仅有知识的概括，也有知识的应用、迁移。对制作能力较强的学生，可以鼓励他们对专题进行研究，除了课内研究以外，还可以继续课外探究，然后把课内外的学习结合起来制作出专题思维导图。这样，就能让不同能力水平的学生在制作思维导图的过程中都有所发展。

《简单机械》单元的思维导图示例如下：

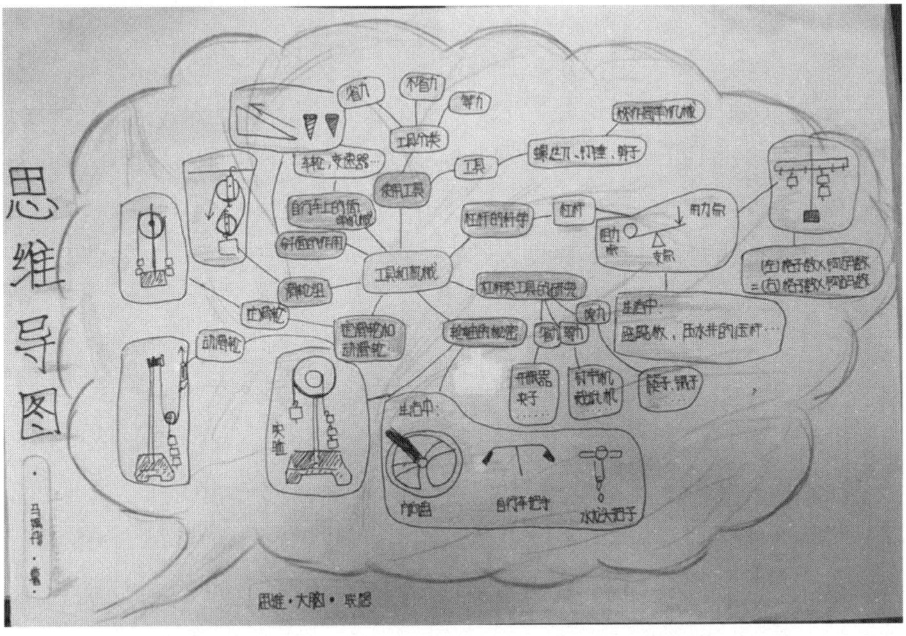

从学生制作的思维导图中不难看出，学生的思维平缓而细致，习惯用语句将想法描述清楚。其他学生中，有的思维具有明显的跳跃性，喜欢用关键词这种简洁的方式来表示。思维导图的组织形式也略有不同，例如对于杠杆，有的想到的是省力与否，有的想到的是杠杆的原理“三点两距离”，说明他们对机械的要点的考虑是不同的，但这都体现了他们自己的理解和想法。

指导学生制作思维导图时，要注意有些学生制作的思维导图的核心概念不明确，虽然它看上去很复杂，但看不出主要的思维线和概念表述。要让学生明白，思维导图不是课本知识的罗列和堆砌，而是核心概念之间联系的另一种描述形式。

小学科学课的复习是使用思维导图的一个重要领域，每个单元的核心内容，用一幅A4纸大小的思维导图就足以囊括。思维导图中设置有许多“记忆钩”，让学生亲自制作这幅思维导图，会极大地加强学生大脑知识信息的存储及提取能力，可以促使学生积极动手制作和动脑思考，使他们能够从整体上掌握基本知识结构和各个知识点间的关系，在头脑中形成清晰的概念网络。

思维导图并不是越复杂越好，用思维导图帮助复习需要引导学生关注以下方面：

- 结构是否合理？是否体现作者的思路和想法？
- 概念描述是否正确？
- 思维是否具有一定的深度和广度？
- 用词是否恰当？
- 色彩的运用是否协调？
- 表述是否清晰准确？

（嘉兴市实验小学　吴建伟）

四、以“长程学习”促进学习持续深入

当人们习惯于以课时为单位构思教学时，有的教师已在探索促进知识联系和学习深入的“长程学习”。“长程学习”指的是引导学生用相对较长的时间，带着一个问题或项目展开学习的过程。就是“教学要让那些抽象的符号和知识回到学生的现实生活中，要用真实的情景拓展问题，与生活中真正的问题联结在一起，这样的课堂才能发生真正的学习”。“长程学习”旨在回归教育本源，追寻儿童本位，提升核

心素养，通常以现实问题或真实任务来激发和组织探究活动，让学生经历完整的思考问题、研究问题的过程。学生在“长程学习”中往往需要多个领域的知识，以使他们更容易理解概念，明白不同学科是如何相互联系和相互支持的。“长程学习”的形式有单元整体学习、大问题主题学习、项目学习、研究性学习、长作业、整本书阅读、群文阅读等。本书第五章将从综合学习的角度，对此做进一步的展开。

案例3.7

长时探究学习活动案例

——小学科学《月相变化》

月相变化是地球上看到的最显著的天文现象之一。本课主要是让学生通过观察月相认识到月相的变化，在对月相进行排列的过程中认识到月相的这种变化是有规律性的，农历上半月由缺到圆，下半月由圆到缺。通过模拟月相变化的实验，让学生初步认识到月相变化跟月球不发光有关，跟太阳照射有关，跟月球在围绕地球公转有关。关于月相变化的根本原因，太阳、月球、地球三者转动产生的位置关系变化，对于小学生来说有一定难度，其实这一内容的理解在初、高中学习时依然是学习难点。

对于月相变化的规律，学生在课堂上的认识显然不够深刻和全面。因此课前课后观察月相的活动相当重要。

本课教学采用了“基于长时观察的探索性学习”的学教方式，先组织学生对月相进行半个月的观察，而后在关于月相观察发现的交流与研讨中，逐步引导学生对现象进行分析和推导，从而达成共识，加深对月球运动的相关认识。教学核心分为两部分：先是课前长时观察活动，并做好记录；再是课堂分享讨论、深入学习活动。

课前：长时观察，记录月相

课前设计了“观察与记录月相”的长时探究活动，在持续一个月的观察活动中，学生详细地记录了月球表面发亮部分的形状、在天空的位置等。为了帮助学生观察记录，还设计了“观察记录单”作为学生的学习支架，并且在学生观察前进行有效的辅导。

课堂：分享讨论、深入探究

1. 小组活动。组内分享观察月相的记录成果，互相介绍分享“月相”的观察记录情况，并讨论：观察、记录到的月相告诉了你什么？你有什么发现？

2. 全班展示部分记录成果，并分享发现的规律，逐步得出一些结论：

（1）月相在一个月的不同时期不同。

（2）农历上半月，月相由缺到圆；农历下半月，月相由圆到缺。

（3）月球每天在向东走，每天移动一定的距离。

（4）月球亮的一面向着太阳。

3. 进行模拟实验，探究月相的成因。

以探究为中心的长时科学学习，需要以足够的经验为基础，有了这种基础，学生就可以和通过其他资源获得的信息进行联系，使科学学习更加有效。所以，在教学中提前让学生观察月相，并且提供精心设计的观察记录单，要求学生在每天相同的时间观察记录，目的就是在上课前，使学生对月相有个初步了解，并在近一个月的持续观察记录的过程中，发现月相变化的规律，修正之前形成的零碎的、无序的对于月相的认识，这样的观察记录比画（剪）月相更加有利于学生的认知发展。

科学不仅是知识体系，更是以科学探究为中心的对自然界的认识及知识处理、加工的过程。课前的月相观察记录便是基于这样的认识进行的。学生在近一个月的观察记录过程中，可能要排除不少困难，如时间的冲突、天气的影响等，这恰恰是我们课堂中无法教给学生的对科学的热爱、对观察记录的负责、对中长期观察的坚持等科学态度。再如，孩子们会在观察过程中，相互交流自己的观察情况，相互质疑，这也是科学探究必不可少的环节。更为重要的是，在这一个月里，学生会实实在在地“做”科学。这样的科学探究不但可以使学生体验到探究的乐趣，获得自信，形成正确的思维方式，而且可以帮助他们理解什么是科学，什么不是科学。

（嘉兴市南湖区教育研究培训中心　阮　翔）

案例3.8

指向核心概念建构的整体化单元学习
——以初中科学《运动和力》为例①

科学是基于现象和事实的，让学生从小学会从周围现象中抓住触及本质的问题显得尤为重要。我们以真实世界中具有个人和社会意义的问题作为单元的组织核心，以“始于整体，大问题引领，直逼核心”为总策略，推进指向核心概念建构的整体化单元学习。以浙教版七年级（下）第三章《运动和力》为例，“改变物体的运动状态需要有力作用于其上”是该章的核心概念。我们调整教学逻辑，先以整体性的活动引发核心问题，再让学生认识局部概念，最后在较高的层次上把握整体，建构核心概念。具体教学过程如下：

感知整体，触及核心

单元教学前，下发任务单。活动一是一项大型实验：两位学生在五楼把包有彩布的大铁锤自静止开始释放，全体学生预测铁锤的运动过程并观察。这个包含了速度、重力、摩擦力等概念和运动与力关系的简单活动，不仅点燃了学生的思维和热情，更为单元学习创设了真实而蕴含核心问题的情境。学生在活动中整体地感知了研究对象的内部和外部联系，加上活动单上引导语的作用，因而所提问题大多指向探寻物体运动状态变或不变的“背后原因”，触及了核心概念。整个单元学习围绕问题展开，原来零碎、线性的知识点学习过程转换成了主题式、问题解决式的进程。

在解释现象过程中引出各种观点

课外活动后是主题为“运动与力究竟有什么关系”的汇报课。教师在黑板上记录下各组关于运动与力关系的观点。大多学生认为“有运动就有力”“运动产生力”，但是，也有反对者认为“运动不一定需要力”，并以足球被踢出去后仍能继续滚动为事实依据。在教师的有

①韩月红.指向核心概念建构的整体化单元学习——以初中科学《运动和力》为例[J].教学月刊·中学版(教学参考)，2013(12).

意激化下，强烈的认知冲突以及解开疑惑的欲望开始形成。

做好局部准备

在“汇报交流课”中，教师把从学生口中“掉出”的重力、摩擦力等词都一一记录下来。接下来局部概念的学习，基本回到教材的顺序，但在教学方式上，已少了教师的步步牵引。尚未解开的“运动与力的关系”的问题常常困扰着学生，进一步搞明白运动与力的关系已经成了他们自己的需要，在这个过程中证据也一点点积聚起来。

论证中建构核心概念

在酝酿近两周后，第七节“牛顿第一定律”就成了一节辩论课。各小组学生在陈述观点的同时列出能支持他们观点的事实或者实验方案。大部分学生已经在自学中认同了教科书上的观点，但也有极少数初具批判性思维的学生不愿轻易接受现成结论，成了“反方”。在辩论中，双方各自举出不同场景中的事实加以论证，想方设法论证自己的观点。最后，学生利用实验器材探究阻力对物体运动的影响，并用外推法得出牛顿第一定律。

在解决实际问题中拓展

在紧接其后的“二力平衡条件”的学习中，问题意识已被强烈激发的学生主动提出了问题：地球表面附近的物体受到重力作用，为什么也能保持静止或匀速直线运动呢？教师则从此问题出发，顺势而为，帮助学生在解决实际问题的过程中实现对单元核心概念的拓展。该章结束时，学生独立整理知识，并以概念图表示各概念间的关系。

（台州市路桥区教育局教研室　韩月红）

案例3.9

《三国演义》主题阅读活动的设计

▶活动目标

1. 要求学生阅读并了解《三国演义》相关知识要点，走进历史。

2. 通过边读边指导的方式，引导学生掌握阅读长篇名著的方法：如罗列人物关系图，对比、分析、评价主要人物的形象等。

3. 采用年级共读的方式，推进学生阅读，并通过年级主题活动的展示，激发学生阅读的兴趣。

▶活动时间

2015年9月—11月

▶活动安排

第一阶段（9月）：以班级为单位，教师和学生自主阅读完《三国演义》，借助视听材料及阅读指导，激发学生阅读的兴趣。

第二阶段（10月）：各班语文老师充分利用每周一次的晚自修，采用边读边指导的方式，分周完成《三国演义》的整理与理解。每周阅读研究需选择相应的切入点。

第三阶段（11月）：以年级为单位，组织《三国演义》主题展示活动。

▶阅读研究的切入点

1. 用自己喜欢的方式绘制三国人物关系图，或按情节发展的顺序整理各阶段的核心故事、情节脉络，对整本书有一个整体的了解与梳理。

2. 《三国演义》中作者用独特的手法刻画出许多性格鲜明、活灵活现的人物形象，比如，奸诈的曹操、仁厚的刘备、忠义的关羽、勇猛的张飞、足智多谋的诸葛亮……他们都是家喻户晓的人物，给人们留下了深刻的印象。这些人物中一定有你钦佩的，也一定有你鄙视的，有令你喜欢的，也有令你厌恶的。

请你选择其中的一个人物设计一张名片，名片内容可以是人物形象、性格、一生经历、与其相关的主要故事、对其的评价等。评价人物时注意要多元、立体，结合人物的几个事例进行剖析，从语言中来，从故事中来，评价要全面、有依据。

"性格决定命运，细节决定成败。"在这些人物的是非成败中你学到了什么？有什么感悟或启发？

3. 三国战役多，精彩故事多。著名的战役如：官渡之战、赤壁之战、夷陵之战、博望坡之战；精彩的故事如"煮酒论英雄""过五关，斩六将""三顾茅庐""舌战群儒""刘备携民渡江""三气周瑜"……这些都是耳熟能详的情节。请学生结合自己最喜欢的一场战役，进一步细致阅读，体会其中人物的智慧与性格，说说自己的收获。

4. 三国战役各有特色，其中蕴含着各种计谋。如连环计、苦肉计、美人计……你能找出书中的哪些计谋呢？试着选择一种分析其妙处。

5. 利用双休时间，搜集与三国有关的歇后语、成语、诗词，了解它们背后的故事。于晚自修进行交流。

6. 本书既是文学宝典，又是军事宝典；既是谋略宝典，又是人文宝典。从中我们应该学习哪些处世之道？学习哪些人格之美？应该摈弃哪些性格之短？避免哪些品质之缺？

以上几个内容可以做在相应的卡片上，在班级的软板上进行展示。

►阅读展示交流活动的策划（11月2日）

活动1：前20分钟进行《三国演义》的知识竞赛。每班派3人，采用必答题、抢答题等方式进行。后40分钟进行各班对《三国演义》的阅读展示。

活动2：剧本表演、讲故事等，八仙过海，各显神通。每班各5分钟。

（嘉兴市南湖国际实验学校　陈巧玲）

五、以“自我调节学习”促进元认知发展

自我调节学习能力是指学生对其所从事的学习活动进行自我调节的能力。它包括学习过程中确定目标、制订计划、选择方法、管理时间、调节努力程度、执行计划、反馈与分析效果、采取补救措施等能力。让学生学会对自己的认知过程进行监控、调节，能有效促进学习的深入。

专家研究发现，随着年级的增长，儿童会逐渐对自己的学习进行反馈与思考，进而影响到学习的效果；儿童对学习方法的运用与调节能力随年龄增长而不断发展。儿童自我调节学习能力的发展及其在学习活动中的作用既受到年龄、年级水平的影响，也受其环境任务因素（如不同学习任务对自我调节学习能力的不同要求、不同时期教师对自我调节学习能力的不同重视程度等）的影响，是上述各种因素综合作用的结果。

案例3.10

数学学习中“自我调节学习能力”的培养策略

自我调节学习能力是指学生根据自身的学习情况，管理时间、调节努力程度、执行计划、反馈与分析效果、采取补救措施等方面的能力，其中调节努力程度、反馈与分析效果和采取补救措施的能力是自我调节的核心要素。教师可以通过纠错本及“试卷反思”，制作“知识梳理图”等途径培养，帮助学生从学习方法的角度思考学习。

策略一：纠错本与“试卷反思”，通过反思改进学习行为

我们发现，“错题订正、理解”是提高学习成绩的关键。纠错本和“试卷反思”的作用在于帮助学生及时进行诊断与反馈，在整理中找出薄弱环节与失分点，分析错误原因，矫正学习行为；同时建立个性化的资源库，有针对性地改进。

纠错本能完整保留学生某学科一个阶段的薄弱环节和理解误区，学生在期末或阶段结束时可以使用自己的纠错本进行复习。使用纠错本时，可以采用分区整理的方法，将错题按照“题目区”“正解区”和“反思区”进行整理。①在“题目区”中只写原题而不写答案。避免学生在复习时因看到正确答案而干扰解题思路。②在“正解区”订正题目。这是让学生在整理正解的过程中，再次厘清误区，强化正确解决方法。③在“反思区”思考并改进学习行为。此环节是学生使用纠错本和进行试卷反思的重要环节，也是培养学生自我调节学习能力的核心环节，学生重点反思三个问题：为什么错？如何避免下次再错？如何调整自己的学习行为？

因为每位学生的思维弱点和学习习惯是有差别的，所以每位学生的纠错本都不一样。学生使用纠错本进行复习的方法是：将“正解区”和“反思区”用白纸挡住，以呈现针对每位学生学习弱点的试题库。

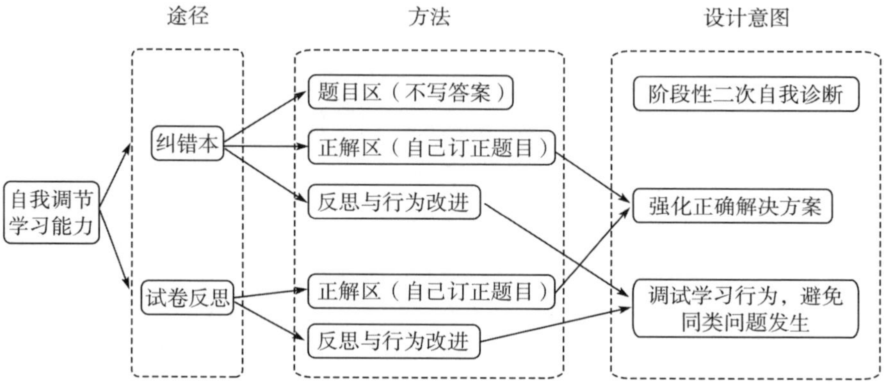

学生可以重做一遍，对于做对的，就起到再复习一遍的作用，对于做错的，就是学生仍然需要改进的地方，这远比重新做大量题目更具有针对性。这也是减轻学生学业负担的好方法。

策略二：自主制作“知识梳理图”，形成自主管理知识体系

当自我调节学习能力有所提高后，学生可以自主进行所学知识的整理和加工，制作知识梳理图，形成自己的知识体系，并在知识体系形成过程中寻找自己的薄弱环节，进行有针对性的反馈与改进。

平时的课堂教学主要从微观落实基本知识、基本技能，积累基本活动经验，感受数学思想方法，而知识梳理图是从宏观的角度掌握整体框架，同时进行章节复习，重温重难点的过程。通过知识梳理图的制作，学生可以自主地建构知识框架和体系，能够通过自己感兴趣的方式进行复习。这也是学生自我调节学习能力的体现。

（东北师范大学南湖实验学校　刘　帅）

第三节　提升学习品质的学习指导

学习能否真实而有深度地发生，取决于学生是否“会学习”。“学为中心”教学改革致力于变“教师教会”为“促进学生学会”。《中国学生发展核心素养（试行）》将“学会学习”列入核心素养的六大方面。它主要指学生在学习意识形成、学习方式方法选择、学习进程评估调控等方面的综合表现。[①]

尽管儿童天生就是学习者，但如何更有效地学习需要后天的教育培养。学习指导是学校教育的关键任务，是提高学习质量的核心路径，但它是当前课程改革的短板。加强学习指导将是持续推进教学改革的重要支持措施。

一、学习品质：学习指导的目标指向

提出“学会学习”的核心素养，是对课堂转型、学习转型的呼唤，而学习品质是学生“学会学习”的要素与标志。指导学生学会学习、提升学生的学习品质，要关注学生的学习体验与态度，帮助学生正确认识和理解学习的价值；关注学生的学习习惯，帮助他们掌握适合自身的学习方法；重视学生对学习的自我调控与管理能力；关注学生对学习方式的体会，促进学习方式多样化；促进学生思维方法的进步，学会独立思考与辩证分析问题。

（一）学习体验与态度

“学会学习”首先表现在学生能正确认识学习的价值，有积极的学习态度和浓厚的学习兴趣。学生的学习体验是学习态度的基础。

①核心素养研究课题组．中国学生发展核心素养[J]．中国教育学刊，2016(10)．

在一次关于学生学习体验的调查中，我们将学习体验分为愉悦感（“因为学习有意思，所以我乐于学习”，学习动力源于内在激励）、成功感（“因为好成绩能得到表扬和奖励，所以我乐于学习”，学习动力源于积极的外在刺激）、焦虑感（“考砸会被批评与责骂，所以要抓紧学习”，学习动力源于消极的外在刺激）和厌倦感（“学习中已没有快乐，唯一的快乐就是逃避学习”）[①]等四种。调查发现，六年级学生的学习体验相对积极（“愉悦感”或“成功感”），大家希望自己能努力取得成功。但进入初中后，学生学习体验迅速消极化，选择“焦虑感”或“厌倦感”的学生从六年级的13.3%、七年级的26.6%，到八年级的46.5%。需要重视学生学习体验的消极化，注意从改善学习体验的角度促使学生保持较好的学习状态。

（二）学习方法与习惯

“学会学习”，还表现在学生能养成良好的学习习惯，掌握适合自身的学习方法以及能否自主学习，具有终身学习的意识和能力。

埃德加·富尔等在《学会生存——教育世界的今天和明天》中指出，“教育应该较少地致力于传递和储存知识，而应该更努力寻求获得知识的方法（学会如何学习）”。长期以来重视知识传递、忽视学习品质的“学科本位”的教学，导致相当部分学生会考试却不会学习。教师教学关注具体学科的知识，忽视通用的学习方法。学生在预习、听课、作业、复习、考试等基本学习环节中缺乏方法指导。学生在学习上的投入不算少，但对如何改进学习却缺少思考。所以，必须重视习惯培养，加强方法指导，促进学生自主学习体系的形成。

（三）对学习的自我管理

“学会学习”，还体现在学生有对学习状态进行自我审视的意识和习惯；能根据不同情境和自身实际，选择或调整学习策略和方法；能正确认识与评估自己，依据自身个性和潜质选择适合的发展方向；能合理分配时间与精力，具备达成目标的持续行动力；等等。总而言

①张丰.关于初中生学习体验与学习状态的调查[J].上海教育科研,2005(1).

之，学生能走出依赖教师的困境，关键在于是否具有较好的自我调节学习能力。

我们认为，学生对学习的有效管理有四个要点，据此可以将学生分成五种类型。一是学生对自己学习现状的判断力。现实中不乏缺乏自知的“莫名其妙型”学生。二是学生是否了解克服自身学习困难的方法。有些学生了解自己的薄弱环节，但属“茫然无措型”。三是学生能否持之以恒地坚持克服学习困难。这是指一些知道解决办法的学生，却因缺乏意志力，沦为“虎头蛇尾型”。四是学生能否根据实际调整学习策略与方法。依据这一点，可以将学生分为“死缠烂打型”与“游刃有余型”。总之，“判断力”“计划性”“意志力”“控制力”等四个要点是反映学生的学习品质的要点。不同的学习困难生，其缺陷可能是不同的，而在日常教学中，教师缺少对这些方面的关注与针对性的干预，许多教育措施事倍功半。所以，要重视培养学生的自我调节学习能力，应用心理辅导技术，促进学生对学习的自我管理。

（四）对学习方式的体会

“学会学习”，还体现在学生能体会出学习方式的差异与特点，选择适合自己的学习方式；能体会出学习活动中高级学习与低级学习的区别，有意从事更多关于高层次认知的学习；会有意识地丰富自己的学习方式；等等。这是对学生“学会学习”的较高要求。

著名的戴尔“学习金字塔”曾比较分析“听讲、阅读、声音/图片、示范/演示、小组讨论、做中学、马上应用/教别人”等多种学习方式的学习结果的驻留率。采用“延时评价”时，不同学习方式的学习结果的有效驻留率差别很大，今天学生采用最多的“听中学”却是诸多学习方式中最短效的。

批判一种学习方式，并不意味着放弃这种学习方式。在学生学习中，听课要听，作业要做，但深度阅读不能少，讨论交流也很重要。真实问题的解决、实践体验的学习、“把知道的东西说出来”的展示性学习等等“高级学习”，恰是学生成长所必需的锻炼。因此，我们要让学生从习惯性的应答思维中解放出来，让学生更多地经历阐述的学习、问题解决的学习。只有运用了丰富多样的学习方式，学生才有创造力，才有可能实现学以致用。

从学习方式反观教育教学观念的更新。既要探索综合性学习、实践性学习、应用性学习等领域，以弥补强势的学术性课程在学习方式上的局限，又要促使学生在经历多样学习方式的过程中，理解学习，提高学习的策略水平。

（五）思维方法的进步

“学会学习”，还体现在学生思维方法的进步。如学生能独立思考与判断；具有问题意识；能多角度、辩证地分析问题；尊重事实和证据，有实证意识；等等。这既有一些通用的思维方法，也有一些体现学科本质的思维方法。

在目前的教育教学活动中，由于评价技术的局限，最能体现学生思维水平的主观题往往采用采点计分的方法，它所测查出来的未必是思维的水平，而是记忆的能力。随着对PISA（国际学生评估项目）测验的研究的深入，我国关于学生思维的评价技术迅速成熟起来，这使得从思维的角度看学生的学习进展有了可能。当我们能从思维的合理性、多向性、逻辑性、创新性等角度看学生的思考时，学生的学习便超越了原来的意义。

重视学生的思维发展，既要帮助学生深刻体会体现课程性质的学科思维特点，又要鼓励学生独立思考、批判思考、创新思考，从而增强解决问题的能力。

二、指导路径：学习指导的多元模式

学习指导有集体指导与个别辅导之分。南京师范大学李如密教授曾撰文综述了学习指导的基本模式，他根据学生学会学习的路径与教师指导的方式，将学习指导模式分成四类八种：①教师提供学习策略规范，使学生学会学习的指导模式：以课程为载体的系统传授模式、通过讲座进行专题辅导的模式、通过学习规程规范学生学习行为的规程模式、针对学习问题的咨询诊疗模式；②教师通过自身的示范使学生学会学习的指导模式：学科教学渗透模式、教师行为示范模式；

③教师通过引导学生反省自悟，使之学会学习的省悟模式；④教师通过组织学生进行经验交流，使之学会学习的交流模式。各种学习指导模式的比较见表3.2。

表3.2　学习指导模式的比较①

模式	特点	优点	缺点
课程模式	设置专门课程，系统传授基本的学习规律和科学的学习方法，大面积提高学生学习能力	有时间、教材、教师的保证，能引起学生对学法的高度重视；学法辅导比较系统	容易与学科脱节，使学习方法教条化；训练落实有一定难度
专题模式	教师根据学生需要，定期或不定期地对学生进行专题讲座辅导	重点突出，针对性强，形式灵活	缺乏系统性，不易坚持，容易被其他工作冲击
规程模式	教师把规定的学习程序、方法和要求印发给学生，要求学生在严格执行中形成良好习惯	规程言简意赅，便于学生记忆和掌握，并有较强的强制性	成效要靠学生的自觉性
诊疗模式	教师根据学生暴露出来的问题，有针对性地进行诊断、辅导和矫治	灵活性强，针对性强	时间效益不高，系统性不够
渗透模式	教师结合所任教学科的特点对学生进行学习指导	结合学科特点，有利于学生掌握学科的具体学习方法	学习规律的知识不可能完全在学科渗透中传授
示范模式	教师做出科学学习方法的示范，促进学生在示范中学会正确的学习方法	教师的教学方法对学生学习方法的影响最直接，也最深刻	目前很多教师素质达不到这一要求
省悟模式	引导学生对自己的思维特点、思维方法和学习进程进行剖析和反思，悟出学法	这是提高学习能力的必要习惯，是所有模式产生成效的必由之路	对低龄学生来说要求太高
交流模式	教师组织学生交流学习经验、学习方法，提高其学习能力	有利于互相交流，取长补短；学生容易得到认同并使学生产生自豪感；可接受性强	学生由于受到认识水平的限制，有时很难从科学的高度概括出自己的经验

目前，学校中应用较多的学习指导模式有规程模式、课程模式、

①张丰．学会学习：学校教育的关键任务．荆棘之行——基层教育研究十年笔记［M］．杭州：浙江大学出版社，2008.

渗透模式与诊疗模式等。

（一）规程模式——引导好习惯养成的学习规范

与具体学科比较，指导学生学会学习更强调学生内因的作用。必须要学生自己认同并坚持，好习惯才可能养成。规程模式就是要明示学习方法与习惯的要求，促成自我教育机制的建立来实现学习指导。如温州市实验中学制订《初中生学习基本规范》，提出了一些共通性的学习规范与体现学科特色的学习要求。

案例3.11

初中生学习基本规范

▶晨读（略）

▶课前准备（略）

▶课堂学习

1. 听：

（1）尊重教师、适应教师并学会欣赏自己的教师。

（2）上课情绪饱满，盯着教师听，跟着教师想，集中注意力，调动多种感觉器官参与课堂学习。

（3）及时记录有困惑的知识点并在当天予以解决，多问、多思。

（4）认真聆听同学发言，尊重别人的想法，不嘲笑、不起哄，别人有好的表现要替他高兴。

2. 说：勇于表达自己的见解与想法，表达要做到有礼有节。

3. 记：认真高效地做好课堂笔记，当听与记发生冲突的时候，以听为主，课后谨记及时整理笔记，笔记要做到完整、准确、有条理。

▶课余时间

1. 善于利用自修时间，不影响他人。

2. 课余时间养成切磋琢磨的习惯，虚心向人求教并耐心负责地帮助他人解惑。

3. 理解作业的意图和功用，按时独立高效地完成教师布置的和自己选做的作业，不拖拉。

4. 认真思考作业中存在的问题，努力寻找解决的办法。

5. 发现错误及时订正，用红笔记录订正的过程和结果，并思考错误的原因，改进学习。

6. 梳理一天所学的内容，归纳知识要点，查漏补缺；睡前整理书包，准备好第二天的学习用品和资料。

▶阶段性复习（略）

▶考试（略）

▶学科特别要求

1. 语文：

（1）预备铃声响起后可进行课后古诗词、课内文言文的背诵，尽快进入语文学习状态。

（2）在教师的引领下，养成朗读、默读、速读等习惯。

（3）在读书过程中，做到不动笔墨不读书，养成圈点勾画的习惯。

（4）养成课外阅读的习惯。学会利用零散时间，随时阅读手头的课外书。

（5）养成勤动笔的写作习惯，保持一种写作状态。

同时，七年级重在养成规范书写、勤查工具书的习惯；八年级重在加强预习习惯的培养；九年级能在完成作业的基础上，自己选做练习以便查漏补缺。

2. 数学：

（1）课前做好预习，完成相应的预习作业并思考，带着问题进课堂。

（2）必备数学课堂练习本，课堂中善于思考、积极练习、勤于动手。

（3）勤于摘记课堂中的重要结论及推论。

（4）对课堂中的困惑能及时提问，争取当堂解决。

（5）能在梳理新课知识后，完成相应作业。

（6）用不同颜色的笔订正作业中的错题，对不懂的，能主动询问并及时解决。

（7）考前做好知识系统的整理、错题的整理；考后做好试卷的订正，错因的分析。

（温州市实验中学）

（二）课程模式——体现学习指导功能的拓展性课程

帮助学生学会学习，单有明示的要求是不够的。端正对学习活动的理解，提升学生的学习能力，还需要有有计划、有目的的师生活动来落实。台州市教育局教研室曾于2005年针对中小学生普遍存在的学习习惯、学习方法和学习心理等方面的问题，开发面向小学高段和初中学生的学习指导过程，以专题辅导活动，结合学科教学渗透，切实克服学生中广泛存在的因学习不得法或学习心理困扰导致的学习困难，让学生正确理解学习，掌握科学的学习方法，形成良好的学习习惯和学习调控能力。

案例3.12

初中学习指导课程的规划与设计①

▶课程指导思想

1. 把学生学习能力的形成与发展作为重要的教育目标，变偏重知识的教学为学生学习方法和技能的习得，让学生真正学会学习。

2. 促进学生学习方式的转变，引导教师从关注教的活动转向关注学的活动，在对学生学习活动的研究中，逐步自觉地以学习规律来指导教师教学活动。

3. 促进实践学习与知识应用的学习导向，倡导“学以致用”的学习观。

▶课程目标

1. 了解初中学习要求，尽快适应初中学习生活。

2. 了解各门课程的学习特点，熟悉学科的学习导向与测验的趋势，克服学习与复习中的盲目性，切实提高应试能力。

3. 建立学习规范，提高各学习环节的效率，培养事后及时反思、分析、调整的习惯。

---

①节选自张丰主持的浙江省教研课题《中小学开展学习指导的实践研究与课程建设》的研究报告，成文于2006年9月，合作者有李彩娟、林志标等。

4. 保持积极的学习态度，学会合理调节学习心态，预防并克服学习心理上的困难。

5. 体验综合实践活动，掌握探究学习等基本方法。

6. 学会自己订立计划，合理安排学习活动。

▶辅导专题的规划

我们按照“每月一专题，解决一问题”的思路，每册各安排8个主题。初中辅导主题分三类：(1) 学习环节的操作性指导，如计划、听课、交流、预习、作业、复习、考试、试后分析等；(2) 学习特点的认识性指导，如了解各门学科的特点、了解综合素质的要求、体验探究学习、掌握信息分析等；(3) 学习心理的适应性指导，如环境的适应、面对压力的适应等。具体主题见下：

序号		课题名	主题
上册	1	走进初中	感受初中和小学的差异,加速适应
	2	了解学科特点	分析理解各门学科的学习特点
	3	凡事预则立	学会制订学习计划
	4	感官总动员	听课的方法与技巧
	5	学会提问	课堂思考与发言的方法与技巧
	6	不打无准备的仗	预习的方法与技巧
	7	温故知新	及时复习的方法与技巧
	8	齐步前进	培养自我评价的能力,注意学科、素质的均衡发展
	暑假建议		如何安排暑假的学习生活
下册	1	态度决定一切	学习态度的积极引导
	2	作业的效益	提高作业效益的方法
	3	考试的意义	试后分析的方法
	4	体验探究学习	体验探究学习与综合实践活动
	5	压力的调节	学习压力的适度调节
	6	信息分析的技巧	信息分析的方法与技巧
	7	复习的密码	集中复习的方法与技巧
	8	从容面对考试	考试的方法与技巧
	九年级复习的建议		集中复习方法与计划的指导

►辅导活动单元的设计

学习指导的基本过程一般包括：摆出问题、对照自己、教师指导、尝试演练等。

1. 摆出问题。通过“成长的烦恼”“真情QQ”，以故事的形式呈现典型问题，让学生较为轻松地进入学习指导的某一话题。

2. 对照自己。进入主题后，采用“照照镜子”的形式，学生联系实际，分析自己在该方面的状态，进行“自我测量”。这是为了让后续的辅导能唤起学生的切身体会。

3. 教师指导。在学生发现自己的问题后，教师借助“郝老师的话”进行针对辅导。辅导以简明扼要、通俗易懂、理例结合的讲座形式出现。陈述不必全面完整，但要抓住关键，让学生愿意听并得到启发。

4. 尝试演练。教师的辅导需要通过学生的尝试实践才能有所增益。所以通过形式丰富的操作性作业“我行我悟”，让学生在尝试中应用教师指导的学习方法，克服原来不良的学习方法和习惯。

在这些活动的基础上，增加自助阅读“资料链接”，让学生进一步理解与体悟学习的要义。学习指导的关键并不在课内的45分钟，而是在随后学习行为的影响。这种影响要通过经常性的自我反思来实现。所以，“常常反思”环节将引导学生逐步学会建立及时反思、提醒自己和完善自己的习惯。

学习指导对促进学生学会学习，促进深度学习的发生都非常关键，其研究切入点主要有：一是从学习环节看，指导学生掌握各主要学习环节的学习方法；二是改善学生的学习体验，帮助学生把学习心理保持在积极状态；三是提高学生的自我学习能力，包括自我判断、自我调控等元认知；四是基于不同学科特点开展相应的学习指导；五是面向不同学生开展针对性的学习指导，如面向学习困难生与学有余力的学生，应该有不同的指导内容与策略。

学习指导课程的实施应以学生容易出现的问题为明线，以学生各方面学习能力的发展为暗线，暴露学生学习中的典型问题，在问题解决的讨论中提高学生制订学习计划的能力、执行能力、反思与调控能力；应按螺旋式前进的原则，通过教师对学习方法的分析指点，和应用学习方法的参与性活动，让科学的学习方法通过理解、体验而转化为学生的自觉行为；应科学设计讨论交流环节，促进学生间学习方法的取长补短；应坚持理例结合，避免概念说教，采用参与式活动，让学生通过实践活动领悟操练；应加强与学科学习的结合，联系学科，超越学科，增加在具体学科学习中应用学习方法的实践任务，促使学生学习方法的习得与学习效果的改进。

（三）渗透模式——在日常教学中渗透学习指导

教学本身就蕴含着对学的研究和促进。最好的学习指导应该是寓学于教的，在日常教学过程中的渗透式学习指导是最高境界的指导。学习指导的提出，其实是在倒逼教师改进日常教学，将“教的课堂”变成“学的课堂”必然是体现学习指导的最好途径。如在翻转课堂、学导课堂中，整个课堂都以学生自主合作学习为主线，加强学生学习方法的训练和要求的重要性自然不言而喻。

（四）诊疗模式——面向学生个体的诊断与指导

学法指导须尊重学生个体差异，在对学生学情诊断的基础上对症下药。这就要求教师具有较好的心理学素养。嘉兴市南湖区组建学习心理研修组，通过心理学的研习和交流，帮助教师更好地研究学习，更有效地唤醒学生。东北师范大学南湖实验学校采用导师制的形式，要求每名任课教师每学期带若干学生，对学生进行跟进式的指导。他们还开设学法指导诊所，固定在每天中午的课余时间进行“学科诊疗”和“通识诊疗”，很好地体现了因材施教。学生可以根据自己的情况填写诊疗单，找“医生”咨询，教师则根据日常观察和测试，发现“学法问题生”，进行针对性的辅导和跟进指导。这样的学习指导，对教师提出了更高的要求，教师要深入理解本体性的学科知识和学习方式，掌握研究学生的方法。

从现状来看，无论是渗透式的指导还是专题化的指导，其效益发挥的关键不在于路径而在于教师自身，智慧的教师可以自觉而不动声色地完成教育教学过程中应有的学习指导任务，而生硬的教师即便有专门课时的学习指导课，也会以不科学的教学方式来完成本应是最科学的学习指导课程。

不过，学习指导活动是学校提高教学质量的重要抓手，是体现“学为中心”，保护学生学习潜力，提高学生可持续发展能力的重要措施。我们不应把学习指导课程视为孤立的课程，而应让所有教师研读了解学习指导的要求，在同步进行的学科教学中体现正确的学习导向，渗透学习方法的指导。同时要发挥学生之间的相互教育作用，引导学生逐渐建立及时反思的习惯，加强自我教育。

三、系统规划：学习指导的体系构建

指导学生“学会学习”是学校教学的重要目标，在学校中，所有教师、所有课程都应承担帮助学生学会学习的任务，具体包括通识性与学科性两方面的指导任务。

通识性的指导，是针对全体学生的基础性的培训。其主要任务是让学生了解整体的学习思路，帮助学生掌握主要学习环节的学习方法，培养良好的学习习惯，并从激发学习兴趣、增强学习自信、提高学生策略水平和自我管理能力等角度培养学生的学习品质。它主要由学校或年级层面来完成，可以是班主任和心理辅导教师，也可以是外聘的学习心理学专家及一些优秀学生。

学科类的指导主要是针对不同学科的特点，引导学生理解各学科的学习特点，掌握不同学科的学习方法，并在日常教学活动中对学生学习现状进行及时诊断与针对性指导。它主要由任课教师完成，也可以在同伴合作学习中由学习同伴来完成。

为了系统地培养学生的学习能力，学校要系统规划，建立学校学习指导工作体系。如嘉兴市南湖区东北师范大学南湖实验学校已建立起年级、班级、个体同步的学习指导工作体系，具体如下所述。

案例3.13

初中学校学习指导体系

东北师范大学南湖实验学校的学习指导工作体系具体包括三方面：以年级为单位实施的专题讲座，以班级为单位实施的辅导活动与渗透于日常教学中的学法指导和面向学生个体的诊断与帮助。学校学习指导工作体系见下：

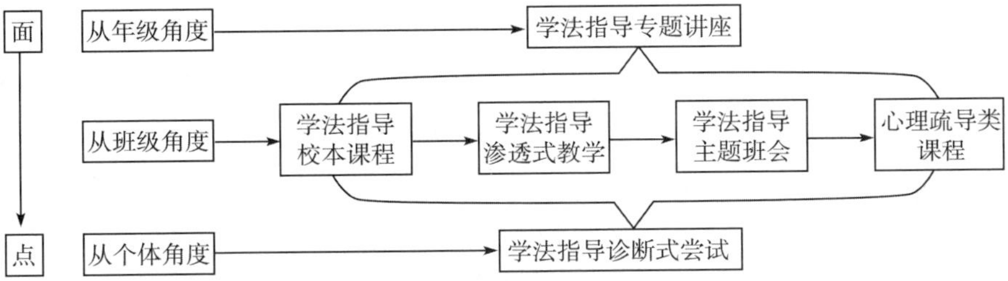

（一）分年级实施的学习指导专题讲座

按照学校规划，定期举办学法讲座以指导学生。具体包括通识性和学科性两类。分年级的通识性讲座包括针对七年级学生聚焦初中和小学的学习差别，开始中小学衔接的学法讲座；针对八年级学生进行调整心态、优选学习方法的讲座；针对九年级学生，明确毕业班的学习侧重点和努力方向，避免不必要的学习焦虑、考试恐惧等问题。分年级的学科类讲座则是为了帮助学生了解各学科的学习特点。如七年级数学教师，根据中小学数学学法的差异，指导学生如何有效开展初中数学学习等。

（二）分班级实施的学习指导

班级层面的学法指导主要通过活动课的形式开展（如主题班会，也可以是心理辅导课），主要用于化解班内学法的共性问题，推广成功学法等。如学校摸索形成了“教师引领—典型示范—同伴互助—针对性辅导”的学法指导主题班会实施模式。此外，主题式的心理辅导课，在激发学生内在学习动力，帮助学生调节情绪、调整心态、学会时间管理和学习管理等方面都发挥了重要的作用。

面向班级的学法指导更强调学科的渗透。在学校的日常教学管理上明确规定：各科教师在学科教学中不仅要让学生学会学科内容，更要通过课堂教学主动渗透学法指导，使学生会学。每个学科教师都负担着指导学习方法的任务，是学校推进学法指导的一个亮点。

（三）面向学生个体的学习指导个案诊断

学法指导需要尊重学生个体差异，需要在对学生学情的个别化诊断的基础上再对症下药。学校的学法指导个案诊断正是这方面的样例。我们用导师制的形式，要求一位任课教师每学期带若干学生，对学生进行跟进式的指导。我们还开设学法指导诊所，固定在每天中午课余时间进行“学科诊疗”和“通识诊疗”。学生可以根据自己的情况填写诊疗单，找“医生”咨询，教师则根据日常观察和测试，发现“学法问题生”，进行针对性的辅导和跟进指导。

（东北师范大学南湖实验学校）

再如，温州市实验中学从教师对学生的指导、学生对学生的指导、学生对自我的指导三个维度建立了学习指导工作机制。

案例3.14

创新构建学校学习指导工作机制

从小学到中学，学生们从跟随模仿的依赖学习者走向自主自觉的独立学习者。学会学习是初中生有效学习的前提。我们从七年级适应性学习指导起步，发展到针对三个年级“学习力”的分级发展目标的，涉及学习动机、学习意志、学习习惯、学习策略等多方面且兼顾教学与德育的，并与学校教育教学各项工作有机融合在一起的，借力“三位教师”的学习指导课程。

（一）教师对学生的指导：多层面合力的学习指导课

学习指导课程是形成学生自我教育能力的途径。但自主学习不是让学生放任自流，前提是有教师的有效指导，让教师在学习方式、学习思维上作出有效引领，“渔胜于鱼”就是这个道理。从学科组、任课教师、班主任等多个层面合作聚力，通过一定的课时引导学生持之以恒地学习，使学生掌握适合自己的有效的学习习惯和策略。

（二）学生对学生的指导：良性互动的学伴活动

教师在“有所作为”的同时，更需要在不过重增加学生作业负担的前提下，充分发挥学生的主动性与创新性。在实际操作中，让部分优秀学生做出示范，发挥“榜样”力量。“学伴活动”让学生担任“部分教师”的角色，担负起更多指导和帮助同伴的责任，通过学生的良性互动，实现学习上的自助，成长中的互助。学伴活动的操作要求如下：

伴学形式	具体操作
学长伴行	1. 八年级各班选拔担任学长培训的人员，由班主任召开学生干部会议决定，或由学生自我推荐，每班选拔2—3位在学习习惯、方法上有突出表现与特长的学生担任首席学长。 2. 所选的学长代表班级对对口班级实施工作项目，认真完成学校规定的各项任务： （1）学习小故事的经验分享与交流； （2）优秀学科作业、假期学规作业、作品的展示与交流； （3）各班主任、任课教师可根据学科、学习需要与“指导学长”自行设计工作项目； …… 3. 担任学长的学生必须参加学校统一组织的培训，工作期间需佩戴工作证件、带指导簿。 4. 对于学长的考核与评价，主要由所负责班级的班主任和学生给出反馈意见，学校予以最终的评价与反馈，并以一定的奖励分值纳入学校的评先评优活动。 5. 担任学长的学生除了指导对口低段班级，也要真正发挥在本班中的榜样辐射作用，及时传达学校的重要相关讯息并以身作则
小讲师	参与小讲师评选的学生至少要做好以下一个方面，实现协同发展，共享伴行的快乐。 1. 帮扶一些学生：小讲师能经常围绕学习中的难题，帮助同学解决问题，使有困难的学生能深刻理解，掌握方法。帮扶的方式可以多样，可以采取面对面的直接指导，可以通过网络互动帮助解决，也可以利用智慧学习平台，录制疑难问题的解说，让更多的学生分享受益。一学期至少要帮扶5次及以上。 2. 呈现一种分享：小讲师通过讲述、互动等方式呈现自己的学习方法、学习经验，与学生分享，一学期至少要给两位及以上学生做学法指引交流，至少给全班学生做一次集体分享

（三）学生对自我的指导：自我研判和改进活动

学习指导课程的真正目标是培养学生学习的自我管理能力，能从被动的学习者转型为自觉、自主、自立，能够监控和管理自我的独立学习者。深入开展学习分析研究，我们发现每个学生都有自己的需求，有自己的期许、希望，在学习诊断、分析及指导中，我们希望通过多向度的学习指导、学习习惯的自评自查，借助学校数据分析的平台，引导学生关注自我学情研判的具体薄弱点和行为的改进点，从关注昨天学习成效的评价，转向指向明天的学习发展策略，促进学生学习自我管理能力的提高，最终实现促进有效学习的目的。学生学习自我研判的要求见下：

项目	具体操作
学习习惯自评表	从课前准备、精神面貌、参与程度、课余时间、新学期需要再提升的一个习惯等五个维度，引导学生关注自我学情的薄弱点与改进点。每项可分4、6、8三档进行自评，满分100分
学情诊断书（学业检测）	帮助学生精准判断学习成效，找到学科长短板以及知识技能长短板，学会从关注昨天学习成效的评价，转向指向明天的学习发展策略
假期生活自主规划	针对假期生活进行合理规划、必要整理、真正实践，精心设计“我的习惯一站到底”“我的寒假我出彩”，通过实践与评价两个篇章，从动、背、读、写、探等多维度内容自主规划假期生活，利用开学前两周开展各项达人比赛
……	……

（温州市实验中学　黄　慧　周　莹）

[第四章]

促进学以致用的综合学习

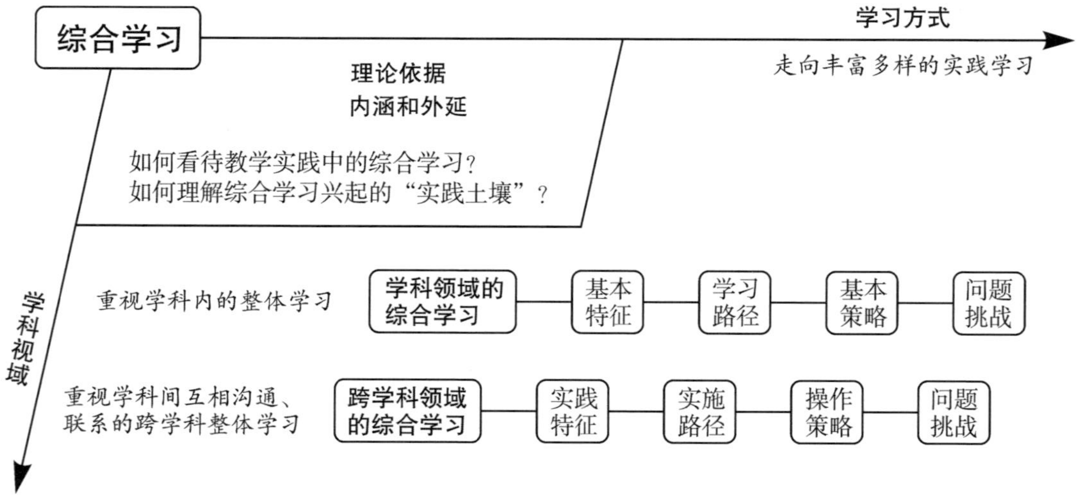

图4.1　综合学习的分析视域

如何帮助学生克服“学习碎片化”问题？如何引导学生学习走向融会贯通与学以致用？采用知识联系实际的真实情境的学习任务，特别关注学生综合运用知识解决真实问题的能力，在综合运用的过程中联系、迁移、探究与认知重构的综合学习值得推介。本章聚焦促进学以致用的综合学习，以浙江省的教学改革实践为基础，从综合学习的价值与理论、实践路径与推进策略，以及综合学习亟待解决的问题和未来方向展开论述。

什么是综合学习？教育学家和心理学家已从教育哲学、学习心理、学习理论等角度论述了综合学习的价值和意义。综合学习的理论依据有哪些？综合学习的内涵和外延如何界定？如何看待教学实践中的综合学习？如何理解综合学习兴起的“实践土壤”？这是本章第一节首先关注的问题。综合学习其实是传统学习活动的“破茧”，从“坐着学”的静态课堂学习状态，突破45分钟的课时组织，走向丰富多样的实践学习；从只是关注彼此分立的学科知识的获取，到重视学科内的整体学习，再到学科间互相沟通、联系的跨学科整体学习。学习活动渐从人为设定的情境走向真实的情境，并促使学生的学习在综合运用与解决问题中自然生长。

这种更为深刻的学习并不是新生事物。美国中小学流行的“项目学习”、日本的“综合学习时间”，以及国内最近较受关注的STEM教育项目都是典型的综合学习。我国新世纪课程改革确立综合实践活动课程，就意在让学生常态经历综合学习以及实践学习，让学生在真实的情境中学会获得直接经验，在学以致用的过程中提高解决问题的能力。然而“亮点”正是“难点”。最能体现综合学习的，综合实践活动课程中最值得期待的“研究性学习”，因为理念、师资、课时、组织等各方面条件的制约而举步维艰。

在应试的大潮下，人们更愿意把时间花在迎合标准答案的、训练式的学习上，而对学生因为长期困于题海战术中而呆滞的目光置若罔闻。

困难挡不住前进的脚步。浙江省的综合学习实践不仅是许多学科学习方式创新的亮点，也在实践推进中带动了跨学科领域实践学习的深入推进。同时，随着改革的推进，越来越多的教师意识到学生不仅需要增加学科领域的综合学习活动，更需要有跨学科的学习经历，以便更好地将多学科的零碎的知识转化为对世界的相互联系的探究与理解，多角度地看待并分析世界。

本章的第二节着重讨论学科领域中开展的综合学习活动的基本特征、实施路径与操作策略。探讨如何通过学科整体学习设计，以新增学科学习板块为依托、以实践性作业为载体进行学科综合学习实践，讨论学科领域综合学习的基本特征、学科领域开展综合学习的基本策略及当前学科综合学习推进中的问题与挑战。

本章的第三节着重讨论如何引导学习打破学科界限，为学生学习提供更适切的跨学科的学习环境、情境和项目，如何更好地开展基于真实情境的跨学科学习项目，更好地打通学科知识的边界，在实践应用中贯通所学的知识，进行解决真实性问题的探索与思考，分析讨论多学科协同下主题综合学习、研究性学习、社会实践等活动中的跨学科综合学习的实践与策略，讨论跨领域综合学习的基本特征、路径、策略及推进中的问题与挑战。

第一节　综合学习的价值意蕴

综合学习在转变学生学习方式和丰富学生学习经历上有着不可替代的作用。如果说传统的按部就班的学科课内学习更关注的是学生知识的习得、理解与掌握，那么综合学习关注更多的是学习的融会贯通、学以致用、综合创造等。综合学习揭示了学习过程各要素彼此交互的性质，可以帮助学生完成学习过程中的目标和任务。

一、综合学习的理论追溯与概念界定

（一）理论追溯

综合学习多见于心理学家、教育学家的论述中，但学术界目前尚无约定俗成的界定。

1. 赫尔巴特的课程统合原则。

德国心理学家赫尔巴特被称为最早从理论源头提出“综合学习”的人。他提出“课程统合原则”，要求将某一学科（历史）置于中心地位并与其他各科联系起来，把获得整合性经验作为教育宗旨。赫尔巴特的主张，主要是从学习内容统整的角度提出综合学习的要求。

2. 杜威的活动学习论。

美国教育学家杜威反对过于强调学科本位，忽视学生的生活需要，强调让学习成为学生生活的有机构成部分，认为“学习与生活相统一”是体验性的、活动化的学习的价值追求。在杜威所倡导的“学习和生活相统一”的学习过程中，他将实践学习作为综合学习的一个重要特点，从学习方式的角度提出综合学习的要求。

所谓实践学习，是指经由实践性活动完成学习的过程。区别于以文化知识为学习对象、以语言或数理逻辑符号为思维工具、以符号性的作业为活动产品的“符号性学习”，实践学习更强调个体通过具体活动，将自身具有的内在知识、技能及其他品质经由对象化的活动外化出来的过程。[①] 学习是一个人获得知识、技能和态度的行为经验的全过程。它并不是一个纯粹的科学知识技术传递和认知习得的过程，而应该具有更丰富的实践特征。

3. 建构主义教育理论。

建构主义教育理论认为，一个人在学习时，只有努力将低水平的图式元素整合到高水平的图式中去，才代表真正意义上的学习已发生。这与日常所说的深度学习和高阶思维能力的培养不谋而合。

如何推动学习的真正发生？建构主义教育理论从学习机制的角度论述了综合学习的重要性。他们认为，学生不是简单被动地接收信息，而是主动地建构知识的意义。这种建构是无法由他人代替的。教学不能无视学习者的已有知识经验，而要引导学习者通过主动的、实践的学习，从原有的知识经验中，生长新的知识经验。

（二）概念界定

20世纪90年代，荷兰教育学家杰罗姆·范梅里恩伯尔就“综合学习（complex learning）”给出一个明确定义：综合学习是指知识、技能和态度之整合，涉及对本质相异的各个组成技能进行协调，并实现迁移。即将学校环境中所学的东西迁移到日常生活与工作情境中去。当前流行的教育教学方法，如探究学习、指导发现学习、项目学习、案例学习与问题教学，还有设计学习和聚焦能力培养教育等等，都是综合学习的学习方式。[②]

他的定义，一方面强调了学习的整体性，从世界是一个相互联系，相互作用的完整体系出发，在内容上强调选择各学科之间具有内在联系的知识。另一方面则强调，学习作为人类生活所固有的行为，必然要用到各种不同的方式。

---

① 陈佑清.实践学习的机制探讨[J].教育科学研究，2009(3).

②[荷]杰罗姆·范梅里恩伯尔，保罗·基尔希纳著，盛群力，陈丽，王文智，等译.综合学习设计[M].福州:福建教育出版社，2015(4).

我们定义的综合学习，是指针对学生日常学习中割裂与碎片化的倾向，采用联系实际的真实情境的学习任务，引导学生走向融会贯通与学以致用。它特别关注学生综合运用知识解决真实问题的能力，以及在综合运用过程中的联系、迁移、探究与认知重构的能力。它从学习内容、学习方式、学习能力三方面强调学习的综合，从而转变学生的学习方式，丰富学生的学习经历。这样的理解，结合了历史上学者们从学习内容、学习方式和学习机制三方面的定义，并借鉴了范梅里恩伯尔的观点，不仅强调了学习内容和方法的综合性，更强调了综合学习在推动深度学习与发展高阶思维方面的作用。作为促进学生对所学知识学以致用和实践拓展的学习形态，综合学习具有以下特征：

1. 学习内容的整体综合。

学习应是多学科知识、技能和其他多方面综合的结果。不仅要打通学科内部知识的边界，也要打通学科之间的边界，打通学科与生活知识的边界。学习者不应仅仅局限于学科、局限于课本和课堂开展散点式学习，而应走向超越单学科的、联系生活的，更为立体开放的网式学习。

2. 学习方式的多样综合。

除了听讲、记忆、背诵、应答、练习等学习方式之外，学习者还需要更多地利用实践、合作、探索等方式开展学习。当前更要强调学生实践性活动的学习，从而促进学生真正地理解、应用和迁移。

3. 学习活动的主动建构。

从某种角度说，学习过程是学生发现问题、提出问题、分析问题、解决问题的过程，学习的结果应旨在实现迁移，即培养学生将已获得的知能应用到陌生问题或新情境中的能力。为此，学习过程应是一个活化的、开放的过程，强调学生的自主学习意识和能力，及解决问题过程中的知识重构。

二、综合学习的价值意蕴

综合学习，强调学习内容和方法的综合性，强调综合运用所学知识解决问题，并促成学生综合素养的形成。这样一种以学以致用为目标的学习，切中当前中小学生学习的真实问题：学科知识与技能掌握得不错，情感态度、方法能力却被相对忽略；习惯于在课堂上跟着教师“坐着学”，面对复杂的实践情境就不知何去何从；单学科知识领会得不错，但置于需要多学科联系起来才能解决的真实任务中时，却一筹莫展。这样的学习状态与学生平日缺少体验参与、缺少综合运用环节的学习有很大关系。这要求我们在日常教学中，更好地创设情境，鼓励学生联系生活实际，综合运用所学知识与技能，探索问题解决的方法。倡导综合学习，其价值主要体现在三方面。

（一）跨越割裂的知识获取，提供整体学习的机会

人的知觉是从整体上把握客观事物的，而不是将事物肢解为各个元素。因此，学与教都应强调认知的组织过程，关注经验的组织，将细节与整体联系起来加以考虑，以期对问题有完整全面的理解。综合学习正是关注了学习者对学习内容的整体把握，强调教师为学生提供整体学习的机会。它不仅强调积极引导学生更好地打通学科内部知识的边界，更强调打破学科之间的知识边界，引导学生在实践应用中贯通所学的知识，真实地经历解决问题的过程。

1. 解决知识的碎片化问题。

过于突出知识点教学，过于强调学科知识本位，忽视学生的生活需要，导致学习内容碎片化以及学习与生活实际相割裂，是当前中小学教学的重要问题。教师应该设法让学生明白学习内容的意义和目的，让学生先见“林”后见“树”。而传统先见“树”后见“林”的教学，容易让学生过早陷入局部和细节，无法体会整个学习过程的内在意义。因此，教师的教学设计不能停留在课时设计，而应强调全课设计，单元整体设计乃至跨单元的整合，要为学生提供面向整体的学习任务，引导学生聚焦核心问题展开学习。

2. 打破学科泾渭分明的边界。

学科只是人类为了教学的方便而提炼分组的成果，从来就没有一种属于纯学科的事物存在，更别说一个纯学科的世界了。学生们需要跨越学科界限的整体学习，学会多角度看待并分析世界上相互联系的问题。

3. 密切学生和生活社会的联系。

综合学习密切了书本学习和现实世界之间的联系，促进学生将学到的多学科零碎知识转变为探究世界的综合力量，形成对学习与生活的整体性和一致性理解。这样的学习超越了书本知识的局限，克服了对知识的孤立理解，强调学习与真实生活、自然环境、社会实践相联系，强调学生在真实的生活世界中提出问题并解决问题的学习过程。

（二）改变“坐着学”的静态学习状态，走向丰富多样的实践学习

综合学习关注学习方式的多样综合。要求改变单一刻板的学习形态，倡导多样丰富的实践学习方式；改变静态的学习样式，增加动态综合的实践学习的体验。

正如范梅里恩伯尔在《人如何学习？》一文中所提及的，人的学习可以有实践，合作，探索，倾听，读书，研习，接受奖励，发现、提出和检验假设，试错，教学，抽象具体经验，观察他人，解决问题，分析信息，重复，设问，解释信息，讨论，考察类比，做笔记，等等多样的形式。①相对于听讲、记忆、背诵、应答、练习等传统的学习方式，综合学习强调学生的学习经由实践性活动来完成，重视学生在亲身经历中的体验学习。如学生观察、参观、调查，具体接触自然、社会或生活情境；运用实际材料或实物工具进行动手操作或制作；实际参与生活活动（如做家务）或社会实践活动（如社区服务）；等等。这些都可以成为学生丰富多样的学习方式。当学生从“坐着学”的静态学习状态中走出时，真实的、经验性的情境，就会有助于学生获取直接经验。

（三）强调在真实情境中综合运用知识解决问题

综合学习，期望给学生提供一个基于生活的真实学习情境来解决问题。这些真实情境的复杂性决定了学生必须通过综合学习才能完成学习任务。

①［荷］杰罗姆·范梅里恩伯尔，金琦钦．人如何学习？［J］．开放教育研究，2016，22（3）：13–23.

综合学习中，学生的学习过程成为学生发现问题、提出问题、分析问题、解决问题的过程，这是一个活化的开放的过程。这样的学习，不仅可以促进学生自主学习意识和能力的培养，对于提升学生综合的问题解决能力乃至培养创新思维、创造力也有很大的帮助。

三、国外综合学习的经典项目

在国外，综合学习已是常态学习的一部分。有一些经典的学习活动，体现了综合学习与实践学习的特征，如美国中小学流行的“项目学习”、日本的“综合学习时间”，以及从STS课程到STEM教育项目的发展，它们与中国的综合实践活动课程有着本质的联系。

（一）美国的“项目学习”与日本的“综合学习时间”

美国的“项目学习”与日本的“综合学习时间”都是两国在传统的课程基础上，增设的强化实践体验和综合运用的专门学习活动。美国通常在学科学习结束后，增设项目学习单元，引导学生通过基于项目的实践学习，完成对各学科知识的综合应用。日本单设“综合学习时间”为独立的课程，让实践学习从非正式学习变成正式学习，甚至变成正式课程学习。这些学习活动基本都依托具体的综合项目来完成。让学生面对真实的复杂情境，综合运用多种知识和方法解决问题，是这些学习活动项目的关键所在。

1. 美国的“项目学习”。

“项目学习（Project-Based Learning，简称PBL）”是起源于实践学习并融合了综合学习理念的学习模型。最早提出“项目学习”的是美国教育学家克伯屈（W. H. Kilpatrick）。1918年，克伯屈发表了《项目教学法（The Project Method）：在教育过程中有目的的活动的应用》一文，从学习心理学和教育学角度创立了“项目教学法”。作为杜威的学生，克伯屈受杜威“做中学”思想的影响，提出知识必须经历实践才能获得，教师应围绕一个具体的问题，创设情境，引导学生在解决问题的过程中习得知识。作为一种以学生为中心设计执行项目的教学和学习方法，“项目学习”要求学生在一定的时间内，自己选择、计划、提出一个项目构思，通过展示等多种形式解决实际问题。

“项目学习”的目标是通过与现实相结合的实践方式，使学生更有效率地掌握学科核心知识（subject core knowledge），并在此过程中培养学生的社会情感技能（social-emotional skills）。和传统的学习方式相比，它能有效提高学生思考和解决问题的能力。因此，“项目学习”中的所有学习项目都会突出综合性。

“项目学习”这一概念的提出，距今已有近百年。目前已被北欧、北美等地区的许多国家的学校广泛采用。21世纪以来，“项目学习”在我国也有广泛的应用实践，我国对应的提法是“研究性学习”。目前，“项目学习”应用于语文、数学、英语、生物、历史、地理、综合实践活动等课程中的经验都有章可循。[①]

不过，在中小学学科教学中强调“项目学习”，也有一些局限，它可能会影响学生对基础知识和技能的掌握。如在小学数学“项目学习”的一些尝试中发现，“项目学习”无法为学生提供足够的练习时间，以反复练习来提升计算速度。又如，教师需要了解学生的需求后，再为学生匹配合适的项目，这在某种程度上会增加教师组织教学的难度。

2. 日本的“综合学习时间”。

“综合学习时间”是日本的一门强调实践学习的特定课程，与我国的综合实践活动课程类似。

日本在1998年的课程改革中设置“综合学习时间”课程。作为小学、初中、高中必须开设的课程，该课程旨在让学生明确“综合学习时间”的目的和意义，让学生置身于区域和实际生活环境之中，立足于生活，发现问题、思考问题、解决问题。指导学生跨越学科界限，综合运用各门学科的知识，开展合作性学习。

尽管该课程在推动综合学习中发挥了重要作用，但在改革十年后，它依然受到众多争议。为此，在2008年的课程改革中，日本文部省基于对十年改革经验和教训的总结，肯定了“综合学习时间”在中

① 黄明燕，赵建华.项目学习研究综述——基于与学科教学融合的视角[J].远程教育杂志，2014(2)，90-98.

小学课程体系中的地位以及在培养学生能力方面的不可替代的作用，并对“综合学习时间”的总课时与课时比例做了调整，确立了指导体系，制订了课程标准。同时，对不同年级有所差异地实施“综合学习时间”提出建议，确定明确的学习内容以保证课程的实施。如小学阶段的“综合学习时间”，主要是让学生深入社区生活，进行区域传统文化的学习，以便在中学阶段为自己的职业选择和生涯发展方向提供参考①。

从该课程的改进中，可以看出日本政府对实践学习的重视。同时，日本的“综合学习时间”强调明确的主题与实践探究的学习方式结合，这让实践学习更具操作性，而不是单一功能的方法课程。这对我国综合实践活动课程的实施，以及综合学习的推进有很大的启示。

（二）从STS教育到STEM教育

1. STS教育项目。

STS教育是科学教育改革中兴起的一种新的科学教育构想，其宗旨是培养具有科学素质的公民。它要求面向公众，面向全体；强调理解科学、技术和社会三者之间的关系；重视科学、技术在社会生产、人们生活中的应用；重视科学的价值取向，要求人们在从事任何科学发现、技术发明创造时，都要考虑社会效应，并能为科技发展带来的不良社会后果承担责任。

STS教育改革运动始于20世纪60到70年代的西方国家。它由欧洲传播至美国，并成为一种世界性的潮流，其实施对象由大学生拓展至中小学生，成为基础教育改革的一大趋势。有学者将STS定义为将科学教学与学习建筑于人类经验脉络中的一种教育活动。也有学者将STS定义为以技术和社会作为学习科学知识、技能的背景的科学课程②。但更多的人将之视为综合课程的一个思潮。

一些国家尝试开设了体现STS理念的综合学习项目，如英国的

① 谭建川.新学科的兴与衰：解读日本中小学“综合学习时间”[J].教育学报，2011，7(2)：55-59.

② 有宝华.综合课程论[M].上海：上海教育出版社，2002.

“社会中科学”“社会范围内的科学”“社会中科学和技术”，美国的“哈佛物理计划”“社会中的化学”等。[①]这些项目的产生和发展，正是综合学习的理念和实践所推动的。

2. STEM教育项目。

STEM是科学（Science）、技术（Technology）、工程（Engineering）和数学（Mathematics）四门学科的缩写，是在20世纪90年代提出的。它几乎囊括了与科学、技术、工程及数学相关的所有领域，同时也与心理学、经济学和社会学相关，是一个偏理工科的多学科交融领域。它强调的是培养能融会贯通多个学科的复合型、创新性人才。

作为STEM教育的发起国，美国实施STEM教育的机制与模式无疑是其他国家借鉴的模板。他们建立以STEM为核心的学校，在综合性学校中设立STEM课程，以学校为依托建立供学校和社区使用的STEM教育中心等。

从国际推进的情况看，美国学校的STEM教育日趋完善，日本紧随其后，德国则另辟蹊径。日本偏向于传统教育的创新以及国际合作。他们修改课程大纲，加强基础教育阶段STEM学科的课时和内容，鼓励旨在加强科学教育的项目。德国则依靠工业的反哺，主要通过设立第三方独立机构来提高学生的STEM技能。[②]

经过近二十年的发展，人们在STEM教育中增加了艺术设计的视角，增加了艺术（Arts）的STEM变成了STEAM，之后又演进为STREAM，多出来的“R”指的是阅读（Reading）与写作（Writing），整合的学习活动同时在促进学生阐述与写作能力的提高。从STEM到STEAM再到STREAM，也许之后还会有新的发展，其背后是从人才需求的角度，反推教育教学过程中对综合学习的重视与关注。

从STS教育到STEM教育，折射出的是国外综合学习的现代诉求。分析这两类教育项目的实施形式也可发现，为更好地强调各个学习领域的有机融合，他们在课程实施中，基本也都在努力将传统的以

① 有宝华.综合课程论[M].上海:上海教育出版社,2002.

② 杨亚平.美国、德国与日本中小学STEM教育比较研究[J].外国中小学教育,2015(8),23-30.

教师为中心、以课程为中心的讲授式教学转变为以学生为中心的探究式教学，更多地开展项目学习、实验室研究和小组讨论等。

四、综合学习的浙江探索

在浙江教学改革的推进过程中，关于综合学习的明确倡导，是在2012年的教学改革项目第二次研讨会上提出的。大会认为，要从课程视野深化课堂教学改革，教学改革不仅限于课堂上的师生活动，还需关注课内外学习活动的结合，通过加强综合学习与实践学习，推动综合实践活动的常态化，以更深刻地转变学习方式。大会推介了浙江省教育厅教研室2012年调研中发现的实践典型。如初中语文团队通过整合教材，留出时间进行读写结合的探索，使学生的视野从课内延展到生活；杭州外国语学校各学科教研组常态开展的基于学科、超越学科的项目式实践学习；嘉兴市南湖区不仅重视综合实践活动，要求每位学生都有小课题学习（研究性学习）的经历，还拓宽阅读视野，推进学生“全科阅读”，把跨学科的综合学习作为教学改革的生长点。

在实践中，大家逐步清晰地认识到，学生的学习不只发生在课堂，还存在于课外的活动；学习不能局限于一门门独立的学科，还需关注许多跨学科和超学科的学习。综合学习活动是促进学生学习力发展的重要路径。

（一）探索领域：从学科领域逐步走向跨学科领域

基础教育课程改革以来，各学科都开始重视综合学习，并将之作为主要的学习方式。如《全日制义务教育数学课程标准（实验稿）》增设了“实践与综合应用”板块；《义务教育语文课程标准（2011年版）》积极提倡学科综合性学习。再如，初中“历史与社会”是一门典型的史地综合的课程，浙江省历史与社会课的综合性学习模式成果获国家基础教育教学成果二等奖。推动学科领域开展综合学习是近年来浙江教学改革的一个重要方向。

案例4.1

“大河孕育的文明古国”

——历史与社会课程中的综合学习活动

“大河孕育的文明古国”源于初中《历史与社会》教材。在以往分科的历史课程中讲“四大文明古国”的内容，教师一般只笼统地提及四大文明古国产生的共性地理特征，如地处北温带、气候温和、土壤肥沃、农业灌溉便利等地理条件，而对每个文明古国产生的独特地理环境因素则很少涉及。

但是，在综合性的“历史与社会”课上，讲埃及文明，教师不仅要让学生知道尼罗河的泛滥孕育了埃及的农业文明，还要让学生理解尼罗河泛滥的地理环境原因及其孕育埃及文明的概况，知道尼罗河的泛滥与上游的热带草原地区的关系。热带草原气候分为干、湿两季。每到6—10月湿季来临，滚滚的河水从上游草原上带来大量肥沃的泥土和腐殖质，10月以后进入干季，河水开始退却，形成肥沃的土壤，加上充足的日照，埃及人在这片土地上从耕种到收割，正好完成一个农作物的生产周期，从而在干旱的沙漠地区形成一条“绿色走廊”。如果不是因为尼罗河的泛滥，这块土地也不过是世界最浩瀚沙漠的一部分，生命绝难在这里存活，更不用说文明。所以，在埃及流传着“埃及就是尼罗河，尼罗河就是埃及的母亲河”的说法。讲黄河文明，要让学生知道，夏商周时期，黄河中下游地区的气候要比现在温暖、湿润得多，1月份气温要比现在高3.5摄氏度。尤其是“细腻而疏松的黄土层较适宜于远古木石铜器农具的运用和粟、稷等旱作物的生长”，于是，黄河中下游地区的农业生产首先达到了较高的水平，这一地区自然也成了中国上古时代的政治、经济和人文中心。

教学实践表明，在“历史与社会”教学中，指导学生学会从地理空间视角看问题，更有利于促进学生对历史问题的深入理解与认识。[①]

① 陈新民.“历史与社会”课程综合性学习的理念与策略[J].教学月刊·中学版(教学参考),2013(4),8-11.

从案例4.1中可以发现，主题综合学习强调从重要的现实问题出发，按照解决问题的逻辑呈现学习内容，鼓励学生学会从不同的视角观察问题，学会运用多学科的知识和技能综合分析问题，学会用批判性的眼光进行判断、分析和筛选，最终构建起自己对问题的理解和认识。

随着实践的推进，我们也发现，尽管学科综合学习也强调联系生活、关注综合应用，但其视角和内容还是有学科边界的，仅仅停留在学科内部的综合学习还是不够的。因为，现代人类社会所面临的，诸如人口、环境、文化等问题都是综合性的，解决这些问题，需要多学科的联合、协作，需要超越具体学科的视野和创造性解决问题的思路。此时，跨学科的、主题式的综合性学习应运而生。一些视野开阔的教师打破学科界限，为学生提供更适切的跨学科的学习环境、情境和项目，引导学生开展基于真实情境的跨学科学习项目，打通学科知识的边界，在实践应用中贯通所学的知识，解决真实的问题。

（二）推进路径：从学习拓展到学教方式变革

综合学习，作为一种比较“年轻”的学习方式，在浙江的实践进展也是多元并存的。许多学校认识到引导学生综合学习的重要性，但因为在起步阶段，所以多种路径并存，如开放性作业、小课题学习、阅读推进活动、课程化的实践等等，都成为促进学生学用结合的实践性、创新性的学习方式，显著提升学生的综合学习力。

初期的实践主要表现为学科学习的拓展。杭州外国语学校的初中各学科，每学期坚持组织开展一项历时数周的、体现本课程特点的综合学习活动。如语文学科的西溪文学社活动、民间采风活动，英语学科的英美国家节日文化体验活动、21世纪英语演讲比赛，科学学科的航模比赛、车模比赛、无线电测向运动，思品与社会学科的辩论赛、小剧场表演、“我做小小人大代表”的调查模拟活动，信息技术学科的“气候酷派”绿色校园活动等。学生通过课题研究、校园文化活动、学生社团实践等综合学习途径获得对学科更为深刻的认识。

随着实践的进展，综合学习成为转变学生学习方式的突破口。如嘉兴市南湖区就明确将综合学习作为区域推进教学改革的重要路径，区内很多学校都有务实的、创新的学习形式。如嘉兴市实验小学的研究性学习、寒假艺术发现日记、课程化游学，南湖国际实验学校的全科阅读，三水湾小学的“周末开放性作业”等，体现出南湖综合学习的丰富形态。

一些学校还把实践性学习和作业改革相结合，如有的学校开展“假期去哪里”假日实践活动，鼓励学生结合学科知识，跟着地图去旅行，在旅行中获得更多的体验和发展。也有学校开发了系列化的综合学习活动任务，引导学生在假期中开展以综合学习为特点的各类实践活动，引导学生通过各种类型的活动，开拓学习思路，提高搜集处理信息的能力、合作交往的能力、创新实践的能力。

案例4.2

假期综合活动

嘉兴南湖国际实验学校的假期活动分成“综合活动”和“学科活动”两大板块十个主题。学科活动以学科为单位，通过实践，扩大学科外延，拓展学科知识和能力。相比学科活动，综合活动更显特色。综合活动包括综合板块和学科板块两个部分。每一板块包含五个主题，综合板块为电影、家庭、美食、节日、其他等，学科板块为科学、数学、音乐、美术、世界等。这些主题是在整合学生综合实践、品德等学习要求、学校传统特色活动、学科拓展活动、学生推荐的无作业日活动等多方面因素的基础上确定的。每个主题，还会根据年级不同、学情不同，策划不同的活动，从而在年级之间形成一个纵向的系列。一年级上学期，活动次数较少，以让学生有逐渐适应的过程。

综合实践活动的内容涉及生活、自然、社会、文化，关注的面极广。活动策划的目的不在于研究的深度，而在于关注的广度。希望学生从学科作业堆里抬起头来，关注世界的美好，关注生活的状态，在实践活动中开拓视野、提高能力、热爱生活。

如“美食文化”主题活动中，各年级的活动主题分别是：

一年级：水果的世界。认识水果，做水果拼盘。

二年级：米饭的故事。了解米的来历、种类和作用，学烧一次饭。

三年级：蛋的学问。了解蛋的不同种类和以蛋为主的菜品，学煎荷包蛋。

四年级：面粉的传奇。了解面粉的生产过程及用途，学做一种面点。

五年级：温暖的家常。了解家乡的家常菜特点，学烧一素、一荤、一汤。

六年级：舌尖上的创新。了解饮食文化，做几个菜，尝试创新做一道自己的菜。

“民以食为天”，对食物的尊重，就是对劳动者的尊重，对生活的热爱。“美食文化”是深受学生和家长追捧的实践活动，通过活动，学生可以了解食物的故事，亲手制作各类食物，还可以提升亲子关系，提高学生的生活能力。可以毫不夸张地说，到了中高年级，每个学生都能烧饭、炒菜。

此外，各班级还可以根据本班文化，尝试设计班级主题活动，使综合实践活动更具个性，更符合学生的需要。如“小餐桌，大学问”的实践主题，分“中国传统食物背后的故事”“中国餐桌上的传统礼仪”“中国就餐中的勤俭美德”三次活动，让学生感受中国饮食文化的博大精深，践行饮食礼仪。“We are family”的实践主题，分“文化建设”“小组出游攻略”“我们的出游故事”等板块，历时一个月完成。学生通过听、学、查、做、游，学会制订旅游攻略，感受到团队的力量，锻炼了各方面的能力。

（嘉兴南湖国际实验学校　王建良　冯　霞）

从学习的意义看，综合学习对于学生成长有着重要的价值。但从学校教育常态看，综合学习的发展基础还是相当薄弱。在许多学校和教师心目中，综合学习可能只是传统学习的附加内容，对于提升学生的学业成绩而言可有可无。因此，推动综合学习的路径看似多元，却步履艰难。但加强综合学习是新时期学习转型的方向，必须坚持。本章后面两节将从学科和跨学科两个角度对浙江省推进综合学习的基本经验做一个梳理。

第二节　学科领域的综合学习

《基础教育课程改革纲要（试行）》提出课程改革的主要任务是"改变课程过于注重知识传授的倾向，强调形成积极主动的学习态度，使获得基础知识与基本技能的过程同时成为学会学习和形成正确价值观的过程"，倡导学生主动参与、乐于思考，从而培养学生以问题解决为核心的各种能力，这要求学校教育"注重培养学生的独立性和自主性，引导学生质疑、调查、探究，在实践中学习，促进学生在教师指导下主动地、富有个性地学习"。在这样的教育改革思潮下，综合学习成为许多学科学习方式创新的亮点。本节将讨论学科领域中开展的综合学习活动的基本特征、实施路径与操作策略。

一、学科领域的综合学习的基本特征

学科领域的综合学习既是学科学习的一种方法，也是学科学习中的一个领域。它通过设置符合学生生活实际的学习情境，整体设计符合学生认知规律的学习内容，引入在学习情境和知识之间建立联系的实践性学习任务，以促使学科学习的外延与生活实践相结合，促进学生运用所学的本学科知识方法解决真实问题，从而学以致用。相对于跨学科领域的综合学习，学科领域的综合学习除了具有开放性、生活性、应用性、综合性等特征外，更强调立足学科、基于学科、为了学科的特征，以促进学科学习的拓展与提升，推动学生的学科和综合素养。

（一）加强学科内部的联系，关注学生学习的整体性

学科领域的综合学习强调从学习内容的整体设计来推动学科综合学习。当前有些教师在备课时，只关注"课"或"课时"而忽略"单

元”，将完整的知识体系切割成“节”放到“课”的单位时间里，从而出现教学目标零碎无序、教学内容孤立封闭、忽视学生学习线路和思维发展的整体性等问题。针对这些现象，一些学校与教师提出单元整体学习的思路，即通过学习内容的整体设计来推动学科综合学习。

（二）强调学科学习方法重构，关注学生学习的自主性和开放性

学科领域的综合学习意在改变以往传统学科课堂中过度依赖听讲、课后训练的学习方式，使学生变“被动地听会”为“在主动经历与思考中学会”。在综合学习活动中，答案是无法直接从书本中获取的，需要学生通过多样丰富的实践学习方式来进行知识的获取和理解。学生可以采用讨论学习、合作学习、操作学习、观察学习等多种不同于传统的、静态的认知学习方式来经历和探索。有时，教师还可以通过一些主题和项目的构建，让学生在“做中学”中建立起特定情境和特定行为的联系，以更好地学以致用。

（三）强调学科问题的解决，关注学生的迁移运用能力

学科领域的综合学习，关注学生能否熟练地运用知识解决实际问题，是否具有把握知识的复杂性并将知识灵活迁移运用到具体情境中去的能力。其实，知识的复杂性正是从知识具体灵活的应用中体现出来的。因为，在知识应用的某一案例中，往往有多种概念的相互作用。这个时候，仅仅在记忆水平上掌握知识的“初级学习”是不够的，学生还需掌握知识的复杂性，并经历学会迁移（即能将知识灵活地应用到具体的情境中）的“高级学习”。为此，学科领域的综合学习常常出现在一般学科知识的学习之后。当教师给学生一个综合性的学习任务，考验学生将所学的知识灵活运用到具体情境的能力时，不少学生会从多角度、多维度或与相关知识的广泛联系中理解所学的学科知识，并从与多种具体情境的联系中把握知识的丰富意义，以熟悉知识在不同情境中应用的特殊性，而不是抽象地、僵化地、刻板地学习知识。

二、基于学科的综合学习路径

（一）学科整体学习设计

学科整体学习设计是相对于课时学习设计而提出的。它要求教师思考学科学习内容的整体性，着眼学科知识之间的内在联系和规律，根据学生的思维发展特点和学习认知基础进行单元或主题的整体性学习设计。通过好的学习设计引导学习者在学习过程中，逐步建构完善的知识结构体系和方法体系，使知识学习结构化、策略化，最终提高学生的能力。

当前，不少学科尝试把教材中相同或相近的知识点组合成“知识块”。通过“目标教学—单元整组教学—整合教学”，实现了“线—块—面”的过渡，进行整体教学。如温州市小学语文团队提出“整组解读三大策略”、“整合教学三种模式”与“资源拓展两个维度”，改变了传统的单篇教学模式，构建起整合教学模式，同时联结课内外，拓展“整合教学”的课程资源。

案例4.3

小学语文单元整体学习设计一例

小学语文（人教版）五年级上册第八组“走近毛泽东”的五篇文章，从不同角度体现人物形象。教师的单元学习设计分三步：

1. 从背景、文体、内容、言语形式、能力习得等方面梳理各课要点，横向整体解读。

2. 基于横向整体解读所得，结合单元导语与习作要求，聚焦人文和工具主题，纵向探究单元内各文章的内在联系，以“语文的眼光”寻找教学因素，确定教学的核心训练点。

内容	人文主题	工具主题	核心训练点
导语	认识毛泽东	领悟人物描写方法	①多元认识毛泽东 ②逐层训练场景描写
《七律·长征》	英勇乐观的诗人	典型事件体现诗人性格	
《开国大典》	万人拥戴的伟人	场景描写展现伟人风采	
《青山处处埋忠骨》	隐忍深刻的慈父	心理场景表达慈父情怀	
《毛主席在花山》	关爱百姓的主席	生活场景表现主席爱民	
口语交际	分享革命故事	选取场景讲述革命故事	
习作	介绍故事梗概	有序把场景写清楚、写具体	

3. 综合横向和纵向解读，确定本单元言语训练的重点在如何写梗概和场景描写，并将该语言训练目标细化，落实到每一课，形成单元目标序列。

单元言语目标	课文	课文主要目标
①抓住要点写故事梗概 ②按一定的顺序把场景写具体，写清楚	《七律·长征》	1. 一句话概括整首诗的意思 2. 想象“万水千山”场景
	《开国大典》	1. 提炼关键句、关键词概括典礼场面 2. 发现“点面结合”的场面描写方法并迁移运用
	《青山处处埋忠骨》	1. 以电报为线索，提炼内容，梳理文章梗概 2. 聚焦主席收到电报后的场景，感受独白式的心理描写
	《毛主席在花山》	1. 聚焦三件小事，抓要点讲故事梗概 2. 聚焦主席帮助群众的场景，分析对话式的语言描写 3. 比较组文的场景描写，总结场景描写的一般规律

（永嘉县教师发展中心　王建群）

（二）以新增学科学习板块为依托的学科实践学习

在本轮基础教育课程改革中，综合实践活动课程是促进学生学习方式转变的重要阵地，但综合实践活动应以各学科教学中的实践学习和综合学习为基础。为此，在设置独立的课程——综合实践活动课程之外，课程标准制订时，还在每门学科中增加了相应的学习板块来推动实践学习和综合学习。

在语文学科中，综合性学习就是积极倡导的学习方式。它既符合语文教育的传统，又具有现代社会的学习特征，有利于学生在感兴趣的自主活动中全面提高语文素养，有利于培养学生主动探究、团结合作、勇于创新的精神。最近几年，综合性、实践性的语文学习渗透在教材、课堂的方方面面，甚至在考试评价中也得到充分的体现。下例是浙江省众多综合性学习优秀试题的一个缩影。

家住湖州市中心的晓华（化名）同学，家里来了一位中美交流生汤姆。晓华想利用双休日在家长的陪同下带汤姆出去游玩。晓华的家长建议去三个地方，感受湖州的“山水清丽，文化悠远”。请你根据下面的图片资料，帮助晓华设计“二日游”行程，并用文字表述出来。要求：行程设计合理，有主题；语言表述简洁，有条理；120字左右。（6分）（湖州市2016年初中语文中考试题）

在数学课程标准与教材中，新增了“实践与综合应用”板块。这是数学课程改革的突破与亮点。教材从一年级开始，每学期安排了两个内容的“实践与综合应用”。它强调让学生体会数学与现实世界的联系，明确数学来源于生活，现实生活处处都离不开数学，从而树立正确的数学观。它强调数学在本质上是一种解决问题的活动，让学生在活动中学习，通过实践学习培养学生解决问题的方法及能力。

如在小学数学（苏教版）一年级下册的《小小商店》中，要求学生分成若干小组，在教室内开办“小小文峰超市”。让学生从自己家中带来各种各样的日用品，并事先向家长了解价格，再准备一些仿真的纸币。活动时学生扮演顾客、导购员、收银员等，自由购物、自行结算。在模拟实践中积累“买”与“卖”的经验，增强解决生活实际问题的能力，激发数学学习兴趣。

在初中历史与社会等综合课程中，综合学习无处不在。历史与社会课程强调让学生形成关于重要历史事件和现象的地理视野，因为任何历史事件或历史现象的发生都是在特定时空中进行的，都要受到具体的地理环境的影响和制约。因此，在历史内容的教学中，增加地理空间的认知维度，进行史地知识的综合性学习，是历史与社会课程学习的重要方式。

随着浙江深化义务教育课程改革的进展，一些学校依托拓展性课程的开发，推进学科综合学习。如杭州市行知中学的拓展课程“知行天下之悦动世界”，以区域文化的传承与发展为主题，选取世界七大洲13个典型的国家地区为素材，展现这些国家地区的地域文化，分析文化生长的自然和社会环境，引导学生对人类文明发展过程中出现的问题进行深刻思考，探求有价值的人生之路。

案例4.4

历史与社会拓展课程“知行天下之悦动世界”

▶课程目标

把握生活时空、人地关系，着力培养学生的国家认同感、全球视野和环境意识，提升人文素养，为终身学习和全面发展奠定基础。

1. 在文本阅读和活动开展的过程中，了解世界不同国家的自然环境条件，比较人们社会生活和风土人情等方面的主要特点，树立“一方水土养一方人”的观念。

2. 在时事追溯和文化欣赏的过程中，理解各国政治、经济、文化生活的丰富内涵，知道各国发展中遇到的问题和目前正在寻求的解决之道，能较为理性、客观地评价历史人物、事件和社会问题，并做出自己的解释。

3. 在热点问题探讨的过程中，关注全球性问题，懂得分析人口、资源、环境与社会发展的关系，理解人与自然的和谐发展，切实树立科学发展的观念。

4. 通过分析各种不同的地图和图表，有逻辑性地描述国家的自然环境和人文环境的特点，会用现代信息技术等多种方法搜集、保存、处理和评价社会信息。

5. 在小组合作学习和主题探究时，积极承担自己的角色任务，对社会生活的探究充满渴望，并从中获得对人生意义的感悟，完成至少1篇主题活动策划方案或小论文。

▶课程内容

作为一门综合性人文学科的选修课程，课程以国家地区为切口，撷取地理、历史、时政等内容，力求呈现世界之奇美，让学生在体验中认同美好世界。课程内容以《地理》与《世界历史》教材为参照，结合《中国国家地理》《旅游》等杂志，选取相关的地理概貌、历史沿革、风土人情等内容，呈现各国家地区自然环境和人文环境的概况。同时结合社会热点问题，联系现实生活中的一些现象和突出问题，体现当今时代特征，体现与社会进步和科技发展的联系。

课程以空间为转移，以大洲为单元。每单元选取2个国家作典型剖析。每课知识框架结构包括："图说国家"（位置、地形、气候、特产等地理概况）、"抚今追昔"（以变革、人物、文化等反映历史发展）、"世纪瞭望"（热点时政、发展瓶颈等现实问题）等三部分。在各单元后还设计了主题活动单，从美景、美食、运动、国家、种族、动物等视角，指导学生开展相应的综合实践活动。

<table>
<tr><th colspan="2">内容主题</th><th>课时</th><th>学习路径</th></tr>
<tr><td>始业课</td><td>分享《课程纲要》</td><td>1</td><td>图文荟萃中周游世界</td></tr>
<tr><td rowspan="3">第一章
亚洲</td><td>第一节　神秘印象——印度</td><td>2</td><td rowspan="19">从时事新闻或影视作品中初识国家，在主题活动策划中了解国家，理解和尊重各国的文化习俗，在小组合作学习中发现问题并主动探究，学会建立联系和全面分析。遵循"游哪国？"(which)—"国在哪里？"(where)—"有什么？"(what)—"是怎样？"(how)—"为什么？"(why)的问题解决型逻辑思考
单元后的主题活动，从不同视角探索世界，以学生自主探究和小组合作探究为主，集中体现学生自我学习的成果</td></tr>
<tr><td>第二节　十字路口的咽喉——新加坡</td><td>1</td></tr>
<tr><td>主题活动"我们的邻居"</td><td>1</td></tr>
<tr><td rowspan="3">第二章
非洲</td><td>第一节　尼罗河的赠礼——埃及</td><td>1</td></tr>
<tr><td>第二节　一路向南，非凡之旅——南非</td><td>1</td></tr>
<tr><td>主题活动"原始部族的生活"</td><td>1</td></tr>
<tr><td rowspan="3">第三章
欧洲</td><td>第一节　米字旗飘扬——英国</td><td>1</td></tr>
<tr><td>第二节　广袤之地——俄罗斯</td><td>1</td></tr>
<tr><td>主题活动"美食的故事"</td><td>1</td></tr>
<tr><td rowspan="3">第四章
北美洲</td><td>第一节　枫之国度——加拿大</td><td>1</td></tr>
<tr><td>第二节　仙人掌上的故事——墨西哥</td><td>1</td></tr>
<tr><td>主题活动"篮筐上的天堂"</td><td>1</td></tr>
<tr><td rowspan="3">第五章
南美洲</td><td>第一节　足球魅影——巴西</td><td>1</td></tr>
<tr><td>第二节　探戈狂舞——阿根廷</td><td>1</td></tr>
<tr><td>主题活动"地名之脑洞大开"</td><td>1</td></tr>
<tr><td rowspan="3">第六章
大洋洲</td><td>第一节　奇异果之都——新西兰</td><td>1</td></tr>
<tr><td>第二节　岛国悲歌——基里巴斯</td><td>1</td></tr>
<tr><td>主题活动"动物图谱"</td><td>1</td></tr>
<tr><td>第七章</td><td>第一节　最后一片净土——南极洲</td><td>1</td></tr>
<tr><td>总结课</td><td>完成"课程拼图"</td><td>1</td><td>小组竞赛中重游世界</td></tr>
</table>

▶课程实施

课程面向七年级学生，共22课时。具体实施思路为：

1. 教材资源的表现形式：数字化＋纸质化。

利用数字化校园，在学校校园网上开辟了数字资源库，主要将《悦动世界》教材文本数字化，将相关课件、音频、视频等资源搜集保存。学生可打开资源库点击阅读相关内容，由此，实现可视化阅读、交互式体验和低成本学习。教师从中根据学生的学习情况不断修改更新教材，丰富充实资源库，提高教学实效。

2. 教学的组织形式：菜单式＋弹性教学。

课程指导教师为历史与社会学科教师，利用上课时间选择性教学，初定为一周一课时，教师将7个单元13个专题和每个专题所需课时提前列成菜单发给学生，让学生根据自己的兴趣选择排序，决定上课内容。

3. 学生的学习方式：自主性＋奇妙旅行。

由于《悦动世界》教材文本的数字化与“学材”特点，学生在课前有条件先行阅读并自主参与预设的学习活动。如“图解国家”中的“看图说位置”“据图辨地形”“用资料查信息”等活动，学生都能自主完成，并在自主学习中实现了对国家位置、地形、气候、河流等自然地理知识的架构。课堂教学通常设计成旅行的过程，让学生以小组为单位，通过同伴协作，各司其职，认识感悟一个国家的地理文化特点，不断发现和解决问题。

（杭州市行知中学　黄　洁等）

（三）以实践性作业为载体的学科综合学习

实践性作业是浙江作业改革的亮点之一，作业形式的改变某种程度上也推动了学习方式的变革。

如一位初中语文教师在七年级下进行“以貌知人，以形传神”的外貌描写写作指导后，布置如下作业：

（1）阅读课文或课外名著，摘抄精彩的人物外貌描写3—5处。

（2）分析探究其人物外貌描写传神的原因。

（3）用文字为2—3个学生或教师画像。

第3项作业就体现了实践性作业的特点。作业不仅引导学生巩固课内所学，扩大阅读面，还强调实践。作业提升了学生的思考能力和表达能力，进而更深层次地激发学生的学习兴趣。

通过非书面的、项目化的作业引导学生开展实践性、综合性的学习已是浙江不少学校的常态。比如，嘉兴南湖国际实验学校会利用假期布置学科实践性作业，鼓励学生“做中学”，如数学组的绿豆养殖的“宝贝豆豆计划”、科学组的“蚕宝宝成长记录”等。义乌市稠城第一小学的寒假作业单中有“探望一次老人”“参加一次年俗活动”“用漫画记录一件好玩的事”等注重切身体验的作业。杭州大成实验学校的历史与社会学科设计了主题为“假期去哪里”的假日实践体验作业，将学生暑假的旅行、节假日的郊游都纳入其中，让学生带着课本，跟着地图去旅行，用项目学习方式来进行学科实践性学习。

三、学科领域开展综合学习的基本策略

（一）突出核心学习内容，加强学科学习的整体性

教学的推进，本质是教师智慧生成的过程。教师不是被动的教材执行者。正如顾之川先生所说，“教材的内容只是就一般情况的‘抽象’，而不可能考虑‘具体’，不可能照顾到你所教班级的每个学生的具体情况，需要教师发挥自己的主动性与创造性，根据学生的‘学情’，选用适当的教学内容，确定合用的教学方法。教材上的内容并不都要教给学生。要研究哪些内容是学生通过自读完全能够理解的，哪些内容是需要同伴之间的相互启发才能逐渐解决的，哪些问题确实是需要教师讲解或点拨才能解决的”①。改变以往不加思索的教学设计和照本宣科的教学理念，主动关注学生的群体差异及个体差异，充分用好教材文本资源，灵活选择教学内容，尝试教材重构，应是一名学科教师教学能力的一部分。

①顾之川.教材使用的艺术[J].中学语文教学，2015(8)，4-7.

（二）尊重学生认知逻辑，激活和利用学生经验解决问题

美国心理学家奥苏伯尔曾说过：“影响学习的最重要因素是学生已经知道了什么，我们应当根据学生原有的知识状态去进行教学。”[①] 教学活动必然要以学生已有的知识和经验为基础。教师的知识和经验不能替代学生的知识和经验。

综合学习是进一步彰显学生主体性的学习方式。在综合学习设计中，除了要与学科知识体系与内在逻辑相联系，应更多地考虑学生的知识基础、生活经验和学习能力，通过任务设计，创设学生乐于主动运用知识去解决问题的情境。选择综合学习作为主要学习方式时，就代表着教师对学生的信任和尊重，相信学生可以自己建构知识和开展学习。

表4.1　小学数学综合学习任务“客厅地毯需多少钱”

<table>
<tr><td>作业题目</td><td>客厅地毯需多少钱</td><td>年级</td><td>五年级</td><td>完成时间</td><td>一天</td></tr>
<tr><td>数学知识点</td><td colspan="3">会画客厅平面图，能计算客厅所铺地毯的面积和地毯的总价</td><td>作业形式</td><td>测量计算</td></tr>
<tr><td>任务设想</td><td colspan="5">1. 学生实地测量自家客厅的有关数据，并画出客厅的平面图
2. 如果给客厅铺满新地毯，计算需要多大面积的地毯以及至少需要多少钱
3. 培养学生收集数据，解决实际问题的能力</td></tr>
<tr><td>难点预设</td><td colspan="5">难点：根据测量的数据画的平面图与实际出入较大
重点：正确计算地毯的面积和总价</td></tr>
<tr><td>准备</td><td colspan="5">作业记录表、米尺或皮尺</td></tr>
<tr><td>内容及操作方法</td><td colspan="5">1. 利用工具测量自己家客厅的长、宽等数据，并画出客厅的平面图，图中标出实际的长度（以米为单位）
2. 假如要给客厅铺满新地毯，请你算一算共需多少平方米的地毯
3. 有一种腈纶地毯的单价为140至160元每平方米，请你算一算你家客厅铺满这种地毯至少需要多少元</td></tr>
<tr><td>作业反思</td><td colspan="5">

班级：________　教师：________</td></tr>
</table>

① ［美］奥苏伯尔．教育心理学——认知观点［M］．北京：人民教育出版社，1994．

在表4.1案例中，教师注重从学生熟悉的生活世界中截取真实情境，提出数学问题，让学生应用已有知识、经验和技能，通过相应的思维与操作，来解决问题，促进学生学以致用。在这样的学习活动中，诱发学生在真实情境中解决实际问题的动机，在真实情境中识别问题、收集信息、设计方案、解决问题，并进行反思。

（三）学习空间的开放设计，引导学生走出课堂

相对于人们惯常的45分钟的课堂学习，综合学习活动使学科学习的时空有了重要的拓展。它引导学生突破定式，走出课堂，开展实地观察、调查和研究，在更为丰富的自然环境与社会活动中实现学习，以更好地激发学生多方面的感官体验，让学生在真实的环境中获取知识，形成可持续发展的学习能力，并积累大量的可贵的实践学习经历。

案例4.5

地图上的旅行

——历史与社会的综合作业

2015年暑假，结合七年级历史与社会的学科特点，我设计了探究性作业“地图上的旅行”：让学生利用课本、图册，认真阅读中国和世界的政区图、地形图、气候图等地图，并查阅相关资料，做一份详细的旅游攻略。

国内设计两条线路：贯穿南北的“黑河—广州”一线、跨越东西的“连云港—乌鲁木齐”一线。学生在地图上“旅行”时要完成以下问题：可选择哪条铁路线？沿途经过哪些省、市、自治区？说出相关省份的简称、省会城市。描述沿途所经过省区的地形、气候、水资源、土壤等自然环境特征，以及衣食住行乐等人文特色。分析南北方、东西部各有哪些差异？分别可以从哪些方面进行交流、合作？说出相关的项目、工程。

环球线路从杭州“出发”，可选择绕道南非，“到达”水上城市——威尼斯；也可以经过好望角，“前往”美国纽约。“环球游”必

须“乘坐”游轮，记录沿途经过的海域、海峡、运河、大洋以及大洲。各大洲选取一个代表国家，介绍其地形、气候、水资源、土壤等自然环境特征，以及衣食住行乐等人文特色。

对着课本、地图，认真“游览”以上四条线路两遍。最后选取其中一条线路，形成书面旅游攻略，编成图文并茂的“旅游小报”进行展示交流。希望学生能够通过“虚拟旅行”，在生动有趣的学习情境中对七年级《历史与社会》上、下册的内容进行一次全面梳理，复习、巩固所学知识。秋季开学后，学生交上来的小报，让我眼前一亮：手绘的中国地图、大洲轮廓特别精准、美观，对“旅行”中所经之地的地理位置、自然环境、风物人情的介绍非常细致，比平时的作业认真、仔细。学生谈起“地图上的旅行”，也是体会多多。

701班王孔雨琦同学设计了一枚“雨琦旅游有限公司”印章，以证明此次“旅行”完全由自己策划、设计。她说：当我翻开新疆地图，“行走”在西域的绵延无边的大沙漠时，耳边似乎响起叮叮当当的驼铃声。“品尝”着吐鲁番的葡萄、哈密的甜瓜，“寻找”着干涸的罗布泊，我不禁想起了消失的楼兰古城……西域，仿佛一个披着面纱的姑娘，神秘而美丽。

702班洪煊煊同学在作业感言中这样写道：假期作业只能是背背抄抄、做试卷刷题吗？不，假期作业也可以充满乐趣，好像玩游戏一般轻松、有意思。“地图上的旅行”就是这么有趣、好玩。在地图上旅行，你可以选择任何你想要去的地方旅行，而且不用花一分钱，只要坐在家里翻翻书查查地图就可以。一天之内，就可以穿越太平洋，穿过赤道，再回到中国，是不是很有趣呢？

（杭州市大成实验学校　刘粉莉）

（四）丰富学生学习方式，鼓励开放性的实践学习

知识的生成和建构需要学生自己在更为开放的实践性学习过程中来完成。在综合学习活动中，这一知识建构过程的主动权将更多地交由学生，教师不是来教学生知识的，而是帮助学生更好地组织知识、重构知识、提升能力的人。

如案例4.5“地图上的旅行”中，在自制旅游攻略的基础上，学生

利用假期用亲身实践来完成原本仅仅停留在书本上的地理学习。当然，在这样的实践体验学习中，更强调关注学生的学习兴趣和经验，为学生主体性的充分发挥开辟广阔的空间，让学生自主确定“专题”，自主开展活动，自主交流展示成果。教师只对其进行必要的指导和帮助，不包揽学生的工作。类似的假期实践作业还有很多，如杭州市文晖中学2011年部分学科的寒假作业也很有特点。

语文作业：选择课文中你最感兴趣的5个诗人，调查其生平、经典诗作，写下你的评价，出一份“诗人生平录”。

英语作业：原创一份手绘英语小报。内容需包括：新学期的梦想（dream in the new term）、寒假中最令我________的一件事（the most ________ event during the winter holiday）、我最敬佩的人（the person I admire most）。

科学作业：预习七年级下册第一章，2—4人一组做好课本中的小实验（即活动），记录实验现象，并选取最得意最成功的一个实验以视频形式记录下来，开学后进行展示。

在这些开放的实践性作业中，很好地体现了从知识到能力，理论联系实践的设计理念，并突出强调了学生学习过程中的主动构建。因为仅仅靠做书本知识的搬运工，学生是无法完成这些假期作业的。

四、学科综合学习的问题与挑战

虽然学科领域的综合学习并不是新事物，但在常态教学活动中，综合学习的开展情况并不理想。其中存在的一些问题值得我们思考与探索。

（一）学科边界在何处？学科综合学习的开放度有待把握

因为中小学教师管理与课程管理一直以学科为单位，而且学科边界也是客观存在的，所以，综合学习和实践学习主要还是在为完成学科学习目标服务。如何在课程实施中，让学科综合学习既体现学科基础，提高学生的综合学习能力与学科核心素养，又不进入“种他人的地，荒自家的田”的误区，是学科综合学习探索中较为关注的话题。

（二）我能胜任吗？教师的综合视野和教学能力需要加强

推进综合学习，需要教师有更开阔的课程视野，更灵活的学习设计的能力。教师只会简单模仿套用他人的教学设计，或者只会照本宣科的教学方式，在这样的学习情境中是难以胜任的。一些方法不多，缺乏路径指导的教师会感到力不从心，也有一些教师在尝试后，会因方法不当，效果欠佳而被迫退缩。

（三）不考试的内容何必这样教？这种看似低效的学习活动仍待师生认同

综合学习活动强调在真实情境中开展，以有利于学生深度学习的发生以及高阶思维的发展，但这样会提高教师准备与指导的要求，增加学生的负担。因此，用传统的眼光看，部分师生对综合学习可能有抵触。在他们的认识中，学科学习内容较多，课时本就紧张，开放性的综合学习相对弹性，与考试关系不大，还要占用较多的时间，并不是很值得。对于这种认识，我们需要进行必要的疏导。

正如华中师范大学陈佑清教授所说的，“学习方式变革不应是简单放弃某种学习方式（如接受性学习），或固定使用某几种学习方式（如自主、合作、探究学习），而应确立学习方式多样性和选择性的观念”[①]。学科领域的综合学习是一种理念和方向，它并不是否定其他基础性学习方式的存在，而是一种丰富与发展。特别对于有严密知识体系的学科来说，更要强调学生获取直接经验的实践学习方式和获得间接经验的其他学习方式的并存和结合。当然，从现阶段学校教育教学的现状看，增加有效的学科综合学习的比重依旧是重要的任务和方向。

① 陈佑清.实践学习的机制探讨[J].教育科学研究，2009(3)，10-13+18.

第三节 跨学科领域的综合学习

随着基础教育课程改革的推进，越来越多的教师意识到学生的学习未必是具体学科的知识的积累，而是要更多地从学科联系与融通的视角，关注学生学以致用的能力。学科只是人类为了教学的方便而提炼的成果。学生真实面对的问题往往不是单一学科所能解决的。学生不仅需要增加学科领域的综合学习活动，更需要有跨学科的学习经历，以将多学科的零碎的知识转化为对世界的相互联系的探究与理解，多角度看待并分析世界上相互联系的问题。

一、跨学科综合学习的实践特征

跨学科综合学习，强调将具有内在逻辑或价值关联的分科课程内容以及其他形式的课程内容统整在一起，帮助学生形成关于世界的整体性认识，同时，引导学生依托主题，在具体情境中，在亲身实践中学习与研究。这样的学习更多地着眼于学生的生活经验，强调让学生感受多元化的经验，并逐步形成深刻理解和灵活运用知识综合解决问题的能力。它强调以“实践问题”为对象的问题解决过程，以及在此过程中知识的灵活运用和形式丰富的实践性学习。从学习内容的角度来看，它关注跨学科的综合性知识；从学习方式来看，它更强调从“以书本为世界”的课内学习走向“以世界为书本”的实践学习。

跨学科综合学习的主要特征有以下几条。

（一）还学生以自然的真实学习情境，追求学习与生活的真正融合，强调学习的开放性

早在100多年前，杜威就在《我的教育信条》中指出：“我认为教育是生活的过程……学校必须呈现现在的生活——即对于儿童来说是

真实而生气勃勃的生活。”[①] 在杜威看来，只有生活化、综合化的学习才是真正的学习。他反对忽视学生生活需要的学科本位，强调让学习成为学生生活的有机构成部分，“学习与生活相统一”才是体验性的、活动化的学习的价值追求。

跨学科的综合学习和杜威提出的生活学习理论一脉相承。它强调给学生一个真实的经验情境，让学生在一个真正感兴趣的活动中开展学习。这种真实的学习情境，必然来自学生生活，而非成人的设想。这样的学习，虽与学科领域的综合学习有些相近，但它的优势在于不必拘泥于是否呼应分科课程的学科知识体系，从而能够更好地基于学生所面临的相对完整的生活世界的复杂情境来展开真实学习。此中的学习任务既应是开放的，同时也应有所依托。

如温州市瓯海区实验小学教育集团根据学校地域资源，设计了以“我爱牛山”为主题的系列综合学习项目，让学生以学校对面的牛山滨水公园为学习资源和实践学习场景，设计真实的生活问题，并尝试解决。其中针对五年级学生的一个任务是“桥梁设计”：“高翔校区没有操场，平时大型的体育项目，要到对面的公园进行。但是校门口到距离最近的牛山滨水公园，要绕个大圈子。假设你们是桥梁工程队，请提交一份完整的桥梁设计方案。”这一来自身边生活问题的任务，让学生在看得见、摸得着、可行动的真实学习情境中，把各相关学科的知识结合起来，并综合运用以解决问题。

我省许多地区学校都有此方面的经验。杭州市胜利小学设计的“四季校园”综合体验活动，依循四季节令，结合校园节日和时令特色开发综合学习的主题。舟山四小的“海洋资源与保护”项目，立足海岛学校的真实环境进行海洋资源保护研究。衢州市新华小学根据中国传统二十四节气设计学习项目。兰溪市兰江小学的“创意飞进校园”项目则依托学校的立体菜园，引导学生将各学科知识的学习融入其中。杭州英特外国语学校组织学习开展的“国际气候先锋队”项目，要求学生聚焦“土地的使用如何影响我们的生活？”的问题进行项目设计与探究。杭州师范大学东城中学围绕“水与生命”“雾霾与

---

①[美]杜威著，彭正梅译.我的教育信条[M].上海:上海人民出版社，2013.

发展”“垃圾与文明”“艺术与成长”等主题进行综合性项目设计。这些项目，都是基于真实情境的学习设计，强调的是对学生生活领域和生活经验的综合，在学以致用的过程中提高解决问题的本领。因为很多时候，学生生活中面对的问题是任何一门单一学科都难以回答或解决的。

（二）还学生以自主合作的学习过程，促成学生在综合情境中的主动建构知识，强调学习的自主性

跨学科的综合学习强调学生“做中学”。它要求学生先从具体经验中进行概括或抽象，然后进行再建构和提升，以生成新的知识，并发展能力。这样的主动建构的学习，要求学生有更强的自主性与探索精神。教师的责任是为学生的自主学习创设好的条件和环境，并在充分尊重学生的自主性的前提下，给予学生适度而有效的支持和指导。

在复杂情境中的综合学习，不仅需要学生在解决问题时学会分析、思考、运用，还需要引导学生采用合作的方式进行实践学习，因为学生的学习不仅来源于简单的书本，还来自更丰富的社会、自然及人力资源。引导学生进行小组合作探究，使学生在创作中成长，在合作中受益，相互取长补短。这种同伴互助式的学习机制，更有利于学生在主动学习中重构知识并发展能力。

案例4.6

红坊餐厅工作人员服务质量调查[①]

——学生研究性学习活动报告（节选）

在我的家乡余姚，有好多家西式快餐店，如红坊、绿屋、芳店等，其中红坊就有5家。红坊的生意很好，每逢双休日、节假日更是座无虚席，找不到座位的顾客需要等上20分钟。是什么原因让红坊的生意如此火爆？这让同学们十分好奇。通过对红坊餐厅的“粉丝”的

① 浙江省教育厅教研室.初中综合实践活动手册[M].杭州：浙江科学技术出版社，2016.

问卷调查，大家发现“红坊餐厅工作人员的服务质量好”是一个重要原因。红坊的员工究竟有什么魔力，对顾客有这么大的吸引力？同学们决定对红坊餐厅进行一次实地调查。

同学们先通过电话与餐厅负责人取得联系，预约了调查访谈时间和地点。在访谈中，同学们向餐厅负责人说明了调查目的，询问了餐厅工作人员的工作概况，建立了良好的关系。同学们还观察了餐厅工作人员在餐厅服务的项目和基本流程，确定了观察各类服务项目的最佳地点。通过与餐厅负责人的联系，同学们决定以协商式与隐蔽式相结合的方式进入现场。同时，为了保证实地调查活动顺利、高效的进行，课题组把课题成员分成四组，并明确落实各组的具体任务和要求。

人员分工	组员	具体调查内容和要求	人数
柜台销售人员观察组	略	分别以顾客和旁观者的身份观察餐厅柜台销售人员的服务过程，主要观察销售人员与顾客的对话内容，对话时的表情、语气、动作以及服务时间	3
餐厅保洁人员观察组	略	1. 以旁观者的身份观察餐厅地面、餐桌、洗手间的清洁程度以及顾客的反应 2. 创设情境观察保洁工作人员的反应速度、语言、动作以及服务时间，情境内容可以为故意打翻可乐和薯条、随意丢弃餐巾纸，甚至可以故意刁难餐厅保洁人员等	3
流动服务人员观察组	略	1. 以旁观者的身份观察维持餐厅秩序和分发小礼品的工作人员的反应速度、说话的内容以及表情 2. 以旁观者的身份观察管理小朋友活动的工作人员说话的内容、表情以及服务时间	3
餐厅小服务员体验组	略	以红坊小服务员的身份进行体验，如维持秩序、分发小礼品、管理小朋友活动、打扫地面卫生、清理桌面垃圾等	3

在这个学生自主选题并开展的研究性学习活动中，学生关注身边的西式快餐店生意火爆的现象，进行思考与分析，进而聚焦餐厅工作人员的服务质量，开展实地调查，其中观察分工、实地调查、查找资料、形成报告等都是学生研究小组自主创意完成的。因为情境复杂，学生需要寻求伙伴互助，从个体学习走向合作学习。这既是对学生社会性的要求，又是对学生社会性发展的促进。

从综合学习中的师生参与方式来看，学习未必只是教师把知识传递给学生的过程，也可以是由学生主动建构知识的过程。

（三）注重综合运用学科知识解决问题，促成学生在复杂问题的解决中培养高阶思维，强调学习的生成性

跨学科综合学习，强调以真实世界的生活主题来统整学生的学习活动，引导学生综合运用所学的学科知识解决生活问题。经历这样的跨学科学习，可以帮助学生认识到完整生活世界中各种学习要素的彼此交融、相互联系，也可以帮助学生在解决复杂情境问题中加强对知识的综合应用，促进能力生成。

如教师在组织学生研究“伊拉克战争爆发的原因”时，鼓励学生从多个方面进行分析：从历史角度看，尽管伊拉克也是一个历史文明古国，但它在近现代遭到西方列强的侵略和控制，20世纪末又先后爆发了两伊战争和海湾战争，与周边及西方大国的关系紧张；从地理角度看，伊拉克除了石油蕴藏丰富外，还地处五海三洲之地，战略地位非常重要。学生不仅要分析这场战争爆发的国际政治原因，还要结合历史背景、地理环境等方面的因素进行综合思考[①]。“伊拉克战争爆发的原因”这一问题，看似是一个初中历史与社会学科的时政分析题，但当教师引导学生运用跨学科的思维进行多维观察与讨论，并用综合研究的模式解决问题时，就已超越了单一的学科学习。

再如，在“我爱牛山”主题综合学习项目中，学生要完成牛山公园的桥梁设计，需要运用数学测量知识，美术的构图、绘画技能，语文的写作表达能力，综合实践活动的动手能力，搜集信息的能力等。运用学科知识解决现实问题的目标得以体现。同时一个工程队包含很多工作任务。工程队队长就是项目负责人，他要负责项目的规划、成员的分工、活动进程的设计等等。工程师们需要设计桥梁图形，并解决其他诸多问题，包括桥梁的长度测量，周边桥梁有什么特点，如何形成一体，用什么材料搭建模拟桥梁比较合适，选用多少材料，呈现出来的效果图又是如何，如何争取成功中标，这些都需要文字表达、

① 陈新民.“历史与社会”课程综合性学习的理念与策略[J].教学月刊·中学版(教学参考),2013(4),8-11.

图像展示。这么多的工作，必然需要学生运用诸多学科的知识，同时，体会与学习统筹的方法。

分析“伊拉克战争爆发的原因”“我爱牛山”主题，综合学习两个项目学习案例可发现，在这样的学习过程中，学生自然而然地将所学的学科知识、技能和方法应用到这些真实而综合的问题中，进而让学科的学习和真实问题的解决成为局部与整体的关系，以便联系起来思考。学生在这样的学习中，积极地将所学的学科知识和科学原理应用于日常生活，从而促使理论转化为实践，将抽象思想转化为实际成果。这正是美国心理学家斯腾伯格所说的实践性智力的生成。

此外，在跨学科的综合实践学习中，学生置身于一个综合性的主题，学会处理复杂多样的关系，从不同的角度分析这一复杂的情境，并综合运用知识来解决问题。这强调的是知识的综合运用以及综合能力的培养。在学习心理学领域，这样的学习理论秉承了格式塔心理学强调认知的组织过程，强调经验的组织。为此，这样一种问题解决式的学习，必然会涉及科学、人文、艺术、道德等各个领域的知识和方法策略，而这种整合需要学生自己来完成。为此，跨学科综合学习强调学习的生成性，同时强调学习生成过程中学生的主体作用。

（四）注重学生在实践学习中的创新思维培养，不追求以固定答案来说服学生，强调学生的创新性

跨学科的综合活动不强调学科的知识逻辑结构，不拘泥于问题的确定性结论，不局限在课堂这一规则的学习时空，而要鼓励学生走出教室、回归生活，参与社会，鼓励学生思维的开放性和灵活性，注重学生在解决问题中产生创新思维的火花。

这样的学习方式，类似斯皮罗（R. J. Spiro）等人对结构不良知识的高级学习的分析。根据他们的研究，学习领域可分为结构良好的领域（well-structured domains）和结构不良的领域（ill-structured domains）。前者是指具有清晰简单结构的知识，如数理逻辑知识；而后者的结构则较复杂，如人文社科知识。在结构不良领域，知识或概念与其应用的案例之间不存在一一对应的关系，它更有利于培养学生的创造力。跨学科的综合学习其实就是给予学生一个结构不良的学习领

二、跨学科领域综合学习的实施路径

在世界现代教育发展史中，综合学习与分科学习的论争由来已久，前者主张学生通过“自然的方式”实现学习，后者则主张以“人为的方式”进行学习。在其对立的背后，“儿童中心论”与“学科中心论”的论争时隐时现，但两派并不完全对立。在浙江的实践中，分科学习与综合学习有逐步交融的趋向。具体表现在：综合学习较为关注学科支撑，而学科学习强调综合视野。在学科领域的综合学习的基础上，综合学习活动更多地走向相关学科间的主题整合，继而走向超越学科的综合学习。

这些通过打破传统科目之间泾渭分明的边界而开展的跨学科综合学习的主要载体有两方面。一是整合学科的主题综合学习，这是以一个主题将各学科的相关内容整合在一起的新的学习形态，它强调了多学科协同开展综合学习的意义；二是综合实践活动课程，这类同时突出综合性和实践性的学习活动，进一步强调了实践学习的价值。主要包括跨学科研究性学习活动与社会实践活动。

（一）多学科协同的主题综合学习

在浙江的一些学校，教师设想了若干贴近学生生活的主题，将与主题相关的各学科学习内容提取出来，在集中的时间段组织学习。这样不仅可以帮助学生掌握学科学习要求，还可以帮助学生在主题实践活动中建构起学科间知识的联系。

主题综合学习是小幼衔接阶段的典型的学习方式。如浙江省教育厅教研室附属小学的一年级新生入学适应课程——“YOYO上学去”，就是此类样例。学校在9月开学初的前八天为新生开设“零起点”的整合课程，根据一年级学生喜闻乐见的事物开展八个主题的活动（见表4.2）。

表4.2 “YOYO上学去”：一年级新生入学适应课程

时间	主题	学生活动	涉及科目	预期目标
第一天	开学第一课	1. 学唱《上学歌》 2. 新生开学典礼 3. 绘本阅读《大卫上学去》 4. “进校”三字歌 5. 游戏+队列练习	语文 音乐 体育 道德与法治 美术	1. 喜欢新学校 2. 认识到上学是一件快乐的事，但也要遵守一些学习常规 3. 了解进校礼仪，做到按时上学
第二天	校园大探索	1. 学唱《礼貌歌》 2. 领取“校园探索地图” 3. 教师带领下参观校园，完成任务一：卫生间、饮水处、办公室的标注 4. 小伙伴牵手游校园，完成任务二：认识学校标志性建筑，捡两种树叶若干 5. “午餐”三字歌 6. 树叶拓印画	音乐 道德与法治 数学 科学 美术	1. 了解校园环境，知道卫生间、饮水处和教师们的办公室的位置；初步了解自己如何在校园中生活以及应该遵守的一些规则 2. 会看校园平面图，了解前后左右上下等方位，认识校园中的一些植物，能用树叶画画
第三天	认识新朋友	1. 学唱《你的名字叫什么》《拉钩钩》 2. 游戏课：找朋友 3. 绘本阅读《小灰兔找朋友》 4. 结识新同学，画画新朋友 5. 装扮班级主题墙 6. “放学”三字歌	语文 音乐 美术 道德与法治 音乐	1. 学习以音乐的形式与教师和同学交往，向同学介绍自己，并与周围的同学打招呼 2. 学习画同学的肖像，并初步了解朋友间的相处之道
第四天	学校的一天	1. 认识升旗仪式 2. 跟哥哥姐姐一起上课 3. “上课”三字歌 4. 绘本阅读《大熊有一个小麻烦》 5. 认识并制作课程表(橡皮泥)	道德与法治 语文 美术	1. 知道周一有升旗仪式，能尝试着排队进入场地，基本保持立正姿势，行注目礼 2. 熟悉课堂常规，了解倾听的重要性 3. 学习看课表，尝试根据课表整理书包
第五天	友爱一家人	1. 绘本阅读《我的名字克丽桑丝美美菊花》 2. 班级课程启动：我爱我班 3. 拍摄班级全家福 4. “课间”三字歌	语文 道德与法治 音乐	1. 初步建立班级概念，融入自己的班级，知道班级中设施的基本用途 2. 知道要爱护自己的班级，尊重师长，爱护同学

续表

时间	主题	学生活动	涉及科目	预期目标
第六天	校园安全行	1. 小小运动会:接力赛、跳绳等 2. 绘本阅读《十一只猫做苦工》或《儿童安全365》(上学我会守纪律) 3. 好玩的游戏	语文 道德与法治 数学 体育	1. 熟悉接力赛和大课间的体育运动项目 2. 树立安全意识,做到上学守纪律 3. 学习课间文明游戏
第七天	数字大观园	1. 学习古诗《一去二三里》 2. 学唱《数字歌》 3. 给数字添画 4. 数学游戏:爱的抱抱 5. 找找校园或教室里的数字	数学 语文 体育 美术 音乐	1. 感受诗歌的韵律美,认识汉字"一"至"十",会写"一""二""三" 2. 认识1—10十个数字,用学具摆数字 3. 认识数字,通过创意添画数字,使数字变得更有趣
第八天	我们都很棒	1. 手指游戏玩一玩 2. 整理书包我能行 3. 我会与书交朋友 4. 结业式	语文 数学 道德与法治 音乐 美术	1. 熟练掌握1—10十个数字 2. 会整理书包,做到整洁有条理 3. 能与好朋友一起到图书室借书,养成良好的阅读习惯

对于不同年龄段的学生来说，主题综合学习的形式与特点是不一样的。有些学校保持原来的课程体系，但相对集中安排时间开展多学科协同的综合学习。如温岭市九龙学校每周五开设主题整合课程，组织主题综合学习，其他四天均为分科课程学习。不过，较多的学校采用“主题实践周”的形式，每学期都安排一整周时间集中开展跨学科的综合学习。在学习内容上，没有明显的学科归属，但必须结合主干学科的相关内容。在学习方式上，基本没有照本宣科地教，没有正襟危坐地学，教师会根据主题设计一些任务单，帮助学生明确学习要求和目标，引导学生开展多角度的学习。在学习空间上，课堂亦从教室移到走廊、操场、图书馆等多样的场所，从学校搬到社区、公园、博物馆，体现着生活学习和实践学习的理念。如杭州市卖鱼桥小学统整各年级“主题实践周”的不同主题，由年级组设计学习内容，形成上下两学期的学习活动设计，将不同学科的知识融汇在一个场景、一个学习过程中。

案例4.8

一座桥有多长

——“散步”中的综合学习

某周三年级学生的研究主题是“桥”。那周的所有学习活动都围绕着桥展开。学生排着长长的队伍，从学校出发，沿着运河徒步行走。这不是一次“秋游式”散步，学生要在教师指导下进行各种体验式学习。比如，走过拱宸桥时，语文老师会介绍这座古老石桥的历史，学生实地听讲，兴致勃勃。在桥下，学生用自制容器采集水样，用pH试纸检测水的酸碱度。这一平常是教师示范、学生观察的实验，变成学生亲身动手的实验，激发起学生们的好奇心。有不少学生还拿出相机，沿途拍风景。美术老师便事先教构图，并组织活动后的“摄影展览”。关于数学的主题研究是“如何准确测量桥的长度”。之前学生只在书本上学过测量的知识，测量这样大的物体还是第一次。学生们想了三个办法：用自己的脚步测量，用卷尺测量，全班同学站在一起肩并肩测量。综合三次的数据，得出结论。三(2)班的学生们还将走运河的所见所感，创作成童谣《桥》：我家住在运河边，运河水上架大桥。卖鱼桥，江涨桥，大关桥，登云桥架得高，拱宸桥更古老。运河水流呀流，流到杭州座座桥。美丽桥韵说不尽，大家快来瞧一瞧。

（杭州市卖鱼桥小学　王怡芳　朱雅萍）

在这些综合学习活动中，除了突出跨学科这一特点外，学习活动的探究性也有了明显的加强。一些教师将研究性学习方式渗透其中，引导学生开展研究。

（二）综合实践活动中的跨学科研究性学习

综合实践活动是我国新世纪课程改革的亮点，也是课程改革实践中的难点。它旨在让学生在真实的情境中获得直接经验，在学以致用中提高解决问题的本领。

在这一课程中，研究性学习是重要形态。其价值在于它源于生活，成于真实，收于解惑。它通过跨学科的、项目化的真实情境，让学生经历以“实践问题”为对象的问题解决过程，提高知识的综合运用能力，推动学生主动探究和真切体验。根据研究内容的不同，综合实践活动课程中的研究性学习可以分为课题研究和项目设计学习两大类[①]。

1. 课题研究类。

在这类学习中，学生经历课题确立、课题计划制订、课题活动开展、课程成果梳理和展示的研究活动，并运用设计、调查、访谈、实验等多种学习方式，探讨解决问题的方案、建议和设想。在研究中学习，问题的发现极为重要。“关于临安山核桃嫁接技术研究”“节能型饮水机的调查研究”“旧手机哪里去了——关于旧手机的流向和回收利用情况调查和实验研究”“古荡湾河净化方式与效果调查”等等，这些选题体现了学生对社会问题的关注，并强调务实求真的科学态度和适宜规范的科学研究方法。在课题研究学习中，关注学生的合作组织能力与综合分析的思辨锻炼，注重实地勘探、人物访谈等真实的资料搜集过程，要求用事实证据说话，以得出严密科学的研究结论。

如，某教师依托学校组织的“人人争做环保小卫士”主题活动，引导学生展开关于环保的讨论。大家提到雾霾问题，提到河水污染，最后说到平时不起眼的塑料袋。大家讨论到“从2008年6月1日开始实行‘限塑令’以来，塑料袋真的渐行渐远了吗？它到底有多大的危害？”于是学生聚焦塑料袋问题，启动环保综合实践活动“‘限塑’与我们的生活”。学生通过对超市、菜场的塑料袋、环保袋使用情况的观察和讨论，继而将所提的问题进行筛选、整理、归纳，形成“‘限塑令’推行的难点及解决建议”的研究选题。

2. 项目设计类。

项目学习是发达国家普遍采用的一种学习方式。以项目设计为载体的研究性学习强调学生进行创作、验证、完善、制造出某一作品的学习方式。相对于课题研究性学习活动的生成式开放学习活动，项目

① 浙江省教育厅教研室.高中研究性学习基础[M].杭州：浙江科学技术出版社，2006.

学习更需要高结构的设计和规划。学生一般要经历项目确定、项目设计、项目制作、项目交流的过程[①]。项目设计和制作本身就是一个将自己的经验和知识运用于项目解决的多种学习方式的应用过程。其所需的知识和方法更多元与综合，需要在跨学科领域开展。

案例4.9

"运动会场上的关怀"

——学生研究性学习案例之项目设计

▶**项目背景**

运动会是学校大型综合性活动，学生以不同的角色参与其中，对运动会的方方面面有非常直观和深刻的感受。项目学习"运动会场上的关怀"就是让学生抓住这个契机，尝试站在不同角色的立场上，针对运动会过程中感受较深的现象、问题和不足展开自己的思考，提出有价值的问题，开展项目学习。

▶**学习目标**

1. 尝试站在运动会中不同角色的立场提出问题，通过头脑风暴等方式，讨论和形成解决思路。

2. 能够运用网络检索、文献查阅等方式来获取信息，拓宽思路和完善想法。

3. 与同学合作，将思路和想法形成具体的项目方案，并能够运用流程图、甘特图、示意草图等方式来呈现自己的具体设计和设想。

4. 能够对自己和同伴的方案的可行性、新颖性与价值度进行讨论，并做出自己的评价。

5. 根据项目的需求，运用已有的知识与技能，或者在教师帮助下，开展嵌入式学习，掌握新技术和方法解决问题。可能需要用到的技术有传感器技术、安卓应用开发技术、机器人技术、3D打印技术等。

6. 运用身边的材料和学校提供的学习资源，在教师和校外专家的

---

① 方凌雁.综合实践活动课程中项目学习模式的应用与思考[J].综合实践活动研究，2012(3)，14-19.

支持下，小组合作展开项目的实施和作品的制作，形成解决问题的项目成果。

7. 用信息技术手段记录学习探究的重要过程和成果，形成学习成果展示的视频。

▶学习内容

1. 发现问题并确定项目的方法。

2. 项目方案的制订。具体内容包括：①撰写计划表；②通过演讲汇报、学生质疑、教师建议对项目进行可行性分析；③学习制作甘特图，将项目拆分成具体可行的步骤。

3. 项目的实施。预设的具体学习内容包括：①信息技术方面：安卓APP的开发、微信公众号的申请与维护、pcDuino套件使用、Scratch编程；②科学方面：各类传感器的功能与应用、电子/电路类相关知识、人体生物学相关知识；③劳动技术方面：模型的选材与搭建。

4. 制作传播视频。

▶预期成果

1. 项目学习成果报告（问题情境、问题分析、解决方案、实施过程、成果成效、问题与展望、团队成员的感受与反思等）。

2. 解决问题的作品（或模型）。

3. 展示项目全貌的视频（问题、为什么、如何做、解决的演示过程、效果等）。

（杭州市保俶塔实验学校　王　理）

近年来，国际上流行的STEM教育思潮，强化项目设计学习中相关学科元素的联系与应用，一些经典的STEAM项目与课程的引入，对我国跨学科背景下开展综合学习有明显的促进作用。

（三）社会实践活动中的综合学习

引导学生走出课堂，在亲身参与社会实践活动，获得积极体验的同时，将课内学习与社会生活中的真实情境对接起来，从而实现较为深刻的经历意义的学习，是综合实践活动的重要部分。这也是当前学校教育的“短板”。

它强调以体验性学习为主要学习方式，组织学生置身于开放性的学习环境（如校外的活动基地、社区、场馆等），开展实地探访、社会考察等实践活动。学生在经历主题选择、制订计划、实地活动、反思梳理、交流展示等环节的过程中，体会综合学习的意义。

案例4.10

走读博物馆活动

杭州市德胜小学以杭州的6座博物馆为活动基地，引导学生开展考察博物馆、采访、研究、制作等综合实践活动，该活动涵盖三至六年级共8个学期，每学期约12个课时，共96课时。以博物馆参与为主的实践性学习要求学生亲身参与博物馆的参观讲解、引导服务、公益劳动等。其形式与综合实践活动的社区服务、公益活动类似。如三年级学生可在自然博物馆参观访问、考察等，通过直观的人与物、人与人的交流互动，了解物种演化。同时也可考察杭州的历史、文化传统、人民生活习俗的沿革、经济发展、地理、建筑和人文景观等。并在体验学习的基础上，准备讲解稿到自然博物馆去当小讲解员，为特殊人群提供帮助，或协助博物馆工作人员进行博物馆物品管理、绿化修剪、手工制作等。此外，学生若对馆内某种动物身体结构感兴趣，还可以以此为研究主题，开展文献查找、实验等方式的研究，从而实现博物馆深度学习。

（杭州市德胜小学　俞秀红）

作为有组织、有目的、有计划的课程学习活动，社会实践活动不能走马观花，学校应有意识地将这些活动与学科课程建立联系，促进学生在真实情境中更深层的认知再构。如德胜小学“走读博物馆活动”，就强调与“道德与法治”“语文”“美术”等学科课程进行有意义的整合，从学习目标、学习内容、学习资源等方面做些“加减法”，如三年级“古老的印染法”主题，涉及美术课纹样的设计、语文课资料的搜集整理、文本阅读，劳技课的制作实践等领域。只有这样，才可以更好地帮助学生在经历体验中，提高发现问题、解决问题的综合素养。

三、跨学科综合学习的操作策略

（一）基于真实情境选择和提炼学习主题

跨学科综合学习是一种由真实的任务引发的，以项目为依托的有意义学习。聚焦真实情境不仅是对传统的分科学习的重组，更是关注学生的生活需要，克服学习内容与生活实际相脱离弊端的方式。它强调将“生活事件融入学习”，关注寓于真实情境中的学习主题，通过真实的主题来完成探索性、发现性的学习。

在跨学科的综合学习中，我们首先要寻找理想的学生学习的“图像”。要事先对相关课程成分有清晰的构想，这就像拼图游戏一样，各个科目或学科、活动和学生经验等课程成分就是“拼图游戏”的一个个“拼块”。在组织活动之前，学校需有一个理想的儿童图像作为指引，方能将分立的学习成分组成具有整体性、意义性的学习内容。若只是一种随机的拼凑或无机的组合，而不是有意义的有机组合，则容易让活动流于形式。

其次，要评估可以使用的资源。好的综合实践学习活动需要结合学校和社区的可用资源，包括经费、人力、设备、设施、时间与空间等，并评估其可利用性等。

此外，要确定活动的主题，让这些活动真正适合学生的发展，符合综合实践学习所需要达到的开放性、实践性、经验建构与能力发展等要求和目标。

如案例4.9的项目学习活动是杭州市保俶塔实验学校的“关怀与创造种子课程”的一次实践，他们将此称为CCTSS课程，Care（关怀）、Cross（跨界）、Technology（技术）、Solve（问题解决）和Seed（种子）五个关键词构成了该课程的基本特征。他们设计的学习项目基本整合了信息技术、劳动技术、研究性学习以及科学等课程的相关内容。又如绿城育华亲亲学校根据不同发展水平的学生设计不同的学习项目，开展STEAM项目学习，每学期各年级围绕一个项目展开学习，如“亲亲币”制作、不怕丢的书包伞、磁铁式地图制作、G20灯光秀等，学生在校六年将经历12个主题项目。这些以真实世界的问题为学习内容，以运用跨界知识与技术工程方法解决问题为学习途径的学习活动，让学生经历完整的发现问题、解决问题的实践探究学习历程，促进学生创新精神与实践能力的发展。

（二）以校为本的综合项目设计

跨学科的综合学习活动通常与学校自身的理念、资源、师资、实践活动机制有很大的关系，是一类以校为本的学习活动。学校需在理清已有实践活动的基础上，根据自身的资源状况统筹协调、合理规划，整合设计出适合师生实施的综合实践学习主题，进而将其纳入本校的课程体系中。

案例4.11

“桥梁与工程”综合项目

茅以升学校是杭州市的一所九年一贯制学校，此项目为该校小学段的项目。在学校策划的综合学习项目“桥梁与工程”中，学生“学习桥知识，挖掘桥文化，认识桥结构，创建心中桥”。学校按照学生的认知与技能水平，以知识体系的螺旋式上升形式为结构板块设计教学内容，从低段孩子认知桥，到中段孩子能动手制作工程结构性的桥，再到高段孩子深化理解运用桥的本质，创意设计各种“桥”。每个年级的内容安排，都以项目学习的方式来串联，以任务带动学习。“桥梁与工程”课程的学习设计如下：

年级	学习目标	学习内容	实践活动	课时	学习任务
一年级	认识桥的结构，能运用撕、卷、叠放等方法，用一张和多张纸来制作纸棍桥	认识桥的结构；认识桥面桥墩；认识桥的作用；建造桥的材料；桥的外形分类；纸棍桥	制作多张纸棍桥	10	1. 徒手撕分报纸，至少分成两份，撕口平整 2. 将两张或多张纸连接起来，做成纸棍，并想办法固定形状 3. 完成后测量纸棍的长度

续表

年级	学习目标	学习内容	实践活动	课时	学习任务
二年级	学习用吸管制作桥墩、引桥、桥面和拱桥,能运用所学的方法以小组合作的方式创作一座吸管桥	桥的欣赏;吸管桥桥墩;吸管桥桥面和引桥制作;吸管拱桥	自创吸管桥	8	1. 四人小组讨论设计桥梁外形 2. 分工完成桥的各部分结构 3. 合作完成各部分结构的组装,颜色搭配要求美观 4.展示评价
三年级	通过纸雕的学习,能熟练运用剪刀、刻刀等辅助工具,并能用学得的方法进行纸雕桥的创作	桥的欣赏;直线、曲线刻术;平板桥(纸雕);拱桥(纸雕);斜拉索桥(纸雕)	创意纸雕桥:西湖桥系列	10	1. 寻访西湖及周边的桥,搜集相关故事及资料,并进行交流 2. 以纸为主要材料,运用纸雕的方式设计制作桥(独立完成或小组合作完成) 3. 展示评价
四年级	通过积木的搭建、组装,感受空间设计和桥梁结构的特点。在操作过程中理解不同搭建方法和桥梁结构强度、稳定性、受力情况的关系	桥的欣赏;积木搭桥(单孔拱桥、多孔拱桥、小亭桥、双亭桥);积木多塔桥	创意积木桥:运河桥系列	10	1. 寻访运河上的桥,搜集相关故事及资料,并进行交流 2. 以积木为主要材料,运用搭建的方式设计制作一座稳固的桥(独立完成或找伙伴合作完成) 3. 展示评价
五年级	认识浮桥的结构和承重特点。制作浮桥,理解制作方法和制作精准度对浮桥承重的影响	桥的欣赏;竹筷浮桥;可乐罐浮桥;创意造型桥;移动的桥(船)	浮桥承重	8	1. 自主选择竹筷、可乐罐、kt板等材料,四人小组合作设计制作一座浮桥 2. 完成后进行承重能力测试的展示
六年级	根据桥的本质含义,通过DIY形式,结合所学过的桥梁制作的方法,以不同的材料,创意制作心目中的“桥”	桥的欣赏;创意纸泥浮雕桥制作;DIY桩桥;桥的拓展	DIY桥:未来桥系列	10	1. 了解世界各地不同的桥,制作桥梁小报交流 2. 设计自己心中未来的桥 3. 根据设计自主选择材料制作桥梁(独立或合作完成) 4. 展示评价

(杭州市茅以升学校)

（三）推动学生自主设计，合作探究与深度体验

跨学科综合学习强调的是让学生在真实的情境中获得直接经验，其本质是学生的自主学习活动。学生可以根据活动主题，对活动主题提出自己的见解，体现自己的活动意愿，并充分挖掘活动的内涵。

强调自主探索。这是一个以学习者为中心的主动学习的过程，学习者们以任务完成为目标自主展开学习，教师以促进者或指导者的角色，为学生的项目学习提供必要的学习资源、学习时间和较为广阔的学习空间。如杭州英特外国语学校组织本校学生和德国学生合作探究“土地的使用如何影响我们的生活?”。学生从土地的过度覆盖、土地沙漠化以及土地的工业集约型使用等三方面自主提出问题，并通过小组讨论、学生创意、独立调研及实地参观考察，以及与德国学生研究团队的互动等，形成中外研究方法和研究成果上的互补。在这个学习过程中，中德学生才是真正的学习主体。

倡导群体协作。跨学科综合学习通常都基于小组合作学习。如温州市瓯海区实验小学的桥梁项目学习活动，要求学生设计一座从校门口到牛山滨水公园的桥。工程包含很多任务，如：设计桥梁图形、桥梁的长度测量、考察比较周边桥梁的特点、探讨搭建模拟桥梁的材料、计算选用多少材料、呈现效果图及分析等等。这就需要学生发挥特长，分工合作完成。在该学习过程中，须更多地关注在真实的合作学习活动中孕育的知识之外的能力。让学生体会：不要单独苦干，必须重视与他人的分享、交流、比较；在拟订计划与调研过程中，小组的协作分工比个人单干更高效；在成果表达时，要有自己的想法，但也要掌握组内同伴的意见，除了自我表达，还应该学着尊重和倾听他人；在合作过程中，需要有分工轮流的意识，用理性的方式组织并开展组内合作学习……这种在群体协作中所获得的能力和方法，将是学生受益终身的能量。

倡导深度体验。跨学科的综合学习，强调将学习者放置在一个超越学科范畴的、基于生活的真实学习情境中，通过问题解决的方式来完成学习。这样的学习是一个活化的、开放的过程，它关注学生学习过程中的迁移、应用、问题解决能力的培养，关注学生将已学到的知

能应用到陌生问题或新情境中的能力。这不仅可以促进学生自主学习意识的发展，对于学生综合问题的解决能力的提升乃至创新思维、创造力的培养也有很大的帮助。

（四）采用展示性的评价，让评价活动本身也成为学习

表现性评价是常用的跨学科综合学习的评价方式。不同于纸笔测试，表现性评价让学生在真实或模拟的生活环境中，运用先前获得的知识解决某个新问题或创造某种东西，以考查学生知识与技能的掌握程度，以及实践、问题解决、交流合作和批判性思考等多种复杂的能力。一些学校会开辟出专门的独立时间，搭建项目作品展、项目报告会等展示平台。在展示的过程中，学生会经历更高级的学习形式。如杭州英特外国语学校的科技节活动就是一个项目学习思路下设计的校园文化活动。在科技节上，学校制订科技节小发明、小制作评价标准和学生个人发展标准，并设计学校展评和班级展评两级展评体系，让学生在这一平台上展示项目学习作品。杭州师范大学东城中学在期末考试后到休业式前的这一周时间开辟了一个期末综合实践周，用于进行项目的展示、答辩、汇报、演讲。

案例4.12

“雾霾与发展”主题实践活动的评价

“雾霾与发展”是杭州师范大学东城中学的四大主题实践活动之一。学校为了促进学生的实践学习，针对较为突出的水污染、空气污染、垃圾围城等环保问题，确定了“水与生命”“垃圾与文明”“雾霾与发展”“艺术与成长”四大实践主题。每学期组织学生围绕一个主题开展综合实践活动课程。首先，由学校提出学期主题实践课程的初稿，提交全校教师论证完善。其次，各学科围绕主题申报拓展项目。再次，学校组织学生围绕主题进行研究选题，并根据自己的研究选题进行相关主题的全方位研究。利用春秋假和春秋游的时间进行社会考察与调查实践，与之配套的学科拓展与整合活动则被纳入学校工作计划，贯穿整个学期，用以支持学生主题实践活动的开展。最后，学校

在期末，专门组织期末实践周，通过专家讲座、学科拓展成果分享、答辩评价、梦想盛典展示表彰等形式开展主题实践活动的评价。

以“雾霾与发展”主题活动为例，该主题活动的目标为：

［知识目标］了解雾霾是怎样形成的，了解雾霾天气给人类生活（尤其是未成年人）带来的各种危害，知道雾霾的防治路径和措施。

［能力目标］从自己身边做起，在家庭、亲友、社区中进行宣传，学以致用，提高社会活动能力；在社会考察中提高与人合作分享交流的能力。

［情感、价值观目标］在活动中感受“大气保护”的重要性，增强保护环境、爱护地球的责任意识，关注社会，从小事做起，培育勇于实践、持之以恒的意志和品格。

学生在主题实践活动过程中，通常会确定一个自己感兴趣的研究主题作为自己一学期实践活动的主线，同时，在各科教师的帮助下，学生也有机会经历社会学科的调查，科学学科的探究，语文的歌词散文创作，英语学科的配音等。而学期末的成果展示周，则是学校为学生进行该主题实践活动的学习评价而专设的。具体的“雾霾与发展”成果要求表如下：

类别	实践名称	时间	实践形式与要求	成果呈现形式
研究性学习	通过社会调查、科学实验了解雾霾的成因、防治等	6—8月	1. 调查类 （1）家庭汽车使用情况调查 （2）雾霾成因、现状及防治方法 （3）行为调查 2. 实验类:空气净化方法研究 3. 制作类:空气净化器的制作	递交调查问卷、报告、照片、音视频。参与科学、社会专题报告会
	社会实践、科学调查报告分享会	期末实践周	分享前期科学、社会调查和实验的成果。以年级为单位预选优秀成果参与全校展示和答辩	各班选择一个社会学科或者科学学科主题进行展示答辩
感性表达	“我眼中的雾霾”歌词创作,散文创作比赛	5月18日	写作形式:七年级诗歌创作。八年级散文创作。评奖:根据参赛人员评出一二三等奖。(成册展评)优秀节目在“梦想盛典”展示	学生人人参加,优秀作品在校园网进行展示并集结成册

续表

类别	实践名称	时间	实践形式与要求	成果呈现形式
感性表达	雾霾主题经典片段配音	期末实践周	以环保为主题，学生小组合作截取经典电影片段，用英语配音，优秀节目汇报展示	以班集体为单位，英语老师准备好材料，然后各班挑一个
	“雾霾与发展”宣传海报制作活动	期末实践周	学生设计主题为“我们要蓝天”的宣传海报，海报的内容必须围绕主题进行设计	优秀作品在校园网、学校大厅展览
参观考察	参观低碳科技馆	4月29日	利用春假参观低碳科技馆，感受现代科技	完成活动手册
科学实验	酸雨研究报告	5—8月	1. 通过对酸雨知识的学习，了解酸雨的成因 2. 通过实验，探究酸雨对生活的影响。期末评选优秀实验方案，下学期开学评选优秀实验报告	研究报告集结成册，优秀作品校园网上展示

根据成果要求表的要求，学生可以结合自己一学期丰富多彩的实践活动，在成果展示周进行展示与答辩。同时，在这样的评价展示活动中，学生是展示者、被评价者，同时也是评价者。许多时候，成果的答辩是由学生之间的互评完成的。如“探究酸雨对植物生长的影响”的实验方案是给一组新鲜的植物叶子喷洒稀硫酸，将另一组喷洒蒸馏水的新鲜植物叶子作为对照组，进行实验观察。台下就有学生质疑其科学性：“你们研究酸雨对植物生长的影响，几片叶子怎么能代表一株植物?”该小组的学生答辩说：“我们这是绿色实验，因为我们已经假设酸雨是对植物的生长是有影响的，因为我们不想做实验去杀死一株植物，所以通过观察酸雨对新鲜的植物叶子产生的影响来判断酸雨对植物的影响。”台下的学生追问：“难道酸雨对植物的影响仅仅是对叶子的影响吗？我们认为植物的根吸收水分，酸雨对植物根的伤害可能更大!”经过唇枪舌剑的讨论，该研究小组最后表示“我们确实需要修正自己的研究任务”，把“探究酸雨对植物生长的影响”调整为“探究酸雨对植物叶子生长的影响”。经过这样的答辩实践，全体学生对自己的主题实践活动有了更深的认识和理解。

（杭州师范大学东城中学　陈沪军）

此外，在项目学习的评价中，常会要求学生在实物演示的基础上，辅以展板、PPT、视频等，多途径多方式地展示成果以及项目进展的重要过程；还要从研究报告角度，对问题情境、问题分析、解决方案、实施过程、成果成效、问题与展望等方面做综合性的分析、梳理及表达；有时还会要求学生能基于作品，解释分析其原理，反思和讨论学习过程中的收获和启示。这其实是更为深刻的高级学习。

四、跨学科综合学习的问题与挑战

在跨学科综合学习中，开放的活动、多元的评价、生成的过程都能启发和引导学生创新意识，开拓学生创新思维，塑造学生创新人格。从这一角度看，跨学科的综合学习比传统的学科综合学习更有优势，它可以最大限度地激发人的创新潜能，提高个人在实践中认识问题、分析问题和解决问题的能力。

但在我国新世纪课程改革的推进过程中，从单一的学科课程为主的课程体系走向学科与综合并存的课程体系的实践只有短短十几年，无论是综合学科还是综合实践活动课程建设都尚处起步阶段。推动跨学科综合学习的路径看似多元，却步履艰难。

（一）跨学习领域学习的重要性尚未得到广泛认同

跨学科领域的综合学习在我国尚处初级阶段，在相对“繁重”的学业压力中，不少学校校长和教师认为综合学习只是一个“学科＋”的工作，他们对学科综合学习相对认同，但对于跨学科的综合学习却重视不够，仅仅以观望为主。跨学科综合学习只是部分学校和教师的尝试和探索。

（二）综合视野的学科教师难找，寻找跨学科领域的综合教师难上加难

在跨学科的综合学习中，不少学习主题涵盖自然、社会、自我等诸多领域。因为我国推出综合实践活动课程后，并没有从国家层面制订明确的标准、内容、组织、评价方式，并没有统一编写教材。因

此，大多数教师的教学活动缺少操作性的指导，加之受到传统学科教育体制的影响，教师的专业素养及指导能力停留在单学科为主体的学习组织实施中。培养和寻找适合综合学习的教师很难。

（三）校本化的课程实施对学校的严峻挑战

跨学科综合学习强调学生学习的实践性、自主性、开放性、生成性，学校须具备丰富的课程资源才能使其正常运行和发展。“课程资源”相当于综合学习得以依存的母体。然而目前，缺少现成的课程资源，仅依赖现成资源也并不是综合学习的理想途径。校本化的课程实施是跨学科综合学习的重要特点，单兵作战的校本化的资源开发对于薄弱学校而言，确实有些力不从心。

贯通所学知识技能，联系生活实际应用是学习活动的最终归宿。“知识不等同于信息，信息是别人的知识，而不是自己的知识，要将信息转化为自己的知识，必须要充分发挥学生的积极性和主动性。”学生学习不是为了训练基本读、写、算的技能，也不是为了单纯获得知识，关键在于能够将在学校学到的知识技能合理运用到实践生活之中，真正掌握知识。[①]而在学生的学习经历中，倡导知识、技能和态度情感的整合，引导学生在学习过程中对之前所学的各种知识、方法的各个组成技能进行协调，并实现迁移到日常生活与工作情境中去的综合学习意义重大。但在浙江省改革中，我们也发现，推动综合学习是项复杂而庞大的工程，它包括推进学科综合性学习的实践，推进新世纪本轮课程改革的亮点课程——综合实践活动课程的开展，也包括探索课程整合的改革方向等。特别是跨学科综合学习中度的把握和路径选择，更是学校的一次量力而为的校本行动。

---

①盛群力，马兰．意义学习设计［M］．杭州：浙江大学出版社，2011.

[第五章]

课堂学习延展的多样路径

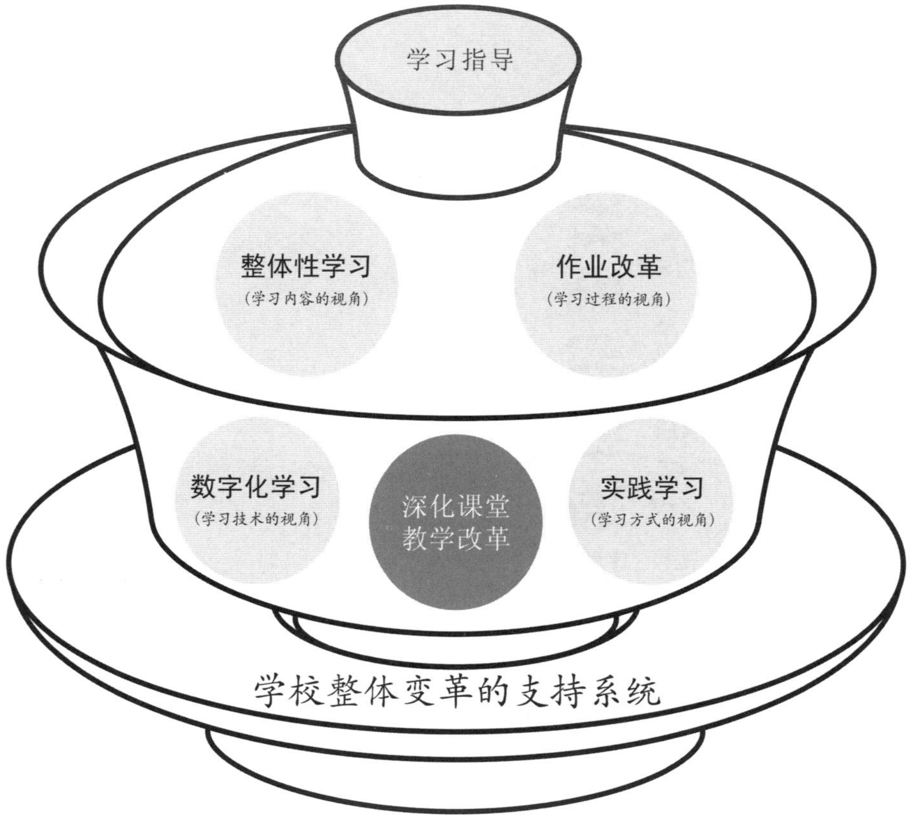

图5.1　深化课堂教学改革的综合视野与多样路径

课堂是实施素质教育的主阵地，是教学改革的重点。在促进有形的、具体的课堂学习有效发生的努力中，我们还应有一种视野。那就是超越课堂的学习，从有形的课堂学习延展到更泛在的学习时空与生活实践。

在浙江省教学改革这些年的探索中，我们提出"以作业撬动学习方式变革"的口号，在2014年12月与2016年5月召开两次作业改革研讨会，将作业改革结合到课堂教学改革中，积极探索现代信息技术在课堂教学中的应用，组织"翻转课堂"的调研与研讨；因为其间正值2015年深化义务教育课程改革的整体推进，又从课程的视角来思考教学的改进，赋予浙江教学改革更广泛更深刻的内涵。因此本章结合已有实践，呈现课堂学习延展的三方面视角。

一是从课程的视角思考教学的改进。如何从以课时为单位的课堂学习，发展为单元整体规划的课堂学习；从"讲中学""听中学""练中学"为主要方式的学习，发展为包括"做中学""体验中学""感悟中学"等多样方式的，以实践为突破的学习；从单学科的学习，发展为跨学科的综合性的学习；从着眼于认知发展的学习，发展为促进人的社会性成长的全面育人的学习。这是从内容、学习方式以及目标取向上对传统课堂的突破与延展。

二是将作业融汇在教与学的全过程中。如何从作业功能的研究入手，整体研究课堂学习设计与作业设计，使课前的预学作业、课中的随堂作业和课后作业相互匹配，在不同的学习时段设计功能适切的作业。如何帮助教师建立起整体考虑作业设计、作业指导与作业管理的机制，使作业与课堂学习有机结合。这是从学习过程，具体为学习环节上对课堂的延展。

三是利用信息技术促进学习的变革。如何在数字化环境下探索新型的虚拟的课堂、"翻转"的课堂，探索线上线下相结合的混合式学习系统的构建，在改变学习形态的同时，让学习更泛在，突破时空的局限。这是面向未来的，更具革命意义的课堂学习的延展。

也许已有的实践只是初步的探索。但这与国家教育改革与发展的方向是吻合的。在中共中央、国务院印发的《关于深化教育教学改革全面提高义务教育质量的意见》中，就将“完善作业考试辅导”与“促进信息技术与教育教学融合应用”作为“强化课堂主阵地作用，切实提高课堂教学质量”的重要措施。这是课堂教学改革发展的自然突破。

第一节　从课程的视角思考教学的改进

广义的课程指学校为实现培养目标而选择的教育内容及其进程的总和，它包括教师所教授的各门学科和有目的、有计划的教育活动。而狭义的课程指的是某一门具体的科目。

人们通常会从狭义的角度去理解“课程”。课程建设也主要被视作学习内容的选择与组织的过程，主要是关于“教什么”“学什么”的回答。但是，课程应是“课”+“程”。它不只是“静态”的学习内容，它同时包含学习方式这一“动态”的学习进程的规划，包含“怎么教”“怎么学”的问题。因此，将学习内容与学习方式紧密结合是学校课程建设的重要原则。

学校课程建设有两条路径：一是基于规划的课程建设，二是在课程实施中的课程发展。现实中两者各有利弊，同时存在。但无论如何，课程建设必须要与课程实施紧密相连。

一、课堂学习设计：最重要、最基础的课程建设

在中小学，备课其实是最常见、最重要、最基础的课程建设。它是教师基于课程标准与学情，对学习内容进行“学习化”的过程，它将专家“设计的课程”转化为教师“实施的课程”，通过对课程的二次开发来落实国家课程。这是学校教育的主要部分，教学改革起步于此。

浙江在推进教学改革过程中，较早提出“学习设计”的主张，将备课视作教师利用学习资源设计学习活动的过程。后来还发展出“学习活动设计先于教学过程设计”的备课原则。

二、整体性学习:学科内的整体学习设计

传统的备课以课时为单位,局限于课时备课容易导致教学活动碎片化,缺乏整体思考。本该"用教材教"的学习活动容易成为简单的"教教材"。事实上,学习内容的选择与组合,可以以课时为单位,也可以以篇章为单位,还可以以单元为单位,甚至可以以主题为单位跨学期跨学科地设计学习活动。教学改革初期,教师们往往围绕课时来构思。但是随着改革的深入,单元学习设计[①]、主题学习设计等渐渐受到关注。

路桥区最早对完整的知识体系被拆解入"课"的现象进行反思。他们认为,"离散的目标教学取代了整体的领悟,思维的发展变成单维度、小步子的线性进程"。他们提出基于整体思维的单元学习规划的设想,"从碎片化学习走向整体性学习"。这需要教师在学习伊始,就让学生明白学习该内容的意义和目的,让学生面向整体任务,聚焦核心问题。这种"引学习者入门,把整体还给学生,让学生先见'林'后见'树'"的教学思想,是当前教学改革的重要方向之一,是理科学习内容加工的重要原则。

对于语文等语言学科,学习内容的选择与加工需要遵循另一种思路。路桥二中、杭州外国语学校等学校强调"语文学习的根本途径就是言语实践",通过提高阅读频率发现语言形态内在规律,通过增加随堂写作次数学会利用这种形态规律去表现思维。他们不对每篇课文都进行精讲细练的所谓"抠字教学",而是每周专设阅读课,让学生泛览书籍。在课堂中,把教材变成开放的体系,每讲授一篇课文,都会引进大量的文本供学生阅读,在学生有所感悟时,让学生即时记录,课后随感写作。这种以读促写、读写结合的教学观念,反映了语文学习的本质,避免了以前寻章摘句、沉溺于文本局部的碎片化学习。

深化课程改革提出"加强课程整合"的要求,"整体性学习"其实就是学科内的整合,不过,我们更愿意将之理解为整体构思的备课。单元整组教学、群文阅读都体现了这一方向,并在我省多个地区推广。

---

① 钟启泉.学会"单元设计"[N].中国教育报,2015-06-12.

三、实践学习:转变学生学习方式的学科拓展

以学科为基础,从课程的视角讨论教学改革,可以描述出若干课程形态。一是前述的学科内的整合;二是学科内的拓展;三是跨学科的综合;四是突破学科、超越学科的新的学习领域。

学科内的拓展,主要有知识性的拓展与实践性的拓展两个方向。譬如数学史、数学思想方法等拓展课程属于前者,它主要在学习内容方面有所深化。又如演讲、戏剧等拓展课程属于后者,其意义主要在加强语言实践,还原体现课程本质的学习,促进学习方式的转变。

从学生长远发展来看,"课堂学习"只是学习的局部,"经历学习"必不可少。浙江深化课程改革更多地倡导实践性的拓展,将"促进实践学习"作为基础教育"补短板"的切入点。期待在学以致用的学习实践方面有所突破。

四、主题综合课程:还学生以自然的、真实情境下的学习

在主题学习设计时,出现了一些跨学科的学习活动。这类学习活动发展形成"主题综合课程"。也有人称此为"主题整合课程"。

综合课程与分科课程的论争由来已久。综合课程的本意是克服学科本位,倡导能力立意与学生立场,主张学生通过"自然的方式"实现学习;而分科课程则强调学科立场,关注知识及其体系,主张学生按照"人为的方式"进行学习。在其对立的背后,"儿童中心论"与"学科中心论"的论争时隐时现,但两者并不完全对立。

因为学生在真实生活中面临的问题是综合的,未必都能清晰区分出具体问题所归属的学科,而且年龄越小,越加没有区分问题的能力,所以要通过综合课程还学生以自然的真实情境的学习。这些学科间综合的学习活动,有利于锻炼学生的综合能力,提高学生提出问题,并应用知识解决问题的能力,是综合实践活动的雏形。

五、综合实践活动:促进有学习意义的"经历"的课程

综合实践活动是我国新世纪课程改革的亮点,也是课程改革实践中的难点。它旨在让学生在真实情境中获得直接经验,在学以致用中提高解决问题的本领。其价值在于它源于生活,成于真实,收于解惑。综合实践活动课程的内容锁定于学生的生活实际,无论是研究性学习、社会实践,还是劳动与信息技术,学生学习的内容都是生活中最熟悉的部分,都具有真实的生活体验。学生一旦通过研究找到问题产生的原因或获得解决办法就会有极大的成就感[①]。它通过跨学科的、项目化的真实情境,让学生在经历以实践问题为对象的问题解决的过程中,提高知识的综合运用能力,推动学生主动探究和真切体验。它是前述这些学习方式的综合,并着重加强了体验意义的学习。我省许多地区和学校都有这方面的成果与经验。

在综合实践活动尚难常态化坚持时,浙江加强了基于学科的综合学习和实践学习,拓宽学科课程与综合实践活动课程之间的"中间地带"。嘉兴南湖国际实验学校的"全科阅读"与杭州英特外国语学校的"模拟联合国活动"等就是一些典型案例,有的还与作业改革相结合。这种依托学科、走出课堂的常态化的课外学习值得肯定与推广。

深化课程改革,拓宽了前期教学改革的探索思路,教学与德育的协同、课程视域的拓展,使学校教育改革之路既务实又具有前瞻性。当然,深化课程改革要切入深刻处,回归到常态时,还要聚焦到课堂教学,聚焦到学习的真实发生。

---

① 张丰,伊红.综合实践活动课程的意义与使命[N].浙江教育报,2015-11-25.

第二节　融于学习全过程的作业改革

在浙江，较为深入而系统的作业研究要追溯到2000年。当时在“减负令”的号召下，台州市教科所以仙居、温岭为基地，开展小学作业改革研究。2002年后，研究力量集中在仙居。在此后十年中，他们从研究作业设计入手，研究作业的功能与操作运用等，提出从技术层面落实减负的建议。这一研究奠定了浙江从作业功能切入改进作业的研究路径。

2008年，在浙江省教育厅教研室研制的《学校教学管理指南》的带动下，全省许多学校开始改进作业的探索。杭州市萧山区、桐庐县，湖州市吴兴区是此后几年该领域的实践典型，他们改进作业管理，引导教师参与作业设计，促进教师对“学”的研究。特别是湖州市吴兴区开展的作业“控量提质”工作，成为当地带动备课、上课、巩固等环节教学改革的切入点，在省内产生了一定影响。

2010年前后，随着课堂教学改革的兴起，浙江提出“以作业撬动学习方式变革”的口号，一些地区在研究“导学案”的过程中，形成以预学任务、随堂任务、巩固任务等为主要功能的，平行于学习过程的作业思路。如杭州市萧山区的《导学新作业》、桐庐县的《自主学习导航》、江山市的《高效课堂课堂活动单》等。湖州市南浔区通过校本题库建设、专题化作业研究、导学式学习任务研究等路径系统推进作业改革，借作业研究倒逼课堂改革。

几年后，浙江中小学作业改革呈现以下特点：作业形式从单一走向多样多元，作业功能从简单的学后巩固走向与课堂学习的契合，作业管理从统一编选走向分层个性。不少学校在校本作业的开发和管理，教师作业能力的提升与发展方面进行了富有成效的探索。浙江省教育厅教研室分别于2014年12月和2016年5月，在湖州市吴兴区和杭州市拱墅区召开了两届中小学作业改革研讨会，全面交流作业改革前期探索的成果，引导基层更深入地理解作业的意义，推进更广泛的作业研究。

在深化课程改革的背景下，浙江省教育厅于2015年12月下发了《关于改进与加强中小学作业管理的指导意见》(以下简称《作业管理指导意见》)，从加强作业的布置与管理、落实作业的批改与反馈、科学合理地推行实践性作业等方面提出指导意见。在各地的实践中已不同程度地反映出意见的很多精神。

一、从学习功能的角度认识作业的意义

长期以来，人们只是将作业视为课后的巩固训练。但在从“关注教”转向“关注学”的今天，如果说课堂是教师在现场组织学生开展的集体学习活动，那么作业便是教师“隐身”着引导学生开展的自主学习活动，它是承载学习内容、体现学习方式、实施过程性评价的载体。从这一角度看，作业是与课堂同等重要的学习活动。相对于课堂研究，教师们关于作业的研究显然不够。

要作业有效，教师应该清楚该作业在整个学习过程中的作用，且学生了解该作业的目的与学习意义。从2003年开始，我们关于作业研究的切入点渐从作业的形式转向作业的功能，从作业的视角看学习的实现机制。

《作业管理指导意见》指出：“要从学习活动整体考虑，系统、科学、合理设计不同层次的作业，引导学生自觉预习、及时整理和巩固所学知识、养成良好的学习习惯。”从作业功能的角度思考，作业除了具有巩固训练、促进学习目标达成的作用外，更具有引导预习、促进理解、诊断学情、引导合作、整理知识、养成习惯等作用。教师在不同的学习环节，应该设计不同功能的作业来支持有效学习，脱离学习任务性质而孤立地讨论作业形式并没有意义[①]。

对作业功能的研究，促使作业设计从习惯性的“知识本位”走向“学生本位”，从学习过程的整体和学生主体参与的视角来研究作业。图5.2为“以学习者为中心”的作业体系。

---

① 张丰，张志伟. 作业减负：从“政策层面”走向“有效学习”[N]. 中国教育报，2014-07-25. 该成果曾获基础教育国家级教学成果二等奖。

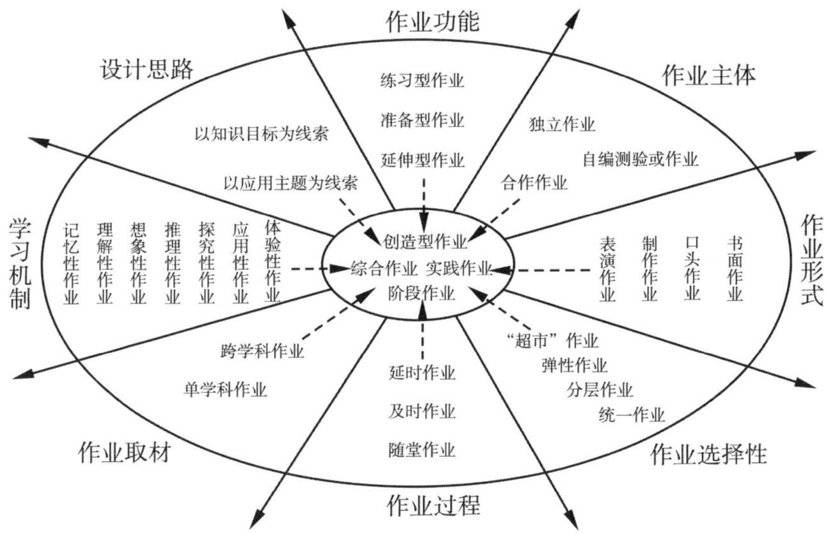

图5.2　“‘以学习者为中心’的作业新体系”示意图

（一）以作业落实补偿学习

要积极发挥作业在学习诊断和补偿学习方面的作用。教师可以对学生的错题进行整理和归纳，并根据学生的学情和错题类型，研制跟进式作业，为学生补短板。教师可以根据学生在课堂例题、教材中的思考讨论、阅读材料、探究活动、当堂诊断、配套作业等学习活动中出现的具有普遍性、代表性的错误，设计有针对性的教学。

（二）以作业改进学习方式

要借助作业让学生经历与体验多样的学习方式。如布置一些引导学生主动进行问题解决的“探究性作业”，要求学生以独立自主或合作讨论为学习形式，运用操作、猜想、分析、实验、推理、归纳、发现等学习方式解决这些探究性问题，这样的作业有利于学生形成主动探索的学习习惯。

（三）以作业优化学习策略

要积极探索作业在知识梳理、反思学习方面的作用。如引导学生通过错题订正、错因分析、思路阐释、经验总结和整体反思对自己作业的结果进行审视和分析；让学生在作业整理过程中摸索出适合自己的学习策略，学会反思，养成良好学习习惯，形成学习自我监控。

案例5.1

促进学生形成学习自我监控的反思性作业

所谓反思性作业，是指学习者在作业订正后，自觉对发现的问题和作业的过程进行反思的学习活动。它主要包括错题分析（如错因探查、问题剖析和思路描述等）和整体反思（如要点整理、自我评价、学法感悟、情感觉察等），让学生在分析反思中促进学习的优化。

反思性作业要求学生以自己的作业过程为思考对象，对自己作业的结果进行审视和分析，其基本目的是主动发现问题、深刻剖析原因、系统总结经验和彻底解决问题。通过错题订正、错因分析、思路阐释、经验总结和整体反思，促进学习者学习方式的优化，提高学习效能，增强学习的责任心、主动性、批判性、探究性和创造性，实现学习者的自我改进、自我教育和自我发展，从而促进素质的全面提升。下表为反思性作业的实施流程及要点。

步骤	实施环节	实施要点
1	复习整理	“看书不作业”，即下课后在做书面作业之前先花几分钟看书复习
2	独立作业	“作业不看书”，即把每一次书面作业当成考试一样来对待
3	红笔订正	完成作业后立即校对，对照所给答案（尽量详细）用红笔进行订正
4	问疑讨论	通过讨论请教（组长、课代表）问懂疑惑之处，仍不懂的做上记号
5	错题分析	在每个错题的旁边用红笔写出错因分析、解题思路和经验教训
6	整体反思	对整次作业进行评价总结，用红笔写出认知和情感体悟
7	上交师批	以小组为单位上交，教师根据订正和反思的质量给予相应等级评价
8	下发登记	每次下发作业本后由小组长和课代表做好等级登记，定期统计表扬

（杭州市富阳区永兴中学　裘志平）

二、贯穿学习全过程的作业任务设计

2009年，针对课堂教学改革中“学案练习化”的现象，我们开展了预习作业、课堂作业和课后作业等的研究。2011年，我们提出“任务学习”①的主张，将作业视作承载课堂学习的任务，视作促使课堂体现自主、合作、探究等学习方式的载体。事实上，任务（作业）已存在于学习的全进程中，在不同的学习环节，有不同功能的作业（任务）支持和促进学生的有效学习。因此，我们以作业撬动学生学习方式的转变，改变以往依赖课堂听讲、课后训练的学习方式，使学生变“被动地听会”为“在主动经历与思考中学会”。

基于“任务学习”的思想，我们构建了“学习与作业相融合”的操作体系，引导教师整体研究课堂学习设计与作业设计，以任务（作业）来组织教学进程。

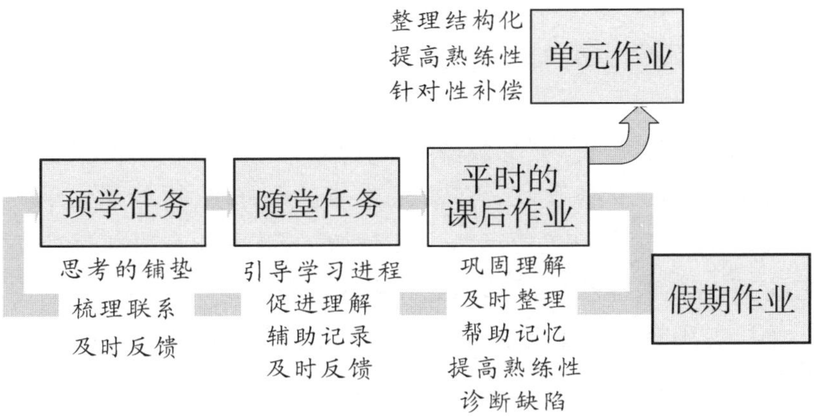

图5.3　与学习进程同步的作业任务及其功能

与“教学设计”相比，提出包括预学任务、随堂任务、课后作业以及教师指导的整体“学习设计”的意义是突出的。它强调从“备教”转向“备学”，要求教师研究学生的学习规律，设计学习任务，策划学习活动，把“上课”的“教”视为“学习设计”的运用。采用“学习设计”的方式，可

① 张丰.课堂变革：从“对话中心的课堂”到“任务中心的课堂”[J].浙江教学研究，2011(5)，10-13.

以突破45分钟课堂的局限，将课前预习的设计、课堂学习讨论的设计、课后巩固延伸的设计，甚至单元学习设计都包括其中。它有助于教师更好地认识完整的学习过程。

湖州市南浔区、温州市龙湾区和温州市经济技术开发区等许多地区积极以作业改革为突破口，研究配合课堂教学改革的诊学作业、导学作业和拓学作业，推动教学改革。宁波市北仑区在推进作业改革的基础上，进一步提出“教练评”三位一体的教学模式。基于任务的学习设计及其运用在实践中逐渐成熟。

案例5.2

作业随堂化：将作业融入课堂学习的探索

2014年9月，我们启动基于“作业单”的互助课堂的构建行动，将“作业随堂化”作为课堂变革的切入点，致力于作业与课堂学习的有效关联，将作业融入课堂学习环节，以作业引导学生自主学习，倒逼课堂让教于学，实现课堂学教方式的转型。两年多来，我们的认识与实践大致经历了三个“台阶”。

作业随堂完成，促成“少教多学”（2014年9月—2015年1月）

在第一阶段，试点学校为了压缩教师讲的时间，增加学生学与练的时间，要求课堂预留一定时间给书面作业，并将作业本等从课外移到课内完成，尽可能让学生在课堂上完成书面作业。

初期实践的成效主要反映在：一是教师为了让学生在课堂上完成书面作业，讲的时间少了、讲的内容精练了；二是学生学与练的时间增加了，课外作业负担得到一定的控制。但是新的问题也随之凸显：随堂作业与教学目标的契合度不高，作业与学习脱节，未能有效引导学生自主学习，学生学的方式和教师教的方式未发生根本变化。

作业随堂融入，凸显“任务驱动式学习”（2015年2月—2016年8月）

在实践中我们逐渐意识到，作业随堂化不仅仅是让学生随堂完成作业，更重要的是让作业承载思考，融入课堂，驱动学生主动学习。于是，我们以学习目标与学情为依据，重视作业资源的二次开发，找准作业与课堂学习的链接点，在恰当的时机将作业以学习任务的形式融入课堂学习，驱动学生主动学习。

具体方法是先分析原题与学习目标的契合度，再根据学生学情，合理处置原题，弃用不符合学习目标的作业，整合同类的、碎片化的作业；删除不合标、难繁、重复、学生已会、超出学生能力、远离学生生活实际的作业；在作业中增设问题情境和学习方式的视角，增加分层要求与学习指导。

通过这一阶段的探索，日常作业的目标指向明确了，作业与学习目标的内在一致性有所凸显。作业既关注学的路径，也关注学的指导。不过，也有一些问题需要重视，如对作业随堂化缺少系统思考，“运用作业促进有效学习”的整体架构尚未形成。

作业随堂促学，构建“学为中心”课堂（2016年9月至今）

融入课堂促进学习的作业主要有三类：一是促进学生自我诊断、帮助教师诊断学情的“诊学作业”；二是引导学生自主学习、渗透学习方法、促进学习目标达成的“导学作业”；三是将学生引向高阶思维活动、综合性学习、实践性学习的“拓学作业”。三种作业的出现与配合，打通了作业与课堂学习的“最后一公里”，实现了在不同学习阶段以不同功能的作业来促进学习的技术突破，构建了“基于学情、学为中心、教服务于学”的新型课堂。

启动“作业随堂化”项目以来，教学面貌有三方面的变化：一是教师备课从设计“教”向设计“学”转变，75%以上的教师表示，他们现在备课非常重视学习目标、学习任务、学习路径、学习指导的设计。二是教师变“教”为“导”，在作业随堂化的倒逼下，课堂不再是教师的一言堂，教师变知识传授者为学习指导者。三是学生的学习方式从“被动听讲”向“自主、合作、探究”转型，在作业任务驱动下、在作业的学习路径指引下、在三类作业架构下，学生学习更主动、更自主、更有效。

（温州市经济技术开发区教师发展中心　涂元柱）

三、根据学习进程设计功能适切的作业

在构建与课堂学习相配合的作业系统的过程中，预学任务、随堂任务、同步作业、周末作业、单元作业和假期作业都应各有特点，但大多数

教师忽略了这一点，出现不同阶段作业同质化的问题。作业改革必须减少仅仅有训练意义的作业，把握不同学习阶段的作业的功能与特点[①]。

（一）融于课堂学习设计的预学任务、随堂任务与同步作业

这三类作业是与课堂学习紧密联系的。预学任务与随堂任务既用来引导学习进程，同时也用来诊断学情。同步作业是最常见的课后作业，它是及时的、针对性的、检验学生理解的习题或任务，应该是分散在常态学习中的形成性评价。但不少老师“以试卷代作业”“以熟悉代理解”，同步作业反而变成了效率较低、问题较大的环节。

浙江省初中语文学科在研制《初中语文作业本》时，就以单元学习、课文学习和学生学习经验为依据，尝试将原来定位于课后巩固的作业，发展为引导思考的导学任务。

案例5.3

注重导学功能的浙江省编《初中语文作业本》

特点一：作业本须与教科书紧密配合，按照“课前预学—课堂导学—课后拓展”的思路来编写，让作业贯穿学习全过程。“课前预学”供学生自主预习，为课堂深入学习做好铺垫和准备；“课堂导学”供教师在课堂中引导学生就重要学习内容开展研讨，其功能是引导学习进程、促进学生理解；“课后拓展”则是对本课学习内容的延伸和深化，引导学生开展研究性学习和专题性学习。

特点二：遵循教材设计理念，区分课型，设计作业，有效引导学生学习。教读课文的作业，我们按照由教师带着学生在课文阅读中学习阅读策略和方法的教材编写理念，在“课堂导学”环节，遵循学生学习规律，设计一些情境性的语文学习活动。对于自读课文，我们引导学生自主运用在教读中获得的阅读策略和方法，以“学习任务”的形式来设计作业，以进一步强化学生的阅读方法，沉淀自主阅读的阅读能力。

特点三：作业本中渗透学习指导。作业本中的学习指导的形式有：

① 张丰．作业改革的切入点[J]．基础教育课程，2016(9)：85.

一是在学习任务的编制中自然渗透阅读策略和方法,如在学习略读的单元,设置了学生自主计时开展略读的活动;二是采用“小贴士”“知识卡片”和“写作助手”等栏目,随机嵌入指导。“小贴士”是为学生开展学习活动准备的温馨提示;“知识卡片”是为促进学生深入学习、解决实际问题设计的一些针对性知识小卡片;“写作助手”则是引导学生开展写作的程序性知识,强调对学生写作的过程性指导。

特点四:倡导实践探究性作业,引导学生在实践中学习语文。语文是综合性、实践性很强的学科,作业本着力引导学生关注现实问题的情境解决,设计一些专题性任务的实践学习,比如“新闻通讯”单元一反常见的单篇课文的作业编写,按“新闻阅读”、“新闻采访”和“新闻写作”来设计学习活动。“新闻阅读”部分引导学生区分消息、通讯、特写等不同形式的新闻体裁,并掌握基本阅读方法;“新闻采访”部分设置了讨论新闻选题、确定采访思路、设计采访提纲、记录采访要点四项实践性活动任务;“新闻写作”则在“评分规则”的引领下要求学生完成整理新闻素材、完成写作初稿、开展小组互评、修改完善消息四项学习活动。学生在这一系列实践性、综合性的新闻学习活动中,真正提升包括听说读写、团队合作、自我管理、问题解决、家国情怀等在内的核心素养。

(浙江省教育厅教研室　章新其)

(二)促成整体学习并落实诊断与补偿功能的单元作业

正如教学活动存在严重的“碎片化”现象一样,学生作业更为“碎片化”。“碎片化”的作业无法形成整体学习,只在不断增加或有序或混乱的记忆痕迹。因此在作业设计时应有“单元意识”,从单元整体来规划作业,这既包括前面的预学任务、随堂任务与同步作业,还包括单元学习结束时有特定功能的单元作业。

单元作业应是重在诊断与补偿的形成性测试。有针对性、可解释性是其重要特点。有准备的教师还会有根据诊断而跟进的补偿练习的预案。

案例5.4

整组观照，学用融通：小学语文单元作业的设计

单元作业是以“单元核心目标”为依托，探求学习规律，提升表达水平，丰厚学生积累，综合展现学习成效的学习活动，同时又对整个单元进行查漏补缺，为教学调整提供信息。其设计策略有：

变“简单回顾”为“精彩回放”

在单元整体回顾阶段，要避免随意、零碎的作业，教师要采取“精彩回放”的方式，向学生呈现最能体现本组课文表达方式的特点、语言描述的品位的作业，让学生重温学习过程，随后直击单元重点，在自然的方式下系统梳理本单元的知识要点。

变“着眼文本”为“走向生活”

除了要让学生掌握本单元相关的知识点外，单元整组作业更要引领学生超越文本，从课内走向课外。依托文本，设计情景说话、课堂小练笔、课外阅读拓展等相关作业，使作业向生活延伸，让学生从中有所发现，获得启示。

变“单一学习”为“综合运用”

举一反三，才能使学生形成较强的语文能力。单元小结时，可以设计课本剧表演、主题辩论、做读书摘记卡、写读书心得、制作小报等主题性语文实践活动，回归整体。这样才能使单元小结课真正达到“认识上有提升，能力上有发展”的教学目的。

变“应命而作”为“厚积薄发”

教材的每一单元基本都只安排一次习作训练，间隔时间长，练笔次数少，容易造成习作与阅读脱节。因此，从单元整体感知开始，就应在教学中贯彻学以致用的理念，积极寻找有机的读写结合点。只有在单元目标的指引下，通过小练笔积累语言、领悟文本主题、学习写作方法，在整体回顾阶段才能实现厚积薄发。

附小学语文单元作业一例。

本单元主题	课文	写了谁的生命历程(或故事)	初读感受或对主人公的第一印象
	《触摸春天》		
	《永生的眼睛》		
	《生命生命》		
	《花的勇气》		

(湖州市南浔区教研中心　徐勤芳)

(三)集中时间的自主状态的假期作业

假期是较为集中的、完全自主的学习时段。假期作业运用得当是学生实现“弯道超车”的好机会。

改进假期作业是浙江作业改革的一个亮点。如杭州市文晖中学于2010年年底在启发教师反思的基础上,提出“让作业有意图,让学习有意义”的口号,启动“新寒假作业运动”。他们开展以备课组为单位的寒假作业设计活动,策划寒假作业设计交流会等研修形式,促使教师理解寒假作业改进的意图,进而带动促进学生有意义学习的课堂教学改革[①]。湖州市吴兴区还曾以初中科学学科为试点,探索网上假期作业,一方面加强作业过程管理,另一方面促进作业与辅导的结合,让假期作业成为有序的自主学习。

案例5.5

体现“假期学习”特点的作业[②]

“假期学习”是学生在相对集中的一段时间中的,基于自觉状态的学习。与“学期学习”相比,“假期学习”的特点主要有以下几条:

从“班级集体学习”到“个体分别学习”,尊重学生差异

在学期中,教师通常以班级为单位组织教学。尽管学习是个体独

① 杭州市文晖中学课题组.作业有意图,学习有意义:改进寒假作业的研究与行动[J].浙江教学研究,2011(3):35-37.

② 张丰.呼唤体现“假期学习”特点的作业[N].浙江教育报,2011-12-15.

立发生的,但往往受到班级集体学习的影响。所以,“学期学习”难以兼顾学生差异。但“假期学习”就完全不同了。假期基本上是学生独立自主支配的时间,这为尊重学生差异提供了可能。教师主要通过布置假期作业来影响学生的时间支配。如果假期作业仍然是“一刀切”地统一布置,就会浪费假期的大好机会,导致学优生停步不前,学困生的问题又得不到及时纠正。

在假期中,不同的学生应该做不同的作业。教师可以设计多层次与多类型的作业任务,采用指定、建议或学生自主选择相结合等形式,让学生做更适合自身特点的、更有针对性的作业。这是对学生独立学习的尊重与充分利用。

作为连续学习后的集中休整,应重视梳理、诊断和补偿

经过一个学期的连续密集的学习,学生接收到了大量的学习内容,但还来不及拾掇整理,细细消化,还没有串成“项链”,形成结构。如果不及时将这些零散的知识系统化的话,学生就容易遗忘,或者顾此失彼。假期是学生知识整理的黄金期。假期的任务是将一个学期的收获与欠缺进行回顾与整理。把收获夯实,给欠缺打“补丁”。

但是,很多教师布置的简单机械的重复训练,挤占了学生的时间,让学生无暇去完成更值得做的事。这是我们今天的假期作业所忽视的问题。在假期这段相对集中的时间中,学生应该开展的是在诊断基础上的补偿学习,应该开展的是阶段学习的整理,发现自身的薄弱环节,及时有针对性地克服问题。教师应在促进学生的知识建构的同时,帮助学生查漏补缺。

利用假期的从容,少些功利的操练,多些具有从长计议的积累意义的学习

学习的意义在于知识点的理解掌握,以及运用相关知识解决实际问题的能力的锻炼。各门课程往往都有体现其本质意义的学习途径。但是,在强势的应试氛围下,教师布置的作业常常是类似考试测验的操练式的题目,学生被“浸泡”在功能单一的训练中,处于被“前追后堵”的状态。这样的学习状态对于学生的长远发展肯定是不利的。

假期是难得的相对从容的阶段。许多在学期中无暇顾及的体现课程本质意义的学习,应该是假期学习的重要部分。譬如增加真实情景的问题解决任务，鼓励学生在综合性作业的问题解决中学以致用；增加体验性的作业，以及开放性的作品展示，激发学生的创意，触及他们的心灵；重视学生的积累性学习，培养学生的信息搜集与分析整理的能力；等等。如果在假期还不注意引导学生学习方式的多样化的话，那么他们的学习将完全被禁锢，失去潜力。

鼓励学生先行学习，切实提高自学能力

学生能够自己学会的，千万不要等到老师教时才学会。教师教会的"会"与学生自己学会的"会"，是两个不同性质的"会"，也是两个不同水平的"会"。所以，学生的自学能力是关键。在长期"重教轻学"的习惯下，很多学生对教师的"教"产生了很强的依赖性。那些"浸身"于补课"洪流"中的孩子，将无法离开教师的"拐杖"而独立行走。

假期应该是一种自觉状态的学习。很多家长以学生缺乏自我控制能力与自我学习能力为理由，将学生置于强势的他律与他控的环境中。殊不知，孩子自我控制能力与自我学习能力的缺失，是家长强势约束与夹扶的结果。学生不能永远处于约束与夹扶之中。体验与适应假期的自觉状态，是培养学生自学能力的绝好机会。因此，假期作业中还应有一些预习作业。教师不能笼而统之地要求学生预习哪些内容，而要认真研究与设计预习任务，借此帮助学生学会预习。

四、作业指导与作业管理的改进

加强作业管理的目的，是改进教师的作业指导，鼓励教师在作业指导中积极作为。

（一）作业的设计与布置

不知从何时开始，教师布置作业不再以"题"为单位，而改以"张"为单位。许多年轻老师以为作业就该是这样整本整本布置的；以为自己的任务就是管好课堂，然后采用他人编制的现成作业与测验进行训练与检查。这就是令人担忧的作业布置的"拿来主义"。

《作业管理指导意见》明确指出，"学校要倡导教师自主编制作业，合理改编现成作业，杜绝不加选择地成册布置作业"。这是制止当前普遍存在的作业布置的“拿来主义”的明确声音。随处可见的“拿来主义”的作业是当前低效学习的致命原因之一。

作业改革必须指向“作业与教学的配合”，将作业作为学习设计的一部分，关注“教学—作业—评价”的一致性，构建基于课程标准、关注核心素养、循序渐进、能力立意的作业体系。教师要像备课一样，从学习活动整体考虑，精心选择或设计意图明确的、有针对性的、重在迁移运用的、与学生基础相适应的、有层次性的作业，反对不加选择地成册布置作业。这一要求貌似简单，但要日常坚持并不容易。凡是布置学生做的作业，老师必须事先试做过，并分析了解这些作业的意图，这是作业布置的底线要求。

杭州市拱墅区推行的“一科一本”制度就是对此的响应。他们只允许每个学科配备一本与教学进度相配套的课后作业本，要求教师在作业选编上动脑筋，鼓励教师参与作业设计，并将作业研究结合到集体备课中。湖州市吴兴区制定《中小学课外作业设计基本规范（试行）》、《中小学课外作业评价基本规范（试行）》和《中小学部分学科课外作业设计指南》等文件，指导教师开展贴近教学实际的作业研究，提高教师的作业设计能力与运用作业促进学习的能力。

案例5.6

“一本作业本”改革

为引导学校减负增效，杭州市拱墅区教育局2013年年底决定推行“一本作业本”，依托“学校发展群”，推进学校作业改革研究。按照《中小学实施“一本作业本”的指导意见》的规定：中小学每门学科（九年级科学可以分物理和生化）只允许配备一本与教学进度相配套的同步练习作业本。具体由学校发展群组织老师根据学生基础自主选购或整合编写。此外，学校发展群可自编或选购一套单元练习卷作为教学过程的评价与诊断手段。

推进“一本作业本”的要点有：

控量与提质

2014年9月，各校开始实施“一本作业本”，前期以“控量”为基本要求，严格督查杜绝“一科多本”。在控量的基础上，各学科重点关注作业的精选与设计，建立以教研员与骨干教师为主体的作业遴选制度。同时教育局严控各校征订资料的数量、质量，在反复比较的基础上，列出各学科作业征订书目。各群各校更加重视作业中题目的选用、分层布置练习，呈现出先做、精选、分层、提质的良好态势。

自编与跟进

征订来的作业不能完全满足教学的需要，因此各群鼓励教师在“群教研”的基础上，选编甚至自编作业本，走向“校本作业”。例如“北宸群”开展了绿色自编作业的探索、“大启群”关注“跟进式”作业的开发、“明宸人发展群”以编制“习题库”为抓手，引导教师开展“习题”价值的研究。

多元与个性

实践中，作业的功能得到很大拓展，学校开发了合作探究型、社区服务型、情感体验型、社会实践型、读书拓展型等作业，作业渐从单一的巩固性练习走向拓展性、研究性、实践性作业并存。

批改与反馈

我们逐渐提出主体多元的作业批改方式，坚持二次批改，实现作业效益最大化。在实践中，一批个性化的作业批改模式相继涌现，例如“封面的作业登记表”“师生合作互助管理”“彩色标识管理”“当日作业管理”等。另外，作业反馈形式也更加多样，产生了集体反馈、小组反馈、自批自评、互批互评等多种形式结合的现象。

通过三年多的实践，“一本作业本”已经突破了减负的意义，延伸到了作业方式和作业质量的优化、课堂教学的变革以及教学资源的建设各个方面。其成效主要体现在“三少三多”：本子少了，思考多了；耗时少了，学习多了；训练少了，路径多了。学生的作业量减下来了，课外练习时间减少了，有了更多自主时间进行课外阅读和各种实践性、研究性学习，学习的选择性在增加，发展路径在变多。老师们没有了“题海”的依赖，有了更多思考和研究的时间。

（杭州市拱墅区教育研究院　何丽红）

（二）作业的批改与反馈

有作业便必然有批改，有批改则必须要有分析。很多中小学已在强调“有作必批”，但不少批改仅是简单化的核对答案与作业订正。而完整的批改反馈还需重视学生学习现状的诊断、理解障碍的突破、知识系统的整理、补偿学习的跟进，切实发挥作业的诊断与补偿功能。教师不仅要关注作业的结果，更要关注作业过程与作业习惯，发挥作业的多方面教育效益；不仅要落实作业的全批全改，更要认真分析学生错误的原因，反馈改进教学过程；不仅要及时向学生反馈作业批阅结果，集体讲评共性问题，单独交流个别问题，更要引导学生根据作业批改结果分析学习存在的问题，更好地开展后续学习。

案例5.7

初中数学作业批阅单的设计和应用

针对作业批改和反馈中存在的重结果轻过程、有批改无分析、只纠错不反思、重经验轻实证等问题，我们设计了初中数学作业批阅单以及代码，以发挥作业的诊断和激励功能，提高学生订正和反思的能力，促进教师有效了解学生学情，提高作业讲评课的实效性。

▶作业批阅单及代码

作业反馈的关键是让学生知晓自己的错误与错因，让教师全面把握学情。为此我们设计了将错误可视化的批阅单，根据学习中常见错因设计了两类代码，来代替原先的“√”或“×”。一是具体章节的错误代码，二是各章通用的批阅代码。例如：

具体内容	成绩	书写	题数	练习情况（写出小题号）								订正	备注
				不会	审错	算、推错	概念不清	跳步	不规范	全对	妙解		
4.2			16										
……													
复习题			22										

通用批阅代码:不会:?　审错:!　跳步:V　概念不清:g　不规范:√　妙解:☆

《分式》章节错误代码:①推理、算错　②因式分解错误　③分式基本性质　④约分错误　⑤通分错误　⑥去分母,漏乘　⑦去分母,忘添括号　⑧未检验增根　⑨漏根　⑩分式方程的应用

使用批阅单,可以使教师批改和学生订正都更加灵活、方便和有效,而且教师的教学指导也更具针对性。教师能利用代码记录学生的原始错误与经典解法。学生能利用批阅单及时反思整理自己的错误,并清晰认识错误原因,形成自主反思能力。

▶批阅单的应用

从订正的全过程看,我们抓住"反思"这条主线,引导学生迈好"小三步"和"大两步",促成作业订正中的自主学习。

1. 小三步——以订正一课作业题为例。

第一步:看老师的批改代码,找到对应的错误类型,反思解题的错误原因。并将具体的题号,填在批阅单对应的栏目下,反馈给教师,便于教师二次批改时,了解全班学情。

第二步:根据错误原因,重做错误题目,用红笔将正确解答过程写在作业本上。

第三步:订正后要"跟踪追击",计算当天错题所占比率,反思主要错误原因,需要注意的事项,写在"备注"栏,与老师交流。结合错误原因,错误类型,找相应习题巩固,让错误成为过去式。

2. 大两步——以一个章节的订正情况为例。

第一步:宏观了解,把握全局。结合批阅单的记录,学生对自己一个阶段的作业情况进行回顾,便能发现本章节作业中出现的典型错题,从而根据自己作业错误类型分析学习中的难点、易错点、薄弱点。

第二步:制订章节复习计划。复习不是简单的机械重复,而是要把错题再做一遍。在练习中时既要有"错题档案"中的原题,又要有一些自己找的变式题。

3. 分析梳理批阅单,科学制订阶段性复习计划。

我们引导学生利用作业批阅单中记录的错误类型,发现学习中的问题,有针对性地找出学习上的漏洞与闪光点,制订科学的复习计划。

(温州市实验中学　南赛丹)

（三） 科学合理地推行实践性作业

在《作业管理指导意见》中，特别强调“不得布置超越学生能力的作业，不得布置要求家长完成或需要家长代劳的作业，不得要求家长批改教师布置的作业或纠正孩子的作业错误，不得要求家长通过网络下载并打印作业”。这是针对家长过度参与学生作业的现象而发出的制止声音。

《作业管理指导意见》同时指出，要切实减少简单记忆、机械重复的练习，精心选择或设计与学生基础相适应的、重在迁移运用的作业；要鼓励教师结合实际，布置重在促进学生自我体验与学以致用的实践性作业。

“促进实践学习”是深化课程改革的重要精神。要将体现学科本质的多种形式的学习渗透在日常作业中，引导学生面对真实任务开展探究学习，开展合作性学习活动与作业成果交流活动，发展学生的综合学习能力。要采用灵动的、随学科而异的多样作业形式，还原学科的本质。如语文学科应加强语言实践应用活动、开展真实的阅读与表达的锻炼；数学学科应关注联系生活实际的应用实践；英语学科应重视听说的锻炼；科学学科应重视实验，关注学生联系生活实际的科学解释与应用；社会学科应鼓励学生关心社会生活，开展社会调查。

文件强调不得布置“超越学生能力的作业”，指的是面向全体学生的作业设计。这与教师面向学有余力的学生设计挑战性的作业是不矛盾的。作业改革的切入点很多，增加学生在作业设计中的参与性与参与方式是培养优秀学生的一种方法。杭州胜利实验学校等不少学校曾尝试让优秀学生自主创编作业，促进学生的深刻理解与迁移运用。

第三节 数字化环境下的混合式学习

近年来,以信息与网络技术为核心的现代教育技术发展迅猛,我国中小学教学活动中信息技术的应用相当广泛。信息技术渐从知识呈现的工具向学习活动的支持平台发展,并成为转变学生学习方式的突破口之一。人们原本习惯的课堂因此有了许多变化的可能,智能教育时代的学习变革呼之欲出。当“学为中心”的课堂变革置于微课、电子书包、云平台等数字化学习环境中后,致力于学教变革的探索者有一种柳暗花明的豁然开朗之感。以应用技术促进学习变革,成为当前课堂教学改革的重要生长点。

浙江省中小学教学改革项目组在2014年“初中课堂教学改革联盟”宁海论坛上,首次引入“翻转课堂”,提出“技术支持学习”的实践方向。温州市第二中学杨晓燕校长介绍了他们引进平板电脑,制作“微视频”,探索“翻转课堂”的实践。2014年11月,省教研室赴温州市第二中学进行专题调研,分析研究“技术支持学习”的机制与推进策略。与此同时,杭州市十三中教育集团、嘉兴市实验小学等学校也积极行动,展开各有特点的实践探索。

嘉兴市南湖区是浙江省最早关注“数字化学习”与“混合式学习”的地区。他们于2015年起连续三年组织“技术支持学习”专项优质课评比,推动信息技术的课堂应用,将技术作为南湖“学导课堂”的一个要素与特色。2016年4月,项目组赴南湖进行专题调研。嘉兴市实验小学在数字化环境下变革学教方式的多样探索以及系统建设的经验给项目组留下深刻印象。

案例 5.8

"技术支持学习"优质课评比的发展

为更好地调动中小学教师在教学中应用新媒体新技术的积极性和创造性，推动现代教育技术与教学的深度融合，利用技术促进学教方式的变革，推进"学为中心"课堂转型，嘉兴市南湖区教育研究培训中心从2015年起，连续三年策划组织了"技术支持学习"专项优质课(含典型实践案例)评比活动，"以赛促学，以赛促研"，激发了全区教师"学技术、用技术"的热情，有效地推进了区域教学改革实践。

活动的基本模式

"技术支持学习"专项优质课比赛分两轮进行。

第一轮"说课＋技术演示"。说课应体现当前教学改革的基本理念，重点突出技术在教学中的应用与设计理念。说课内容无需面面俱到，一般在阐述基本教学内容与教学设计基本思路的基础上，重点讲述技术应用的环节(为什么用、怎么用等，即结合具体环节说明技术如何支持学与教)，并进行相应的技术演示或用演示文稿等进行说明。"说课＋技术展示"的评比，着重研究教学设计思路、技术支持学习的适切性和有效性、技术应用与展示的熟练度、说课过程的整体表现等。

第二轮"现场上课"。要求上课内容与说课内容相同，说课时所设计的技术手段要进行课堂应用展示。课堂教学应体现当前教学改革的基本理念，重点突出技术在教学中的应用与设计理念，真正实现"技术有效支持学与教"。"现场上课"的评价，着重从教学理念、技术支持学习的适切性和有效性、技术应用熟练度、教学效果等整体表现综合打分。

专项优质课评比活动的发展

评比活动是为了促进学校"技术的培训"，促进教师"技术的学习"，促进教学中"技术的应用"。在策划"技术支持学习"专项评比时，我们注重"技术应用"的丰富性，并根据教学改革的需要，适当调整比赛的内容和关注点。下表为2015—2017年"技术支持学习"优质课评比活动的要求，每年的关注点都有一定的变化。

年度	主题或类别	评比内容与范围
2015年		交互式电子白板，基于互联网的学习，基于微视频的学习，学习软件的使用（如几何画板、数码版等），以及其他新技术新媒体等均可
2016年	基于互联网或网络学习平台的学教方式	基于学生“人手一机”网络环境下的学教方式。如在计算机网络教室、电子书包等环境下，基于互联网或网络学习平台展开的学科教学
	其他“技术应用学习”的学教方式	在普通教室环境下运用新技术新媒体支持学与教的方式，如交互式电子白板的应用、平板电脑与智能手机的应用、学习软件的应用（如“几何画板”）、“微视频或微课”的应用以及其他新技术新媒体的应用
2017年	基于互联网或网络学习平台的课堂教学	课堂教学评比主要包括基于互联网或某类学习平台促进学与教的实践方式，比如利用计算机网络教室或电子书包等展开教学
	基于应用程序、微课、微信、公众号等支持学生学习的实践案例	“优秀实践案例”评比不局限于课堂，可以是课堂延伸的学教辅助形式。如在日常教育教学中利用某应用程序辅助口语训练或阅读练习，课外利用微课对学生进行针对性辅导，利用微信群展开学生学习指导，利用互联网支持学生的学习等

2015年，首届专项优质课评比不分类别，只要应用技术支持学教方式变革的课堂教学都可以参加评比。在当年参加评比的36节课中，运用技术包括交互式电子白板、电子书包、智慧教室、蓝牙摄像头、平板电脑和智能手机等设备，以及在线即时反馈、在线学习、几何画板、网络电子教室、录屏大师、网易公开课、Cool Edit PRO等软件或平台。其中最多的是交互式电子白板，这有效地推动了区内学校进行电子白板使用的培训，达到了“以赛促用”的目的。

2016年，“技术支持学习”的评比内容分为两个主题，将“基于互联网或网络学习平台的学教方式”单列，这一学教方式有利于每一位教师利用互联网或学习平台开展教学，提高学生利用网络展开学习的意识和能力。在当年参加评比的50节课中，利用互联网或学习平台教学的有23节。越来越多的学校和教师关注这样的学教方式，促进了多所学校建设“智慧教室”或配备电子书包等技术装备，促使越来越多的教师利用互联网展开教学。

2017年，除了继续将“基于互联网或网络学习平台的课堂教学”单列评比外，交互式电子白板等技术支持的课堂教学不再纳入评比范围(因为电子白板使用的普及率已较高)。2017年增设了“基于应用程序、微课、微信、公众号等支持学生学习的优秀实践案例”评比，从课堂延伸到课内课外结合的学习活动。基于应用程序、微课、微信、公众号等支持学生学习的教学实践，有利于学生个性化学习的开展，更有利于突破时空距离，使学习指导更具针对性，应用更具广泛性。

(嘉兴市南湖区教育研究培训中心　朱德江　董得手)

2016年10月，项目组赴上海市闵行区进行专题考察，从微课资源开发、云录播课堂、信息环境下的教研活动，在线作业辅导、技术支撑下的学习模式等方面深入了解了闵行的实践，领略了技术促进教学改革的巨大潜力与无限魅力。

应该说，在浙江中小学校中，现代教育技术的应用相当广泛。但从促进课堂转型与学习变革的角度看，浙江与上海的差距还相当明显。在数字化的学习环境下，应用现代信息技术促进学与教的变革将是浙江中小学教学改革未来的课题。

一、数字化环境下混合式学习的常见模式

当前，现代信息技术应用日新月异，技术促进学习变革的实践空间被打开。不过，数字化环境下的学习更多的是线上学习与线下学习相融合的混合式学习。常见模式主要有四种，它们之间存在着一定的关联。

(一) 基于微视频的“翻转课堂”

“翻转课堂”(Flipped Classroom)是一种典型的变革的课堂。它是教师创建学习视频，学生先在课外观看，再回到课堂上与教师讨论交流并完成作业的新的教学形态[①]。这一“国际版”的“先学后教”模式，将课堂中教师传授知识和学生知识内化的时间和空间做了大胆的颠倒，形成包括课前导学、互动探究、课后助学等环节的学习范式。

---

① 刘荣.翻转课堂:学与教的革命[J].基础教育课程，2012(12):28.

表面上看,翻转课堂的出现与推广缘于技术的发展。但促成课堂翻转的真正原因还是教育自身谋求变革的诉求,以及同时期"学为中心"的教学改革的蓬勃兴起。因为技术的介入,促进学习变革的较为成熟的"操作系统"初步形成,并在三个方面有所突破。

1. 依托技术平台的微视频资源,促成了集约化的预学。

实践中出现"导学案""讲学稿""助学单""学习纸"等形式丰富的导学材料的目的,就是促进学生激活旧知,形成新知构建的预学支架。如嘉兴市实验小学建成的"数字化学习平台",支持"教学视频"实现在线导学与辅学的功能。

2. 基于自主学习的师生研讨,形成"学为中心"的课堂结构。

前期探索的"学为中心"的课堂,强调课前预学、课中互学展学和课后拓学,这与翻转课堂的课堂结构是相似的。由于技术的支持,学生课前观看了教师的"讲课视频"或依托在线平台进行过充分的自主学习。因而,在课堂上的讨论交流更加深刻,更有针对性。教师可以依托在线平台进行"课前抽查"和"二次备课"的信息收集,并依据学生的学习进展组织学习。这样的课堂结构的变化,使学情诊断不再费时,学生逐渐成为学习和发展的真正主体。

3. 利用网络促进师生互动,将学生自主学习过程置入教师的视野中。

在技术支撑的变革课堂中,开放的平台让教师能突破时空限制与每名学生进行更为充分的互动,为学生提供个别化的学习服务。在平台上,学生的学习轨迹得以完整记录,学生学习进程的生成清晰有痕,为"以学定教"的二次备课提供支撑,促进教师开展更有针对性的指导。

温州市第二中学是浙江省最早探索"翻转课堂"的学校之一。他们从2013年开始试点,展开大刀阔斧的翻转课堂教学变革,同时研发"未来校园"翻转课堂学习平台,为每位师生配备平板电脑,尝试利用移动互联网技术进行"大规模定制学习"。早期的实践,有欣喜也有困难,最大的困难是应用模式的单一与教师应用能力的不足。

于是,学校从学科特点切入,探索恰当的应用模式,研制资源与自主学习任务单,为学生的课前学习提供学法指导。2015年,学校进一步完善了翻转课堂教学模式(见图5.4)。

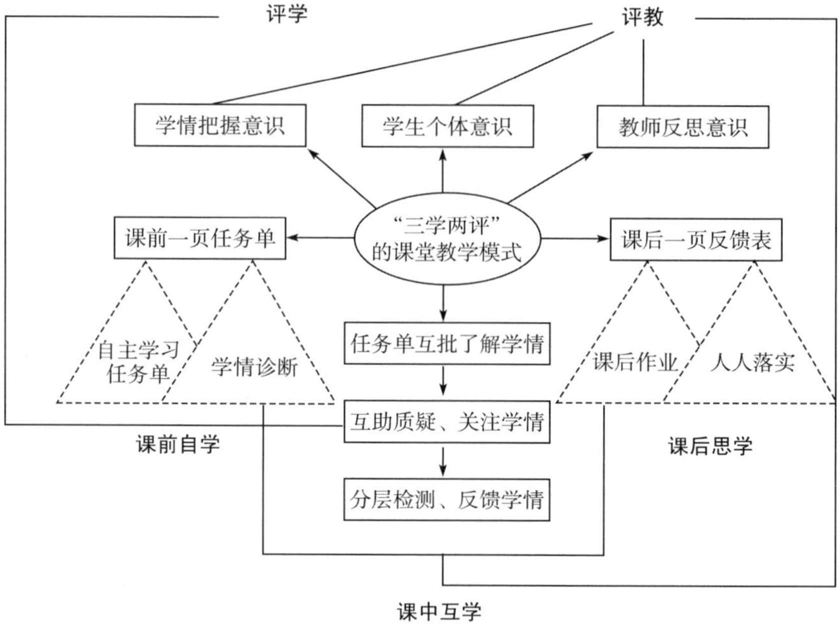

图5.4 温州市第二中学的"三学两评"翻转课堂模式

（二）基于电子书包的自适应学习模式

自适应学习模式是基于学习分析技术的一种个别化学习模式。随着学习分析技术的发展，学习诊断与辅导系统逐渐成熟。计算机能基于学生学习过程的数据，依托强大的平台支撑与数据处理能力，快速诊断学生的学习进展，了解学生学习的不足和问题的类型，并自动形成针对性的指导和建议，使学生进行个性化的补偿学习。这相当于在"翻转课堂"的前置性学习中，以电子书包等为主要工具，借助自适应评价系统进行作业反馈与后继学习的个性化推送，以满足学生个性化的学习需求。如集语音、图像、文字、视频、动画于一体的，实现"一对一"人机互动的英语学习平台。现代技术的快捷与便利，增强了教学诊断的针对性和学生作业反馈的及时性，提高了课堂评价促进自主学习的精准性，因材施教的实现有了更多的平台支撑。①

① 方凌雁.从支撑到融合：技术视野下课堂变革的走向与诉求[J].教学月刊·中学版（教学管理），2015（4），41-43.

图5.5　自适应学习模式

案例5.9

基于电子书包的1对1自适应学习模式

嘉兴市实验小学2011年确立课题“基于电子书包的课堂实践与探索”，探索应用电子书包的课堂教学改革，以“信息化”促进学生“个性化”学习。

新授课教学活动基本呈现“自主学习—反馈提升—课后延伸”的教学模式。第一环节，教师按教学设计向学生推送学习资源（学件、导学案等），供学生自主学习，学生自主学习的轨迹将被记录；第二环节，教师在课堂适当的时间组织互动，学生的反馈信息也将被记录；第三环节，教师课后根据学生课堂上自主学习的情况及反馈统计情况进一步给予个性化学习的指导。

在这样的教学模式中，基于学生个性化的学习需求，我们采用课程资源数字化、活动设计差异化、学习过程网络化、教学环境交互化、教学评价多样化等教学策略，促进学生有效学习。例如在语文课上，在学生学完课文后，教师借助信息技术支持，提供多篇拓展文章，让学生借助网络平台，根据个人喜好选择阅读，教师再在网络平台上根据学生的选择组织虚拟分组的讨论。在数学课上，教师通过电子课本讲解、视频演示让每个学生都能主动参与到学习过程中，同时，在整个学习过程中，学生都拥有一定的自主学习空间，可以有选择地学习自己感兴趣或不了解的知识。

（嘉兴市实验小学）

（三）网络协作学习模式

网络协作学习模式是一种让学生在网络环境下开展合作学习的混合学习模式。它依靠集电脑触屏终端与互联网数据采集分析应用于一体的“云课桌”来完成。它可以多点触控，将大屏分成4—6个小界面供学生独立自主学习；也可以在小组合作环节成为同学们协作学习的平台。学生以此开展数字化环境下的小组合作学习，完成基于网络的协作式的问题解决学习。

（四）开放性学习环境下的泛在学习模式

泛在学习模式是指学生在开放性的学习环境下开展的自主学习活动。开放的网络信息平台打造了真正以学生为中心的网络学习环境，它打破时空局限，让学生的学习不再固定于教室里，不再局限于课堂的45分钟。学生能随时随地利用适应个体特征的泛在技术和泛在学习资源进行学习，并通过网络和更多的老师、同学进行交流。嘉兴市实验小学，推行基于在线学习平台的泛在学习方式，做法具有前瞻性。学生在课堂学习之余，可以随时登录学习平台，进行自主学习。

技术支撑的学习，必然是网络学习和面对面学习相融合的混合学习。各种应用模式其实是混合学习模式中，某一学习方式或某一技术的深入与发展。

如果说“翻转课堂”的重点是提高自主学习的质量，那么基于“云课桌”的“网络协作学习模式”是在支持合作学习上有了突破。“翻转课堂”在加强自主学习的同时，仍然保留课堂上基于传统交流模式的集体学习指导，但随着学习分析技术的成熟而发展起来的“自适应学习模式”进一步突出了尊重个体的个性化学习；而“泛在学习模式”追求更大的自由，它让学生更自信地面对开放的学习环境，自主控制学习。

二、混合式学习系统的解构

加大混合式学习系统的研究力度并构建更完善的混合学习环境，指导学生更好地掌握并灵活应用多样的混合学习策略，探索基于学习任务(学科任务)的混合学习方式,提高教师在学生混合式学习中的指导能力是微课开发和应用的关键。这一完整的、单元化的、以"先学后教"为特征的学习系统,包括导学材料、学习分析技术、课堂活动、学习管理平台等。

(一)导学材料

在混合式学习系统中,有一组可扩充的、形式多样的、彼此关联的、供学生自主学习的材料,我们称之为导学材料。

从导学材料的发展看,"教材"就是第一代导学材料,不少学生在自主阅读教材中实现学习。"学案"可视为第二代导学材料,它强调从"备教"转向"备学",以学习任务或活动为主线,支持学生自主学习。前几年兴起的"微视频",可以视为导学材料的丰富与升级。第三代导学材料能够更好地呈现知识形成的过程,更好地体现多种介质的学习材料的组织。但三代导学材料之间应是并存与互补关系。

混合式学习系统中的导学材料可以进一步细分为"课干"、"导航"、"链接资源"和"反馈任务"等部分。

"课干"是指教师设计的、帮助学生课前自学的、关于核心内容的学习材料。这是"微课"的主要部分。它可以是5—10分钟的短小的讲解视频(包括呈现文本的画面、录音、演示文稿等课堂活动的视频)与真视频(非课堂活动的真实素材)等。视频应有暂停、回放等功能,便于学生自主控制进度。教师要将学习指导部分嵌入自学材料中。目前常见的"课干"有两种:一是以知识为线,分步直接呈现学习内容;二是以任务为线,让学习内容在对相关问题的思考中逐步展开。

我们认为"微课"的应用价值在于其对转变学生学习方式的贡献。如果"微课"只是变教师教为电脑教,而没有变教师教为学生自己学的话,"微课"将是昙花一现的"奢侈品"。如何促使碎片化的枝节学习走向核心概念的、理解意义的深度学习,作为核心的"课干"是体现学习设计的关键。

"导航"主要以"知识地图"的形式呈现本学习单元的结构与线索,说明"课干"与"链接资源"的关系,并给出学习提示。它强调从整体学习的视野,帮助学生建立良好的知识结构。变教师控制学习进程为学生自主控制学习进程是“翻转课堂”的重要特征,“导航”则是体现该功能的关键。

“链接资源”是供学生选择的深入学习的材料。它与“课干”的关系是“鱼刺状”的,有些资源是说明性的,已经掌握的学生可以跳过;有些资源是拓展性的,有兴趣与能力的学生可以进入。这样的资源支持下的独立学习,可以实现知识学习的个性化,让学生有针对性地拓展提升。

“反馈任务”是一个人机交互、师生交互的环节。教师与学生都需要了解学生的学习进展,了解学生知识理解和运用的水平,所以要在学习设计中嵌入“反馈任务”。它可以“前置”,了解起点;也可以“后置”,反映进展。其功能是对学生掌握情况和薄弱环节进行诊断。这与过去的形成性测验有些类似,但它更主张采用一些反映整体理解的任务。每个题目或任务要有明确的解释性。当前的难点,是学习诊断只停留在对客观题的统计,对主观题的学习分析并没有突破。

案例 5.10

微课设计须尊重学科特点

在教育技术应用中,容易重视共通模式,忽视学科特点。在“翻转课堂”的初期探索中,也曾出现模式化的倾向。但不同学科的知识结构特点、思维类型、学习方法各不相同,其微课的设计思路也应不同。

语文与社会学科

语文学科的微课不宜以课时为单位,而应强调单元设计,以文本、主题为单位,组织学习内容,设计学习活动。学生的语文学习应该是主动的、个性化的资源学习。在语文导学材料的准备上,要开放一些,多准备一些链接资源,供学生浏览与阅读。在呈现资源时,需要一些引导性的问题与提示,使一般的阅读体现学习的意义。

社会学科的微课要体现社会学科的综合性与生活性。它要将思想品德、法律、历史、地理等知识整合起来。其微课的设计要领与语文相仿,即以主题为组织单位,增加拓展的链接资源。尤其要重视的是一些真实素材的引入,引发学生深入的讨论。

英语学科

英语学科的微课必须是标准示范的听说材料,以给学生提供反复模仿的平台;通过真实视频(如英语歌曲、原版英语电影、英语卡通片等),创设跨文化的情境。适合英语学科的学习管理平台,应该有较强的采集学生语言的功能,以支持师生互动参与。

数学与科学学科

相对于人文科学的开放性,理科学科的微课更强调逻辑性。

数学和科学学科的微课都要发挥其在形象真实地展现知识形成的过程中的作用。如数学学科中应用几何画板、图形计算器等,科学学科中利用动态的直观示意图或真实素材,以此帮助学生主动经历知识发生与发展的过程,让抽象问题形象化。

理科课程的微课设计要与进阶练习的在线检测相配合,要借助学习分析技术,形成以生为本的学习进展的分析,帮助学生有针对性地查漏补缺。

(二)课堂活动

导学材料所支持的是学生的先行学习,因为课前学生已进行线上的自主学习,并将自学中遇到的问题通过网络反馈给老师,所以,课堂时间能释放出来,让学生开展交流,在释疑互动中促进知识的内化。[①]课堂上,凡是学生自学能够掌握的内容教师就不再讲解,而重点讲解自学中不能解决的问题以及需要拓展的内容。通过课堂形态的转变,实现学习方式的转变,完成从"学生在教师的教中学"到"教师在学生的学中教"的根本性改变。当然,线下学习活动设计必须充分考虑学科的特点和学习者特征。

(三)学习分析技术

课堂教学必然是基于学习进展的指导。伴随着课堂学习过程的学习诊断,既是教学设计的起点和依据,又是教学效果的过程指标。以往

① 张金磊."翻转课堂"教学模式的关键因素探析[J].中国远程教育(综合版),2013(10):59-64.

的学情分析主要依靠教师的经验与直觉。而在互联网时代，技术手段可以帮助老师精准分析学情，为教学设计提供参考。

这类平台通常包括两条线索：一是整体设计的“反馈任务”，课前、课中、课后的作业应是一个统一的整体；二是对原始数据的采集与处理，生成关于学生个体与群体的学习起点的系列数据，以将原先无法捕捉的学情可视化。学习分析技术的水平，直接影响数据采集与处理的科学性和反馈信息的正确性。

（四）学习管理平台

在以往的课堂中，教师掌控学生学习，抑制了学生学习的自主性与积极性。整齐划一的教学，将一群学生视若一名学生，导致优秀学生受束缚，落后学生疲惫掉队。混合式学习系统将学习进程的控制权还予学生，让个别化学习有了可能。这些可以在学习管理平台上完成。

首先，学习管理平台的功能是学习轨迹的存档。信息技术的应用，使完整记录学生的学习访问和思考回答有了可能，使学习进程清晰有痕，教师能够完整了解每一位学生的学习进展，从而基于学情诊断促进学生的补偿学习。

其次，学习管理平台的功能是师生互动的促进。在课堂上，因为时空的限制，教师难以与每位学生展开交流，但学习管理平台可以支持教师与学生的个别化交流与伙伴间的合作学习。

最后，学习管理平台是学习时空的泛在。通过学习管理平台，学习已延展到课堂之外。以往一节课为40或45分钟，而现在的学习可能没有边界；以往学生缺课了便无法复现课堂，而今学生可以换个时间重进课堂；以往学生只能面对本校本班的老师，而今学生可能接触到更多更优的大师。

如果说导学材料为学生学习的发生提供了可能，那么课堂便是学习的深化与促进，学习管理平台则是学习的延展与管理，它既是记录者，也是督促者、落实者和辅导者。

三、信息化背景下学习变革的展望

正如迈克尔·富兰(Michael Fullan)所言:“这是一个巨大变革的时代,原有的教育结构与实践依旧存在,全新的教育结构与实践正在产生。”随着移动互联网、普适计算、云计算、大数据等信息技术和人工智能技术的不断发展,以及人类需求的日趋多元,未来学习的变革在充满不确定性的同时也让人们满怀美好憧憬和期待,教育产业必将为信息化所变革和重塑。

(一) 学习价值取向的回归:从工具理性走向意义关照

受困于现有教育体系、学校职能结构和规则制度的窠臼,当前学校教学改革大部分实践停留于对学生学习手段、方法或策略等的局部改进,并没有改变自上而下的单向知识传授的学习过程。学生往往只知道是什么,较少考虑为什么、将来会是什么、有什么样的自我主观感受等问题,其背后的价值立场仍是基于外因驱动的、盲目的、功利化的学习,没有摆脱工具理性的桎梏。

信息技术的高速发展,使通过深度的对话、分享、思考和共创来连接和回归到知识本真的意义性学习成为可能。随着基于数据分析工具和模型的诊断分析技术的日臻完善,教育大数据的深度挖掘与反馈应用可以帮助我们客观、精确地勾勒学生个体的学习品质类型、刻画学生个体的个人知识图谱、预判学生个体的未来发展倾向。高度信息化下的学校教育及其提供的学生学习将不再是流水线的、标准化的、规模化的,而是基于大数据和智能技术驱动的个性化学习。它将更关注作为生命个体的学生的学习体验和幸福感受,成为融入问题解决的、基于内因驱动的、有意义的、有使命的学习。

(二) 学习管理方式的突破:从被安排走向自组织

开放、多元、互动是未来教育的基本形态。学生的学习环境面临巨变,移动互联网成为巨大的资源库。借助“互联网+学习平台”,学生的学习渠道将是多元的,学生的学习资源将会无限延展。学生可以穿越学校的围墙，既可以获得来自自己学校的教育服务，也可以获得校外的、跨区的，甚至是全球的教育服务。学生可以在任何时间、任何地点，以任何方式，从任何人那里学习，从而在学习行为上拥有很大的主动权。

我们期望随着信息技术的不断进步、智能设备的不断更新，以及席卷全球的泛在学习理论的不断成熟及其功能实现技术的不断改进与完善，未来的教育将成为学习者的“买方市场”。每一位学习者均可以根据自己实际情况“量体裁衣”地组织自己的学习活动，极致精准地选择能最大限度满足自身需求的个性化学习路径。这种自主定制化的学习行为包括，学生自主选择感兴趣的课程内容，自主定位学习目标，自主选择喜欢的教师，自主安排学习时间，自主制订学习方案与计划，自主控制与调节学习进度，甚至可以依据自我学习体验与感受决定是否继续该课程的学习。还可以借助技术手段和反馈系统，开展自我测评。

（三）学习主体关系的重建：从二元对立走向融合共生

翻转课堂、数字化学习、智慧教室和智慧校园的出现，势必带来教育系统内部各要素、各环节的重置。如当下风靡的翻转课堂、基于Team Model技术的智慧教室就带来了一套新的教与学互动模式，师生关系将随之发生变化。但是，当前的这些变化仍然囿于教师授课模式，教师只是努力利用技术与学生建立较以往更为亲密的关系。现有的关于师生关系的实践，仍游走于“教师中心”与“学生中心”之间，两者仍处于此消彼长的相对关系状态。

移动互联网时代，每一位个体都是自媒体，都可以向他人分享自己的经验、经历和资源，每一位个体均可为“人师”。而且，在高度信息化的教育环境下，教师和学生，尤其是学生的主观能动性和创造性将会得到最大程度的激发与调动。学生有能力也将有更多的机会参与课程建设，并通过独立学习或同伴协作的方式，以及学习活动的自我管理来完成课程学习，而教师则更多地扮演学习资源提供者、学习过程陪伴者和学习成效的诊断者与反馈者的角色。未来的学习，学校和教师不会消失，但必将被重置。传统意义上的“教师”与“学生”之间的身份边界将日趋模糊，师生关系将走向和谐共荣的高度融合。

（四）学习方式的变革：从经验认知走向体验建构

经验和体验是人类认知事物的两种基本学习方式。前者重在客观经验的传递与迁移，强调知识的记忆和机械训练；后者则认为学习是学习者在一定的情境下主动建构意义的过程，强调知识的生产和创造。学习要从经验认知走向体验建构，这并非完全抛弃经验的学习，而是突出发生在情景实践中的体验式学习对学习者的积极意义，让学习走向经验认知与体验建构的相互融合。

现代信息技术、多媒体和网络通信技术在教育领域的广泛应用，为体验式学习提供了强大的技术支撑。它打破了学习时空的限制，增强了学习的互动性，激发了学习者的学习积极性。近年来，不断兴起的网络学习、移动学习、泛在学习、混合式学习等新型学习模式及其带来的多样化学习方式，因其天然带有人际联动、情景交互、自我观察与反思等体验式意义的特性，在为学习者提供情境的、实践的、个性化的任务选择和探索上具有天然的优势，在实践领域正蓬勃发展。

如引自工业领域的虚拟现实（Virtual Reality，简称VR）技术、增强现实（Augmented Reality，简称AR）技术在教育领域的应用研究，可以创建出逼真的、实境似的“三维”学习情境，将文字性、符号化的静态“文本”知识由传统的“二维平面”向“三维立体”转变，集成视频、动画、图像、模型等动态可视化信息，向学习者提供一种全新的、强体验的、浸入式的学习平台与学习方式，帮助学习者获得更佳的学习体验。人工智能技术、学习情景识别与感知技术、新媒体技术等技术研发能力的不断提高，必将不断丰富学习资源的呈现方式，不断增强学生的学习体验，为理想高效的学习不断提供新思路和新途径。

[第六章]

学教整体变革的支持系统

图6.1　学校教学改革的支持系统

教学改革是一项系统工程。历经五年多的区域推进，浙江教学改革的实践路径丰富多样。我们从“聚焦课堂”逐渐向教学改革的综合推进发展。综合推进的意义在于将教学改革融入学校的常态工作，并与课程建设、评价改革、教学管理、德育以及校本研修工作等有机结合，促使学校和教师“由内而外”地发生变革。这与深化义务教育课程改革的方向基本契合。

在浙江教学改革逐渐进展的同时，教学领域的相关研究探索也在持续深入。起自2003年的校本研修配合课堂教学改革进程，聚焦学生的研究，着力将唤醒教师的学生意识，放到提升教师专业素养与执教能力的同等重要的位置。2012年召开的第六届校本研修工作研讨会提出“研究学生：校本研修的新聚焦”的大会主题起到很强的号召作用。起自2008年的学校教学管理研究积极顺应课堂教学转型的趋势，重建“学为中心”的教学新常规。学校教育不能孤立地看，教学工作与德育工作，在课堂教学改革展开的过程中，激发学生进取心，培养学习自主管理能力的挑战便相伴展开，相辅相成。2013年，浙江省初中小学教育质量综合评价改革实验除了课堂教学改革的评价视角的研究外，还包括命题改进，表现性评价，学习教学质量管理等方面的探索，共同促进“学为中心”的教学改革。

结合这些实践更为宏观地看，深化课程改革，综合推进“学生立场、学为中心”的教学改革，存在三个层面的阵地。

一是课堂教学改革的深化。我们仍要“聚焦课堂”，努力让自主学习、合作学习、深度学习成为课堂的常态，促成真实的学习广泛发生。本书第一、二、三章围绕这一主题展开观点，呈现实践策略。

二是课堂学习的衍生与发展。随着时代的发展，随着人们对教与学的理解的进步，学习活动已悄悄“漫”出课堂，呈现丰富的变化。如从课程视角进行的学习设计(学习内容的组织)、将课堂与作业相联系的学习设计(学习过程的延伸)、应用现代信息技术的“数字化学习”(学习技术的应用)、注重经历与应用的综合学习(学习方式的转变)等等。本书第四、五章就此做了展开。

三是促进学教变革的支持系统。学校教育系统的诸方面都应贯彻“学为中心”思想,并形成协同支持的机制。其中最重要的是激发学生进取、唤醒自主管理的德育实践,促进学习的教育教学评价体系,教学活动与教学组织的管理,以及帮助教师适应“学为中心”教学改革的校本研修。这些正是本章的主要内容。

第一节　唤醒自主发展的德育实践

“立德树人”是教育的根本任务，是培养德智体美劳全面发展的社会主义建设者与接班人的本质要求。在学校教育中，“重智轻德”的现象长期以来普遍存在。但德育与智育在本质上是密切联系的。对于学生而言，学习的宗旨在于“树人”与“成才”的统一。

如果学生没有健康的身心，价值观混沌，缺乏上进心与责任感，自我管理较为薄弱，又如何能够取得优异的成绩，得到健全的发展呢？尽管在中小学，教学与德育是两条工作战线，但两者必须协同配合，相辅相成。

在以应试教育为特征的学校教育中，德育可能会成为配合提高分数的学生管理体系，“约束”与“控制”成为这类“德育”的关键词。但在教学改革推进的过程中，我们强烈地感受到学校德育与教学的内在联系，如唤醒学生的进取心，培养学生的团队精神，促进学生自主管理，在潜移默化中践行社会主义核心价值观，都与教学活动紧密相关。从促进学生成长的视角推进教学改革必将是今后的方向。

一、唤醒学生成长内驱力的德育实践

学习与成长始于内心。“发动学生”是促进有效学习的根本。“学为中心”的教育教学，必须“点燃”学生，只有这样才有可能实现真正的进步。这是学校德育的重要使命，也是成功的教学改革的必要因子。

发动学生，首先要把握正确的方向。对于学生来说，提高学习成绩固然重要，但全面发展的意识必不可少。无论起点与基础如何，都必须以积极的态度面对挑战。

发动学生，还要辨别学生的动力是源于内心，还是源于外在。外在激励固然也会有积极的影响，但它未必能够产生持续作用。只有学生自我成长的强烈欲念被激发起来，学习进展才会“势如破竹”。

发动学生，必须真诚，触及内心。虽然在我国基础教育中，一直有“德育为首”的说法，但德育的针对性与实效性并不理想。怎样的德育活动才是有效的？我们认为触及孩子心灵的，激活孩子真实体验的，能持续给予孩子积极的精神力量的活动才是真德育。因为感动是一门重要的课程，体验是孩童成长必需的营养。那些被真实触动、感动的经历，将是孩子们体会责任，形成理想，逐渐懂事，走向成熟的不可替代的过程。

因此，在学校教育中，与激发学生的学习热情和积极的生活态度相比，教材教法的钻研可能只是“小术”的琢磨。实现以“道”驭“术”，让教学与德育相协同的意义十分重大。因为教学活动所带来的进步是“加法意义”的，而德育所带来的进步却可能具有“乘法意义”。许多教学改革的典型学校，都以实践证明了这一道理。

案例6.1

感动也是一门重要的课程

杭州市文晖中学曾策划过许多颇具智慧的德育活动，以浸润的方式与情感的力量激发学生内心的青春活力。这些德育活动通过师生、家校的真情互动，传递正能量，使学生在学习成长的重要时间点产生心灵共振，从而促进教育教学的进步。让感动也成为一门课程，这是当前课程改革实践中涌现的德育实践创新，也是教学与德育融合协同的经典案例。

感动，是对梦想怀有珍爱之心

每年9月，为了迎接每一个来到文晖的学生，学校都会举行盛大的开学典礼。在开学典礼上，每个班级的学生都尽情展示着自己的才艺，向大家讲述着自己的梦想。梦想是推动学生前行的动力，开学典礼中处处渗透着“梦想”这一关键词的强大力量。

通过开学典礼，我们要让每个学生明白：从今天起，我就是文晖中学的重要一员，这三年我要从阳光中汲取能量，在风雨中锻炼品格，以最美的姿态演绎三年美好的青春时光。

感动，是对他人怀有感恩之心

学会感恩，对现在的学生来说尤其重要。因为，现在的学生常常是家庭的中心，他们心中往往只有自己，没有他人。让他们学会感恩，其实就是让他们懂得尊重他人，懂得父母的养育之恩、师长的教诲之恩、朋友的帮助之恩。

每年岁末，学校的“岁末盘点”活动会让学生们盘点一年的得失，感谢一年来为他们的成长辛勤付出的教师和父母。2010年盘点活动评选了“最美教师”，颁奖词都是学生们自己写的，由他们朗读，并把奖状和鲜花送到他们最喜爱、最敬佩的教师手中。学生们纯真的语言或幽默或深情，深深打动了获奖的教师。

2011年活动升级，不仅评选了最敬佩的教师，还评选出了最热心家长。每个班级都请来任课教师和家长，学生们送上祝福和亲手制作的奖品，教师和家长都乐得合不拢嘴。有的家长听了孩子为自己写的颁奖词，不禁热泪盈眶，觉得孩子懂事了，知道感恩父母了。

感动，是对世界怀有美好之心

4月的西子湖，春暖花开，万物复苏，是春游踏青的好去处。每年这个时候，我们都会举行寻春活动，让学生感受春天的气息，了解家乡的美景，活跃身心，增长见识，同时培养学生的文明礼仪、自理能力、社会公德心、合作意识和团队精神。在寻春活动中，学生用他们善于发现美的眼睛捕捉到了美景，也用他们开朗的性格收获到了美好的心境。寻春活动不再是简简单单的春游，它更是一门课程。让每一个学生用眼、用心去触摸这个世界的美好，从而培养他们对于“美”与“爱”这两种情感的细腻感受。

寻春活动的主力军是学校的“‘观·咔’摄影社”，社员们拿着手中的相机为春天留下美好的记录。“观·咔”取观察之意，又与按下快门时的声音相谐。在当今学生学业负担较重的情况下，这样一群热爱摄影的学生，能在摄影社这片天空里，得到喘息的机会，并且尽可能地去发展他们的个性和爱好，用自己的镜头去看这个世界的美好。

感动，是对人生怀有坚持之心

每年第二个学期开学第一周，文晖中学都会为九年级学生举办攀登北高峰的登山活动。因为对每个九年级的学生来说，迈向中考的最后一个学期至关重要，要顺利而成功地跨越，不仅需要定力、实力和努力，更需要不怕困难、坚持不懈的毅力和勇气。

这样的登山活动远比空洞的鼓励来得更有力量，因为它会在学生心中投下光影，而且会伴随他们的一生。借此，他们懂得了人生的道路虽然曲曲折折，但充满希望。顶峰近在眼前，但攀登上去并不容易，关键处也许只有几步，越接近成功就越是困难、越是艰辛。他们也懂得了在他们低头爬山的时候，如果累了，走不动了，身边最亲的人，会给予他们力量。

每年中考的前两天，文晖中学都会举行中考拔河壮行活动。在这一天，文晖中学的教师们个个都会穿上红色的T恤，每个人的脸上都洋溢着灿烂的笑容，为每一个即将参加中考的学生带去从容的气息和美好的祝愿。

拔河比赛由九年级和八年级相应的兄弟班级相互合作，三局两胜。比赛的结果并不是最重要的，重要的是通过这样的一个活动给学生们鼓鼓劲，增强他们的自信心，同时让他们宣泄紧张的情绪，让他们考场上更好地发挥。

拔河结束之后，是九年级、八年级间的"力量传承"。九年级的班级将悬挂在自己教室里一年多的横幅转交给八年级的兄弟班级，就像他们从之前的学长学姐手中接过它们一样。相信这每一滴的力量在一年又一年的传承中会变得更加强大，八年级的学生们也能拥有更多的正能量去面对接下去的艰辛而又充实的一年。人生就是这样一个过程：一个人只有坚持下去才能知道自己有多强大。每一个文晖学子通过拔河的体验，知道了在面对困境的时候必须咬牙坚持，只有这样才会看到最后最美的风景。

文晖中学的感动课程，一次感动胜过千条规定、万句说教。因为学校不只是学生读书的场所，更是学生成长的家园。而这些德育活动正是当下学校立德树人的珍贵实践。

（杭州市文晖中学　赵群筠　杨晓迪）

二、促进学生自主管理的德育实践

周国平说："教育本质上是自我教育，学习本质上是自学！"学习与成长的道路是漫长的。光有方向与力量是不够的，还需学生具有较好的自主管理的意识与能力。对于学生来说，自主管理具体体现在两方面：

一是学习与成长中的自我管理。这一轮教学改革非常强调自主学习，关注学生的自主发展。在这一过程中，学生的自立、自律与自励就显得尤为重要。如嘉兴一中实验学校开设新生适应课程和习惯（品质）建设课程等，促进学生适应初中学习生活，形成良好的品行习惯、生活习惯和学习习惯。

二是集体生活中的自主管理。促进学生健康地社会化是"立德树人"的要义之一。要帮助学生在未来能以正确的价值观适应社会，就要在学校生活中，让学生经历"小社会"的锻炼。在湖州市安吉县、杭州市西湖区、宁波市鄞州区等以小组合作为教学要素的地区与学校，有许多提高学生自主管理的意识与能力的探索。学生们从小组的自主管理，到班集体的自主管理，并逐渐体会自己的社会化。

当然，自主管理并不以束缚与限制为目的，自主管理恰是为了使学生能够适应自主，能够放飞成长。教师要尊重学生的自主时空，并与要求相结合，使学生在自主时空里有事做、专心做、耐心做，减少散漫和放任，收获自信、感恩、好学和责任。教育就是要促使学生们慢慢懂事。这其实是"成长意义"的教学改革的一大特点。

案例6.2

唤醒自我成长的"五自"管理

2011年，湖州十二中从课堂教学改革切入，探索"五自"管理，致力于真正"唤醒"学生自我的教育，既要让自学发生，同时又要让自主管理渗透到校园生活的点滴细节。

在实践初期，我们首先要帮助教师们形成以下共识：①学习在本质上是学生自己的事情，教育发挥的作用应该是唤醒、促进、助推，而不是替代;②学习是终身的事情,教育要促进学生的可持续发展,兴趣和好奇心、方法与能力对学生今后的学习至关重要;③教学不只是知识的累积,更是学生的自我完善与创造,只有会自学、会思考、会探索,爱提问、爱沟通、爱合作,善交流、善辩论、善反思,学生的灵性才能得以舒展,智慧才能绽放,学习力和创新力的培养才能落地生根。

在这些认识的基础上,我们将学生的自主管理能力具体化为行为自我约束能力、学习自我激励能力、生活自我管理能力、活动自主组织能力、人格自我完善能力五方面。通过“五自”管理搭建学生自主成长平台。

行为自我约束教育

要求学生能根据正确的需要有所为和有所不为。其条件包括价值内化和技能获得两方面。价值内化是指个体赞同和认可社会规范、道德准则所赞同的价值观,并以此约束自己。学校鼓励学生与书本为友,与大师对话,在优秀文化中净化灵魂、内化人格。技能获得是指通过一定的培训辅导,帮助学生掌握自我约束的有效方法。如学校让学生自主运用思维导图预习、复习,让学生周一至周日开展形式多样的“孝德作业”,让学生掌握记日记或“每日一省”等自我约束方法。

学习自我激励教育

要求学生明确自我成才的目标,明确不同时期的阶段重点与轻重缓急,能自主安排学习、严格学习、实效学习。为此,学校由点到面开展各项习惯性的学习活动,如每日自主晨读、每日自主考评、诚信自主考试、开放自主实验等,以营造自主、诚信、宽松的学习氛围,帮助学生开展自我激励教育。

生活自我管理教育

首先在住校生中开展生活自我管理教育,从健康的饮食习惯到良好的卫生习惯,从规律的作息时间到自觉的学习行为,全方位引导,立体化督促。而后以点带面,在全校学生中开展生活自我管理教育。

活动自主组织教育

学校搭建平台,为学生创设活动空间和机会,引导学生参与活动和组织,发挥个性特长,在体验中达成自主教育。如引导学生参与校园集体舞大赛、师生同台朗诵比赛、校园“四节”(科技节、读书节、体育节、艺术节)等校内活动,“我也来招生”实践项目,以及上海科技馆、长兴金钉子等地的社会实践活动。

人格自我完善教育

路遥曾说,一个人的精神成长一定是从自我教育开始的。我校通过一系列方式和活动,让学生逐渐在实践中认识自己,在实践中管理自己,提高自我教育力,积极认识自我、悦纳自我,真正践行本校的学生精神:自信、自强、自律、向上、向阳、向善,从而逐步完善自我人格。

我们倡导的“五自”管理是学生在教师积极引导下自行发现自我价值、发掘自身潜力、确立自我发展目标、形成适应社会发展和推动个体与社会发展的意识和能力的一种教育管理方式。

我们构建了包括学校、年级、班级三个层面的学生六部(学习部、卫生部、艺体部、生活部、纪检部、文化部)作为学生的自主督察体系,旨在通过自律与他律的相互作用,形成“人人有事做,事事有人做”的自主管理局面;并以“五自”为抓手,按“日常行为规范层—做人做事能力层—自我教育发展层”来依次深入开展,教给学生自警、自诫、自励等自我教育的方法,使学生在陶冶情操、磨砺意志的过程中形成良好的自律习惯。

学校同时构建了以“赏识”为主的“闪光”评价体系,发现、捕捉学生的闪光点,激发学生向上、向善的内在动力,激励学生积极进步,主动发展。

(湖州市第十二中学 俞月琳)

三、在常态学习活动中培养价值观的德育实践

有效的德育需要策划,但不一定都是明示的教育活动。潜移默化也是德育的重要特征。教师在促进学生有效学习的过程中,还需关注学生价值观的形成与品质的进步。“学为中心”的课堂,倡导团队合作学习。它不仅仅以知识技能为主要价值取向,还在学生常态的自主、合作、探究活动中,让合作交流、互帮互助、角色分工、团队合力、“我为人人、人人为我”等类似社会形态的行为自然地发生。这样的教学对培育学生的行为习惯、孕育完整的人格结构是十分有益的。长时间坚持,有助于打造对个体有意义的合作团队,以及对团队有意义的个体,创建出

有利于学生成长的充满正能量的人文环境！在这样的环境中，学生作为合格公民的良好素养也会慢慢地培育起来。

德育不能游离于课堂之外，而应成为课堂的常态。要让课堂等真正成为培育学生良好情感、态度、价值观的场所。

案例6.3

“小组合作制”中的价值观培养①

“小组合作制”是对“班级授课制”的发展。它是以小组合作文化建设为基础，以小组合作学习为核心的学生自主管理体系和自主教育体系。

在这样的教学活动中，小组这个团队成为学生共同成长的精神家园。在这一良性的“小社会”中，学生身上所孕育的品质，与“爱国、敬业、诚信、友善”等公民个人层面的社会主义核心价值观存在着一种必然的联系。

爱团队是爱国的起点

小组评价将小组团队的学习、生活、实践、活动等紧紧联系在一起，小组成员不断地为团队的共同追求做出高度协调的行为，他们因团队的成功而欢呼雀跃，为团队的落后而共同反思。随着时间的推移，小组成为一个感情共同体，每个成员自然地生成对小组团队的归属感和热爱之情，自然生成爱团队的品质，这是爱国的起点。具备了爱团队的意识和能力，能更好地具备爱国家、爱社会的意识和能力。

爱学习是敬业的起点

在这种具有良性氛围的团队中，每个个体都会因能为集体做出贡献而感到光荣。学习不再是为自己的个体行为，而是在荣誉感、成就感等高层次精神动力驱使下的、有积极意义的行为。在这种状态下，学生所呈现的对学习的态度是良性的，对学习的热爱是发自内心的。而这种对学业的态度，将来迁移到工作中就是一种敬业精神。

① 蔡洪伟.践行小组合作制，培育社会主义核心价值观[J].教育观察，2016，5(16)：9-12.

负责任是诚信的起点

团队的利益高于一切,"小组合作制"要着力培养孩子的团队意识。团队会因某一个体的不努力而落后于其他团队,也会因为个体的不负责任而蒙受损失。因此,在这样的环境下,对团队负责任是小组团队成员必须要共同遵循的规则。久而久之,这种对团队、对同伴的讲规则、负责任的行为,一定会成为一种内化于心、外化于行的诚信习惯和诚信价值观。

会协作是友善的起点

培育孩子的合作精神和能力,是"小组合作制"最重要的目标。在合作中,学生为完成某一共同任务(包括学习任务),必须要用最恰当的方式、最合适的语言、最融洽的情态,才能使协作愉快、高效。在这样的背景下,学生们一定会从原来的"必须"友善,慢慢转变成"自然"友善,从而使友善从外加转变为内生,成为学生身上真正的品质。

"小组合作制"不仅有效地培育了"爱团队、爱学习、负责任、会协作"的习惯和品质,也为"爱国、敬业、诚信、友善"(个人行为层面)价值观的自然形成打下扎实的基础;而且还与"自由、平等、公正、法治"(社会层面),"富强、民主、文明、和谐"(国家层面)的价值观的孕育存在联系。它有助于让这一系列的意识和习惯成为孩子们人格结构中的组成部分,切实落实"立德树人"的根本任务。

(安吉县教育局　蔡洪伟)

第二节　促进学习的教与学的评价

中小学教育评价主要包括三方面：一是对学生发展的评价，具体包括对学业进步、综合素质等方面的评价；二是对学习过程的评价，包括对课堂教学的评价，学生在学习过程中的态度、习惯等方面的评价；三是区域对学校、学校对教师的教育教学质量管理。

教育评价的功能应该是诊断与改进。但现实中的评价往往重在评判与横向比较。它更多地表现为管理的手段，而非促进主动学习与成长的积极力量。这是需要反思的。

教育部2013年启动中小学教育质量综合评价改革，就是为了推动教育评价的反思与改进。浙江省积极参与该项目并成为国家实验区之一。推进教育质量综合评价改革的意义在于端正教育质量观，逐步树立关注学生全面发展、关注学生学习品质、关注质量形成的过程与成本、关注学生成长环境的“四个关注”的思想；学习借鉴PISA测验与教育质量监测的思路与技术，改进中小学日常的学业评价，继续推进教学改革；关注结构的质量与过程的质量[①]，完善区域教育质量管理与学校教学质量管理机制，积极支持教学改革。

因此，评价改革与教学改革是紧密联系的。它们都是深化课程改革的重要部分。在浙江省中小学教学改革项目的19个试点地区中，温州市，衢州市，杭州市上城区、西湖区、萧山区，嘉兴市南湖区等地同时也是浙江省教育质量综合评价改革试点项目的承担单位。他们与其他试点地区一起，积极探索支持“学为中心”教学改革的评价改革，努力让评价成为促进有效学习与推动教学改革的积极力量。

---

① 张丰.教育质量管理机制的反思与建议[J].基础教育课程，2011(5):72-74.

一、关注学与教过程的评价

（一）建立“学为中心”的课堂教学评价标准

在推进课堂教学改革的进程中，关于好课的评价视角在变化。变化的实质是从关注教师教的表现，转向关注学生学的发生。不过，课堂教学评价标准的改变需要一个不短的过程。传统的好课与转型的好课还将在相当长的一段时间里交相辉映。温州市、嘉兴市南湖区、杭州市上城区等地都以重建或完善课堂教学评价标准来推动实践的变革。

温州市教育教学研究院研制了《“学为中心”课堂教学评价标准》（见表6.1）。该评价标准秉持“学为中心”的教学理念，采用行为导向的评价定位，从教学任务的预设、实施和结果等三个维度切入，构建了包含7个视角、12项具体指标的评价内容框架，采用量化评价和质性评价相结合的方式，根据观察判断要点，逐级酌情赋分，并配有操作解释。

表6.1　温州市中小学“学为中心”课堂教学评价标准

<table>
<tr><td>学校</td><td></td><td>执教教师</td><td></td><td>学科</td><td></td></tr>
<tr><td>年级</td><td></td><td>授课时间</td><td></td><td>课题</td><td></td></tr>
<tr><td>一级指标</td><td>二级指标</td><td colspan="2">三级指标</td><td colspan="2">观察判断要点</td></tr>
<tr><td rowspan="4">教学设计（30）</td><td>制订学习目标（10）</td><td colspan="2">1. 基于标准和学情制订三维学习目标，课堂目标恰当、具体、可操作（10）</td><td colspan="2">①依据课程标准制订三维目标
②教学目标符合本班学生学情，分层次
③教学目标突出重点、可检测</td></tr>
<tr><td rowspan="2">选择学习内容（10）</td><td colspan="2">2. 依据学生学习起点及教材特点，突出核心知识、能力的要求（5）</td><td colspan="2">①结合学生特点而选择内容
②准确解读教材内容
③突出重点难点</td></tr>
<tr><td colspan="2">3. 学习任务或问题设计清晰简明，体现多样化学习方式（5）</td><td colspan="2">①为不同目标设计相应的学习任务和活动
②合理使用不同学习工具（任务单、学案、电子书包、实验材料）</td></tr>
<tr><td>确定评价方式（10）</td><td colspan="2">4. 设计与目标匹配的测试和评价方式，当堂检测学习效果（10）</td><td colspan="2">①设计当堂检测练习或学习展示方式
②设计巩固练习题或操作题</td></tr>
</table>

续表

一级指标	二级指标	三级指标	观察判断要点
教学过程(50)	学生参与学习(25)	5. 全体学生有充足的自主学习时间,积极参与学习全过程(15)	①学生课堂自主、合作、探究学习的时间不低于15分钟 ②投入学习的学生人数不少于90% ③积极回答问题的学生人数不少于40%
		6. 学生能深度思考、主动提问、充分讨论交流(5)	①学生敢于提出新产生的学习问题 ②学生敢于发表自己独特的观点 ③学生通过小组合作学习达成共识
		7. 学生能认真倾听,勤于记录,养成及时整理的良好学习习惯(5)	①学生认真倾听教师讲解和同伴发言 ②学生书面记录课堂交流和自主思考 ③学生及时整理学习成果
	引导学生学习(25)	8. 营造积极、互动、民主的课堂氛围(5)	①吸引更多学生参与学习 ②尊重并启发学生发表不同观点
		9. 以符合学科特点的学习方法促成学生对知识的建构(10)	①问题解决突出学科特点 ②有适当的学法指导 ③注重提升学生学科思维能力
		10. 有效组织学生对学习结果进行评价与反馈,实现及时的针对性反馈与辅助学习(10)	①组织生生互评、组间互评、师生互评 ②注重了解每个学生的学习进展 ③在学生自主合作学习不能解决的问题上予以引导 ④点拨反馈之后有恰当的建议
教学效果(20)	达成学习目标(10)	11. 完成当堂学习任务和学习目标(10)	①学生积极参与练习、检测或学习成果展示 ②完成当堂任务,达标率为90%以上
	引发后续学习(10)	12. 体验学习的愉悦,对后续学习产生兴趣(10)	①激发学生的学习兴趣 ②学生课堂中的投入程度高 ③学生有普遍的愉悦表现 ④学生对课程后续内容有期待

温州市实验小学进一步总结了课堂上学生的学习规范(倾听、表达、自学、整理、合作、质疑),设计了《“学为中心”新课堂评价标准》(见表6.2),引导教师在备课、上课以及课后反思中真正重视学生学习活动的展开与落实。

表6.2　“学为中心”新课堂评价标准

<table>
<tr><td>姓名</td><td></td><td>学校</td><td colspan="2"></td><td>授课班级</td><td colspan="2"></td></tr>
<tr><td>学科</td><td></td><td>时间</td><td colspan="2"></td><td>评课人</td><td colspan="2"></td></tr>
<tr><td>课题</td><td colspan="7"></td></tr>
<tr><td>一级指标</td><td>二级指标</td><td colspan="4">三级指标(评价要点)</td><td>分值</td><td>得分</td></tr>
<tr><td rowspan="5">学的活动设计</td><td>学习起点</td><td colspan="4">通过访谈、前测等多种方式了解、掌握学生的学习情况</td><td>5</td><td></td></tr>
<tr><td>学习目标</td><td colspan="4">体现课程标准、三维目标的基本要求,具体、可操作</td><td>5</td><td></td></tr>
<tr><td>学习任务</td><td colspan="4">根据学习目标和学习起点,制订出准确、清晰、简明的核心学习任务</td><td>5</td><td></td></tr>
<tr><td>学的活动</td><td colspan="4">依据学习任务设计逼近学科本质的探究、体验、表达、合作等多形式活动</td><td>10</td><td></td></tr>
<tr><td>学习支架</td><td colspan="4">设计适切的“媒介”(如任务单、学具、学习导航)助学生解决学习的任务</td><td>5</td><td></td></tr>
<tr><td rowspan="10">学的活动实施</td><td>活动形式和时间</td><td colspan="4">学生有充足时间(不少于15分钟)进行自主、合作、探究等多样化学习解决学习任务</td><td>10</td><td></td></tr>
<tr><td rowspan="6">学习新常规</td><td colspan="4">倾听:注视发言者,边听边思考</td><td rowspan="6">40</td><td></td></tr>
<tr><td colspan="4">表达:发言声音响亮,自信大方,清晰地表达观点</td><td></td></tr>
<tr><td colspan="4">自学:课前预习,提出问题;课中自觉完成学习任务</td><td></td></tr>
<tr><td colspan="4">整理:及时整理学习用品和所学的知识,查漏补缺</td><td></td></tr>
<tr><td colspan="4">合作:完成共同任务,分工明确,互相帮助,与人交流,积极表达自己的观点,认真听取同伴的想法</td><td></td></tr>
<tr><td colspan="4">质疑:能主动提出自己的疑惑,对别人的观点提出疑问</td><td></td></tr>
<tr><td rowspan="3">教师的导</td><td colspan="4">耐心倾听每位学生的想法,营造积极、互动、民主的课堂氛围</td><td rowspan="3">10</td><td></td></tr>
<tr><td colspan="4">以符合本学科特点的学习方法促进学生深入思考,点拨适时适度</td><td></td></tr>
<tr><td colspan="4">有效运用适切方式与技术组织学生对学习结果进行评价与反馈,展示学习成果</td><td></td></tr>
<tr><td>学的效果</td><td>目标达成</td><td colspan="4">绝大多数学生积极主动,获得的知识扎实;
在解决学习任务过程中形成一定的能力和方法;
学生的情感、态度、价值观都得到相应的发展</td><td>10</td><td></td></tr>
<tr><td>总体评价</td><td colspan="6"></td><td></td></tr>
</table>

嘉兴市南湖区提出“学为中心、学导融合”的课堂转型方向,研制《中小学“学导课堂”评价标准》(见表6.3)以指导实践。他们还设计了

《“学导课堂”核心要素检视表》(见表6.4),引导教师学会从“学习支架”“少教多学”“深度学习”“智慧导学”“学习力发展”等五个维度观察与把握课堂,并鼓励不同学科根据学科特征补充调整核心要素,完善“观察判断要点”,用案例来解释这些要素与观察点。

表6.3 中小学“学导课堂”评价标准

一级指标	二级指标	三级指标	评价意见
学习设计	学习目标	重视发展学科核心素养,体现“三维目标”的基本要求,凸显学科“育人”目标; 学习目标的描述具体、可操作、可评价	
	学习内容	把握学科本质,突出学习内容的核心知识,凸显关键能力的培养; 注重研究学生,能依据学情确定学习的重点和难点	
	学习支架	精心设计学习任务,能设计优质问题或学习任务驱动学习,导学稿(学习单、活动单)因需设计,并能有效支撑学生的自学、合学、探学; 合理利用学习资源,精心设计学习环境,合理选择课程资源,选择适当的学具教具,合理运用技术支持学习	
学习过程	学习空间	学习时空充分,学生进行自主学习、合作学习、探究学习等多样化学习的时间一般不低于12—20分钟; 学习方式多元,独立学习、讨论互学、分享展示、倾听、阅读、操作、实践、活动、练习等多元的学习方式合理组合; 学教结构合理,能根据学科特征和学习内容的特点,选择和设计合理的学教结构(预学—分享、问题—探究—讨论等)	
	学习状态	全面参与,学生主动参与、投入,会倾听、会交流、会展示、会提问; 自然互动,课堂中“生生互动”自然生发,学生能互相评价、追问、质疑、补充、纠错等;小组学习有任务、有规则、有互动、效果好; 深度思考,围绕学习内容深入思考、对话,思维过程得到充分表达与展示,课堂产生了精彩观点或独到见解	
	学习导引	营造氛围,有方法吸引和激发学生投入课堂学习,注重倾听、鼓励,营造民主、安全、激励性的课堂氛围; 适时适度,根据学情适时启发引导、追问补问、释疑解惑、提炼拓展; 导有方法,要善于用举例、图示、示范、媒体运用等方式进行针对性指导,真正做到“引在重点上,导在疑难处,点在困惑时”	
学习效果	学习力	知识、技能目标有效达成,知识掌握重理解、重联系、重综合; 学生充分经历学习的过程,学科核心素养、高层次认知能力和批判性思维有效发展,学会了学习的方法,提高了学习能力; 学习中能体验学习的愉悦,对后续学习产生兴趣和信心,激发了学习动力,培养了学习毅力	

表6.4 “学导课堂”核心要素检视表

核心要素	观察判断要点	评价意见
学习支架	是否从学生学习角度出发，选择或设计学习环境、课程资源、学具教具、教育技术等？能否有效支持学生的学习？ 问题或学习任务能否驱动展开学习、深入思考？导学稿(学习单、活动单)运用是否合理？能否有效支持学生的自学、合学、探学？	
少教多学	是否有1—2个板块让学生充分展开学习？如何驱动？效果如何？ 课堂中学生有哪些学习方式？学生进行自主学习、合作学习、探究学习等多样化学习的时间大约分别有多少？ 课堂学教结构分哪几步？是否符合学习内容的特点？	
深度学习	课堂中是否多数学生主动参与、投入？ “生生互动”是否自然出现？学生能否互相评价、追问、质疑、补充、纠错？小组学习中是否有任务、有分享、有互动？ 课堂中学生有否充分思考、表达、展示的机会？课堂有否产生精彩观点或独到见解？ 知识学习是否在充分经历过程，是否做到理解、联系与综合？	
智慧导学	教师有没有方法吸引和激发学生投入课堂学习？ 教师是否注意倾听学生，并抓住课堂生成适时适度进行启发指导？ 学生学习有困难或困惑时，教的指导是否有方法、有针对性？用了什么方法？效果如何？	
学习力发展	学习结果是否在充分思考、讨论交流的基础上得出？学习中是否既学知识，又学方法？ 知识、技能等目标达成度如何？有否突出学科核心素养的发展？ 教师用了哪些方式激发学生的学习兴趣？是否多数学生课堂上有愉悦感，对后续学习充满期待？	

（二）建立激励性的学习过程评价

教育质量综合评价改革要求评价不能仅仅重视结果，还要关注学生成长的过程；要从单一的分数评价走出，以多元的激励性的综合评价，关注学生的学习体验和在学习过程中的态度与表现，增加学生体验成功的机会，激发上进心与积极性，促进学生自我管理能力的提高。湖州市安吉县、杭州市西湖区、宁波市鄞州区等地在推进小组合作学习的过程中，很好地运用群体激励的方法，发动学生，激发潜能，形成较为成熟的过程评价操作体系。

案例6.4

“阳光学习小组”学习比赛

宁波市鄞州区淡化学生学习成绩要求，以责任意识、感恩之心、生存能力、身心健康和乐观向上为标准，开展“阳光学子”“阳光班级”“阳光学习小组”的评选，引导学生全面发展。其中，“阳光学习小组”的评选与“‘小组展示式’学习比赛”颇有创意。

“阳光学习小组”的评选条件有：

1. 合作默契。学习小组制度规范、分工明确，小组成员自信开朗、乐观向上，具有较强的团队意识和凝聚力，一学年内获得三次以上学校月优秀学习小组称号。

2. 核心明显。小组长认真负责，管理能力强，能有效组织和督促本小组成员自觉开展小组合作学习活动。

3. 团队优秀。小组成员在自主学习、合作学习、课堂讨论和展示等活动中积极主动，表现优秀，小组成员能切实解决在自主学习中遇到的困难和问题。

4. 成效显著。小组成员互助合作、互帮互学，学习习惯有改善，自主学习能力有提高，学习成绩有明显进步，学困生转化成效显著；学习小组平时课堂考核得分居全班前茅。

（宁波市鄞州区教育局教研室　任重远）

二、学生学业的科学评价

长期以来，人们习惯用纸笔形式的学业测验来评价学生学业。但这些纸笔测验真的值得信赖吗？

在学业评价方面，有三个问题日渐突出。一是过度依赖纸笔测验，导致其他评价方式被“短路”，许多重要的学科能力被忽视，甚至在一些中学，所有的学科都采用无视学科特点的、相同的应试的方法教；二是纸笔测验在评价学生思维发展上存在技术的局限性，长期以来“知识立意”的评价，导致低层次认知的教学活动多，促进学生高层次认知能力发展的深度学习得不到重视；三是通过增加考试次数来提高教学质量的错误思路被推崇，频繁的纸笔测验对学生学习的消极影响日益加重。这样的学业评价惯性显然是“学为中心”教学改革的“镣锁”。推进教学改革，不能忽视学业评价改革的配合与支持。

如何让学业测验也成为促进有效学习的积极因素。著名的“学习金字塔模型”揭示了不同学习方式所得到的学习结果，在一定时间之后，所剩留的差异。它采用“延时评价”的方法来观察评估不同学习方式的成效。结果发现，主动并深度参与的学习方式远比被动的听讲以及一般的阅读要好很多。但是，在日常的学业测验中，这些深度参与的学习方式的效果突出吗？答案却是“未必”。在不少时候，采用题海训练的方法可能比“做中学”或小组讨论更为有效。

试问，这是学习方式方法的问题，还是测验评价的可靠性存在问题？当前学校教育中，存在着大量可靠性存疑的测验，而且这些测验频率很高，结果运用很强势。转变学习方式的努力在“贴身紧逼”的可靠性存疑的测验的夹击下，可能会非常“狼狈”。

事实上，是这些频繁的、低质量的测验掩盖了主动的学习方式与被动的学习方式之间的成效差异，抵消了深度学习的积极贡献。推进教学改革，必然要同步改进学业测验与校内考试制度。

（一）提高学业测验的质量以促进深度学习

纸笔形式的学业测验是最常见的评价工具。命题是一项要求较高的专业工作。我们认为，学业测验命题必须基于标准、能力立意，易而不死，活而不难，以降低过度学习的影响[①]；命题与评分应有利于“理解”，引导高层次思维的发生，促进深度学习。

在浙江省推动中小学教学改革的进程中，省教研室依托中考试卷评价与命题研修工作，主动解读命题意图，指挥教学，支持教学改革；同时加强命题技术研究，引导全省初中学科改进日常学业测验，促进学生的有意义学习。特别是语文、历史与社会、道德与法治等学科的开放题采用SOLO分层评分方法，关注学生的思维发展，带动学科教学改革。

---

① 张丰.努力降低“过度学习”的影响——初中教学测验的命制策略与教学导向[J].课程·教材·教法，2005，25(7):33-38.

案例6.5

依托中考研究，推动初中教学改革的实践[1]

考试测验对教学的影响是客观存在的。过去谈到命题，人们常常有许多忌讳，没有命题者记述命题意图的机制，没有预测难度与实际难度的对比与反思，没有命题者公开解读命题意图的平台，因而没有主动、公开地运用评价去引导教学。所以，基层老师多以猜测的方式看待"犹抱琵琶半遮面"的考试。这不利于基层教学的科学引导。因此，我们重视试卷评价工作，重视试卷意图的解读与教学改革的指挥。主要的教学导向有四方面：

首先，加强"能力立意"的教学导向。近年来，各学科中开放题、探究性试题将会适当增加，日常教学必须突出能力培养。以语文为例，要学习PISA测验的理念，强调阅读与生活的无缝连接，在解决实际问题的过程中区分学生的不同能力层次；要避免无谓的形式赏析，注重学生读懂内容、运用文中信息解决实际问题的能力，注重学生灵活运用学科知识与认知技能，针对情境化的问题自行建构答案的能力。

其次，重视学生在学习过程中的体验。学科能力的培养、方法的学习离不开学生的亲身体验，教学过程要积极创设情境，让学生在参与教学活动的过程中获得体验，在解决问题中获得感悟。如数学概念、定理、推论等的学习，应结合教材的特点，通过观察、猜想、分析、综合、归纳与论证等活动，让学生亲身体验知识发生、发展的过程，学会研究的策略和方法，发展探究与归纳的能力。

再次，关注学生面对真实情境与完整任务时的综合能力。以往的测验中，选择题多，碎片化的测查多。但在最近的试卷中，更多地出现真实情境，要求学生面对完整任务。这就要求教学有及时的转变。譬如科学学科，就必须重视科学实验。试题要以教材实验为载体，考查学生的实验技能与方法；以课外探究活动为载体，考查学生知识的迁移、

---

① 张丰，蒋亦丰.以中考为"穴"，谋教学变"局"——浙江依托评价研究推动教学改革的探索[N].中国教育报，2016-07-06.

转化能力和探究事物与解决问题的能力，并以此引导教师重视活动、探究和实验。

最后，应用SOLO分层理论，改进开放题的评分方法。2015年起，部分地市的语文及道德与法治卷中出现应用SOLO评分机制的案例。SOLO分层理论基于学生对某一具体问题反应的分析，对学生解决问题时所达到的思维水平进行由低到高的五个基本结构层次的等级划分。这种“可观测的学习结果的结构”，可用来衡量学生在回答某个具体问题时思维结构复杂性的不同水平。评分关注的不仅是学生得出的结论，还包括结论产生的思维过程。

中考试卷的评价与研究也是推进教学改革，改进地方教研工作方式的重要途径。近几年，有些地市已开始主动发布命题导向，将命题意图告知教师，切实发挥教学指导作用；有些地市建立起规范的试卷分析与命题反思制度，将中考研究的工作思路推广到学期测验研究；不少地市模仿省里的实践研修模式，开展命题历练与研究。依托评价研究，推动教学改革的工作机制越来越成熟，对实践的影响也会越来越深刻。

（二）以体现课程特点的评价来支持尊重课程性质的教学

改进评价工具的另一方面是学科实践性评价的推广。要建立体现课程特点的实践性评价，引导师生重视纸笔测验难以评价的学科关键能力。如英语的听说能力，科学的实验能力和语文的听说能力、语言应用实践能力等，应采用基于真实任务的评价项目来测评。只有这些学科能力都被重视了，才能反拨日常教学活动尊重课程的本来性质。

嘉兴市南湖区2006年起在小学阶段，根据不同学科的课程性质实行多元测评。如根据小学英语的课程特点，以培养学生的语言实践能力，提高学生学习英语的兴趣，培养学生的学习习惯为小学英语学习的关键；在小学英语学业评价中，增加听力、口语交际、朗读能力的测试，实践性强，操作性强。又如安吉县进行小学科学学业评价的系统改革，采用学习过程表现占50%，现场实验操作评价占30%，纸笔测验评价占20%的评价框架，改变了一张试卷的传统评价方式。台州市路桥区、温岭市也都把加强小学英语听说能力的评价、科学实验操作技能的评价作为配合教学改革的要点。

在不少地方把加强文化课统考统测作为提高"教学质量"的重要手段的背景下，省教育厅2014年年初下发《关于完善和规范义务教育阶段学校区域性学科"统测"工作的通知》，要求各地控制"统测"次数，优化"统测"的内容与方法，特别强调小学一至三年级禁止任何形式的"统考统测"，反对小学低段采用以纸笔测试为主的学业评价。停止"统考统测"，减少纸笔测验，让学校自己来组织考试，这大大地激活了基层学校关于评价的实践智慧。原先在杭州市少数小学开展的，基于实践任务的低段分项测评迅速推广。金华市区与武义县利用武义壶山小学的经验，鼓励学校基于学科学习目标与关键能力，设计能体现课程性质的、实践化的、趣味性的"模块游考"。平阳县依托鳌江小学的"项目学评"的探索，发展并推广包含口头测评、动手操作、纸笔测评和日常观察等多种形式的过程性评价体系。这些尊重课程性质，体现多维学习目标的真实性评价的探索，积极促成有意义学习的发生，促进学生学科素养的发展。它给日常教学以正确的"信号"，使课程实施实现良性发展。

案例6.6

探索多维学习目标的真实性评价①

初次接触小学低年级的"游园式考试"，首先被其"快乐考试"的主张所感染，不要让孩童因为考试而失却学习兴趣，要让孩子感觉学习并不困难且非常有趣。当然，"游园式考试"的意义不止于此，这一新近悄然推广的"新型考试"的背后有着哪些教育意义呢？

在真实的情境中考查学生综合运用知识解决问题的能力

与以往的纸笔测验相比较，这种"游园式考试"的实质是一种实践任务评价。即在体现儿童特点的情境化的任务中，通过对学生综合运用知识对外办事、解决问题、完成任务的过程的观察，进行学生的学习评价(包括生活技能的学习)。它的出现，可以视为对纸笔测验的局限性的一种"揭露"，不过，更主要的意义，是对学习评价方式的有益补充。

---

① 2014年6月，省教研室对小学低段考试评价改革进行专题调研，此文为当时的调研随笔。

首先是它体现的“综合性”。成年人将孩子的学习活动分成了若干个学科，但“童眼看世界”就可能是一件综合的事。譬如参与“超市大赢家”活动的孩子既要用数学来合计自己选择的商品的金额，还要用语言将自己选购这些商品的意图表述出来，并且基本符合生活常识。这对于孩子的锻炼意义是相当大的。它将促进孩子的学以致用与综合思考。

其次是它体现的“实践性”。我们应该能感觉到我国学生在“解答习题方面”的优秀，但这不能掩盖我国学生在“解决问题方面”的能力不足。这是因为我们过去过于依赖纸笔测验，而使学生忽略了实践学习的意义。“游园式考试”是趁着小学低段不宜以纸笔测验为主要评价工具的政策间隙“挤”进来的。但这并不意味着实践性评价仅限于低段。在小学低段，“游园”是一种恰当的形式。但随着学生年龄的增长，任务可能就不能太幼稚，“长作业”就是一种很好的变式。

应该说，“游园式考试”只是开启了评价探索的“窗口”，它不是评价改革推广的简单经验。它试图让综合实践活动的理念与考试评价相结合，促进学科综合性学习的常态开展，把转变学生学习方式的意义“化”在评价中。

探索多维学习目标的真实性评价

起初，人们会被这种“寓考于玩”的评价创新所打动。但要让这种“游园式考试”真正实现学业评价的功能，必须重视评价活动或评价项目中蕴含的学习目标。否则，它可能就只是一次热闹的游戏。

在纸笔测验中，我们要求题题都有对应的检测目标，以之来检验或导向学生的学习。但纸笔测验的局限是只能对认知、记忆等能通过纸媒来体现的学习目标进行考查，而对于听说、实验探究等学习目标，便有些捉襟见肘。

“游园式考试”及与其类似的新型考试的价值，在于对多维学习目标的真实性评价的探索。它意在避免将多维学习目标的评价转化为纸笔测验可能导致的失真。尽管它产生的评价结论不能满足家长或其他人的比较心理。但小学阶段的评价没有形成精确比较的必要，因为那些迅速发展变化的孩子最需要的是鼓励、包容和等待。真实的描述比统计化的数字更重要，帮助孩子改进比横截性的比较更重要。

重建以过程性评价为主的学业评价体系

目前，有家长对学校不再组织期末考试表示忧虑。因为人们习惯以期末考试的成绩来作为学期学习的评定。但一纸期末试卷能够寄放如此完整的期待吗？现实中的期末试卷的信度都达不到这个要求。

有些老师认为，像“游园式考试”那样的一些新型考试可能是学期末的阶段性评价的“替代”。但我们更愿意视之为“补充”。因为，这样的评价活动的背后必然要有扎实的日常评价作支撑。可谓“过程评价清晰化，阶段评价适当模糊”。譬如像语文的拼音、识字、朗读、说话等等，既难以放进纸笔测验中，也无法完全纳入“游园式考试”里。这就需要过程性评价来“保驾”，以一些基于课程标准的、具有达标意义的、可以重复挑战的测查来保证学生的基础水平。而在低段学生的学业评价描述时，没有必要与孩童“斤斤计较”。

从中小学教育评价改革的方向看，要重建以过程性评价为主的学业评价体系，扩大过程性评价在整个学业评价中的权重。为了还权于学校、还权于任课老师，不让过程性评价简单走过场，区域性的评价必须有所节制。现实中，正是因为高利害的区域性评价的切入，原曾开展得不错的过程性评价才土崩瓦解。

评价策划：教师执教能力的一个新视野

在调研中，我们为基层老师的实践智慧所感动。他们在设计评价目的的实践任务中的许多灵动与创新，反映了他们对儿童特点的研究，反映了他们对课程性质与课程标准的把握。

我们认为，这些评价目的的实践任务与纸笔测验一样，都属于评价工具的范畴。我们要整体地看待这些工具的研制，这是既专业又通俗的工作。我们以“评价策划”一词来概括之。这是亟待重视的教师执教能力的又一方面。对于小学教师来说，尤为重要。

教师的“评价策划”能力包含四个方面。一是联系学习目标，从学科关键能力出发，基于课程标准，确定评价要点；二是研究儿童特点，从儿童喜闻乐见和有利于孩子乐学会学的角度，选择设计评价形式；三是综合任务设计，设计包含学习目标的具体任务（包括纸笔测验的试题），并拟定组织实施的要求；四是评价结果表达，对如何评定，以及对评价结果的表述与运用的设想。

在小学阶段的学业评价中，我们可能不能让教师成为被评价者，而要让评价成为教师改进教学的一个重要工具，激活他们运用评价改进教学的积极性。与其把精力放在如何评价教师的制度设计上，不如把精力投放到提高教师的评价素养以及“评价策划”能力的研修中。

这些尊重课程性质的评价思路也在初中教学评价改革中受到关注。根据浙江省中考改革的规划，初中英语听说能力人机对话测试与科学实验考查将是中考改革的抓手之一。通过实践性评价推动学科教学改革是重要的方向。

（三）改革校内考试制度，恢复从容的促进学习的过程性评价

当前，不少教育管理工作者将频繁的考试测验视作提高教育质量的重要方法。“月考”成为多数中学的基本制度。有的甚至还有“周考”，用频繁的综合测试刺激学生，通过成绩的横向比较对师生施以压力。而且这些考试基本都采用“教考分离”模式的综合练习，因而，教师的日常教学往往陷于猜测或迎合状态，学生也陷在简单化的、赌博式的“题海训练”中无法自拔。

这种校内考试制度的问题症结，在于将终结性评价的思路与方法滥用于过程性评价中。这些过程性考试的结果运用也如选拔性考试一样片面重视总分与排名，显示了强势的“管理立场”，而非促进学习的“学生立场”。频繁的考试打乱学生的学习节奏，反让简单化的被动学习表现有一定的优势，关注学生有意义思考的深度学习反而看似价值不大。落后的学校教学质量管理其实是“学为中心”教学改革的“绊脚石”，但它常常以“权威和公平的口吻”鉴定教学改革的成效。

因此，学校日常教学评价必须反对短周期的统考、过度的横向比较以及完全“教考分离”的组织模式。改变这种简单依靠频繁统考的教学质量管理机制，还原学校考试的过程性评价功能，寻求构建目标与过程清晰、体现“学生立场”、激活教师智慧、旨在“促进学习”的科学规范的学校教学质量管理机制，是深化课程改革，减轻学生学业负担的攻坚点。

第三节 学校教学管理的改进

中共中央、国务院《关于深化教育教学改革全面提高义务教育质量的意见》指出，要加强教学管理，“学校要健全教学管理规程，统筹制定教学计划，优化教学环节”。

学校教学管理是一个自成体系的专业领域。它要求管理者同时具备专业思维与管理思维。但在相当长的一段时间中，管理行为更多地表现为“规定”“检查”“评价”。然而，没有“指导”的管理是不完整的管理。学校教学管理的核心任务是提高广大老师的执教能力。变“控制性管理”为“指导性管理”则是教育内涵发展的要求[①]。只有重视“指导性管理”，才能保障教育教学改革的顺利进展。

“学为中心”教学改革只有依托学校教学管理来落实，才能让常态课堂发生改变。这既需要区域层面通过建立规范，指导教师进行实践学教方式的变革；又需要学校层面积极改革，提高教学活动的针对性与有效性。

2008年，浙江省教研室组织研制了《浙江省义务教育教学管理指南（试行）》（以下简称《教学管理指南》）和《浙江省中小学学科教学建议（试行）》（以下简称《学科教学建议》）。《教学管理指南》廓清了学校教学管理的三方面主要任务——课程管理、教学常规管理、教师专业发展管理；确立了学校在课程开设、课程建设、教学资源管理、教学视导、教学评价等方面的规范；进一步明确了教师在课前备课、课堂教学、作业练习、学生指导、考试评价以及教研进修等方面的要求。《学科教学建议》强调教学活动须尊重课程特点，要规范学科教学基本过程，坚持教学的

---

① 张丰.从“控制性管理”到“指导性管理”——学校教学管理的转型[N].教育信息报，2010-05-27.

底线要求。[①]

这组文件成为义务教育阶段教学工作的重要指导，成为学校校本研修的纲领。学习与实践《教学管理指南》与《学科教学建议》，理解并落实教学常规的校本研修成为当时浙江教育的一个特色。不少市、县（市、区）也跟进教学规范的研究，形成具有本地特色的工作成果。

随着教学改革的深入，在从“教为主”向“学为主”转变的过程中，一些地区与时俱进地修订教学常规，重构“学为中心”的教学要求与细则，指导教师实践学教方式的变革。

一、关注各环节教学行为的教学新常规

教学改革的目的是打破一切束缚教学发展的习惯和套路，但这并不意味着，教学活动不再需要教学规范。相反，有序有效地推进教学改革，需要一定的教学规范来保障。当然，这些教学规范必须是体现正确教学理念，且是实践证明行之有效的。

基于这样的理解，杭州市萧山区于2013年修订了已实施五年有余的《杭州市萧山区中小学教师教学规范》。此次修订的主要目标，就是吸收三年多教学改革实践证明的“共性经验”，把它凝练成“教学规范”，以更好地保障教学改革的可持续、常态化推进。

以“教学准备”环节为例。这部分共8条规范，从“三个研究”（研究课程标准、教学材料与学生学情）到“四个设计”（设计教学目标、教学过程、各类作业与辅助手段），到最后“自觉撰写每课教案”，都为在“学为中心”理念下教师必须遵循的规范。要求“能以学生的学习活动为主线，组织、引导、帮助学生经历一个明确、完整、充分、深刻的学习过程”，体现把“以教为主的教学设计”转型为“以学为主的学习设计”的基本要求。

① 柯孔标，张丰．校本教研的浙江模式[M]．杭州：浙江教育出版社，2010.

案例6.7

杭州市萧山区中小学教师教学规范

一、教学准备

第1条　总体把握课程体系。认真学习学科课程标准，明确课程的性质和目标，领会课程改革倡导的基本理念，从整体上把握本学科教学的内容标准和实施建议。熟悉本学科教材的编写意图和特点、学段或各年级之间教材的衔接、整册或整个模块教材的完整结构。

第2条　深度研究教学材料。充分研读教材，形成自己的理解，同时学习参考其他教学资料，正确理解教学内容，把握教学重点和难点。对用于教学的各种练习，要采用“教师自己先做”的方式进行研究，感悟解题的规律和思路，揣摩学生在解题过程中可能遇到的困难和障碍。

第3条　全面分析学生学情。通过多种手段深入了解学情，从学习态度与兴趣、学习能力与水平、已有知识经验和生活体验等方面做全面分析，以此作为教学设计与实施的重要依据。积极尝试“先学后教”的方式，通过对学生“先学”情况的分析，进一步把握学情。

第4条　准确设置教学目标。以三维课程目标为导向，充分挖掘各个维度的教育元素，根据所教学科以及具体教学内容的特点，确立好每节课的教学目标。依据学情确立目标层次，真正做到“教是因为需要教”。教学目标陈述力求明确、具体，便于观察、测量、评价。

第5条　科学安排教学过程。遵循“学为中心，教学生学”的理念，教学过程的设计能以学生的学习活动为主线，组织、引导、帮助学生经历一个明确、完整、充分、深刻的学习过程，实现乐学、学会、会学的目标。具体环节的设计与表述要具体明确，具有操作性。

第6条　精心准备各类作业。根据教学目标与学生实际精心选用和编创作业。作业难度合理，数量适当。关注学生的个体差异，增强作业的层次性和可选择性。根据学科特点丰富作业的形式，增加观察积累、动手操作、搜集整理、发现探究、劳动服务等作业形式。积极探索以引领学生全程学习为目的的“导学新作业”。

第7条　适度使用辅助手段。依据增效性和辅助性原则设计各种多媒体辅助教学手段，避免因过度使用而产生影响空间掌控、节奏把握、信息呈现、文本研读、师生对话、教学生成等问题。精心设计板书，发挥板书在解决疑难、揭示重点等方面的独特作用。

第8条　自觉撰写每课教案。充分认识撰写教案的意义，按照学校提供的统一格式分课时撰写教案。教案的呈现要在确保课堂教学质量的前提下，依据教师自身特点合理选用详案、简案两种方式。反对用抄袭他人教案或以教学内容、习题填满备课本的方式应付学校检查的行为。

二、课堂教学

第9条　运用好教学语言。用规范的语言组织教学，语速适中，音量能让全班学生听清，表达准确简明、清晰流畅。恰当使用肢体语言，表情亲切自然，力求充满激情、生动幽默。

第10条　营造好课堂氛围。与学生保持平等、对话的关系，鼓励学生发表不同的见解并积极予以接纳，对课堂上学生出现的问题行为能采取宽容的态度，努力营造开放、安全、和谐的课堂教学氛围。

第11条　把握好教学节奏。教学节奏要因学生学习情况的变化而变化，不拘泥于课前预设的时间安排。课堂上安排学生独立思考、合作学习、练习、实验等学习活动，要保证学生有充分的时间，在大多数学生完成学习任务的前提下再展开下一环节的教学。

第12条　管理好学习任务。学习任务布置务必先让全体学生明确“做什么”与“怎么做”。学生活动过程中要采用巡视、访谈等形式全面了解学生完成任务的情况，如进度、质量、使用的不同方法以及存在的共性问题等。对未能按照要求完成任务的学生及时进行督促和指导。

第13条　安排好答问展示。按照公平原则安排课堂答问与展示，让全体学生有相对平等的参与机会，努力克服因座位、职务、学业成绩、表达能力、家庭背景、长相个性等差异因素造成的课堂答问与展示安排的偏差。根据学习内容的特点，合理选用口头展示、书面展示、操作展示等方式，重视展示后的师生、生生互动点评，力求展示效益的最大化。

第14条　导评好学生表现。对学生在课堂上的表现，能针对不同学生的差异和教学推进的需要，采用具体、积极、灵活的导评方式适时作出恰如其分的评价和引导，激励、引发学生围绕目标任务积极参与各项学习活动。

第15条　生成好教学资源。教学展开过程中要正确处理预设与生成的关系，高度关注学生的学习状态和反应，敏锐地捕捉各种动态的有价值的教学资源，特别是现场出现的与教师预设不同的构想和意外错误等，及时调整教学预设并予以灵活的生成处置。

三、作业评改

第16条　认真批改作业。重视作业批改的及时性，努力做到当天或隔天完成。根据作业内容及学生实际，灵活使用各种批改形式，做到有作必批。倡导有针对性的面批和订正后的二次批改。对学生作业中反映的问题要进行记录并做归因分析，为讲评做好充分的准备。

第17条　有效讲评作业。对作业情况及时进行讲评，共性问题集体讲评，个别问题单独辅导。讲评作业时，突出问题解决的过程，引导学生真正感悟方法与规律，并从作业中分析学习得失的原因。对学生的作业表现要以正面评价为主，注重对后三分之一学生的适时鼓励。

四、质量检测

第18条　合理安排检测频次。正确认识平时教学检测重在诊断教学、改进教学的功能，控制各类检测的频次，不“以考代练”。严格按照规定组织统一的综合性检测，小学只在每学期期末进行一次检测；初中每学期实行期中、期末两次检测；普通高中实行模块检测。

第19条　努力确保检测质量。平时教学检测要遵循“考教合一”的原则，准确诊断教与学的情况。各类综合性检测要遵照课程标准，倡导“能力立意”，试题切合学生实际，体现正确的学习导向。小学阶段期末检测的难度系数控制在0.8—0.9，初中期中、期末检测的难度系数控制在0.75—0.85，普高模块检测的难度系数控制在0.65—0.75。

第20条　切实做好检测评析。检测结束后要及时、仔细阅卷，并进行统计分析。精心设计并上好试卷讲评课，提高讲评的实效性。试卷讲评不能平均用力，要针对学生存在的问题，明确讲评的重点；不能简单地核对答案，要点拨思路，揭示方法，促进学生反思自悟。

全省很多地区都有相似的实践。如温州市鹿城区根据"学为中心"教学改革的方向，提出新备课流程，指导教师调整备课思路，从课程标准与教材解读、学情分析入手，确定教学目标、教学重点和难点；聚焦关键问题的设计与解决，将琐碎的教学讲解与分析转为以任务为线索的学的设计，关注前置性的思考任务，重视随堂任务与课后作业的整体设计（见表6.5）。

表6.5 温州市鹿城区小学教师备课导引

学段目标	根据课程标准与本册教材内容，写出本学段要达到的课程标准要求
教材分析	分析本单元（课）教学内容和编写思路，明确其在本册教材中的地位和作用。根据学情精选教学内容，如删减、增加、调整顺序等
学情分析	根据学生的身心特点、认知水平、能力状况等分析学生的学习需求
教学目标	依据课程标准、教材内容和学生实际，制订明确、恰当、具体（可检测）的教学目标，并能开发生成性教学目标
教学重难点	依据教材和学情，确定本课的教学重点和难点（教师难教和学生难学的知识点）
教学准备	根据本课教材内容和教学需要，准备相应的材料
关键问题设计与解决	围绕教学重点和难点的突破，指向教学目标的达成，设计用一个或几个问题（活动）形成一堂课的主要框架，并有为破解关键问题而设计的关键环节或解决方法
作业设计	根据"精讲多练"的原则，合理设计有针对性的预习作业、课内练习和课外练习，使学生了解、掌握和拓展所学知识，检验教学目标的达成度
教学板书设计	体现本课的教学思路和要点，呈现学生学习过程和教学生成性
教学反思	反思本课教学目标的完成情况和学生学习状况，对教案进行适当的修改与完善

二、突出操作要素的课堂教学建议

杭州市上城区在2008年就积极跟进学科教学规范研究。在《上城区学科教学规范》中，各学科从教师课堂教学行为入手，对课堂导入与小结、课堂语言与教态变化、课堂讲解与提问、课堂反馈与评价、课堂组织与管理（含小组合作等）、课堂板书与媒体运用、课堂练习巩固与推进等提出具体要求。

2013年，他们将教学改革的重点聚焦于“以探究为核心的自主式学习”，在梳理总结自主学习方式的四种具体形式——活动化学习、个别化学习、合作化学习、探究性学习后，提出相应的课堂观察点（见表6.6），作为指导修订学科教学建议和制订课堂教学评价量表的切入点。

表6.6　自主学习方式的具体观察点

活动化学习	个别化学习	合作化学习	探究性学习
三种不同水平的活动化学习内容、时间、形式与参与情况（情趣性活动、体验性活动、探究性活动）	◎自主学习：自主支配的学习内容、时间、形式及各个层面的学生参与度 ◎差异学习：自主选择的学习内容或作业、被有意辅导并获得个性化鼓励的情况	◎小组的建设 ◎小组学习任务的合理性 ◎参与合作学习的形式、次数、时间、效度等	◎学生的问题意识 ◎合理的探究方式 ◎问题解决的方法和有效的学习指导，过程展开充分

他们围绕课堂教学改革的四个关键要素——前置性学习任务促使学生先行独立学习、以展示等多种形式呈现并诊断学情、以学习小组建设与过程评价促进合作学习、以思维引导与学习方法指导助推学生有效学习，结合自主学习方式的具体观察点，研制了各学科的《自主式学习课堂教学实施建议》和《自主式课堂教学评价量表》，以指导学校深入开展教学改革。

三、体现学科与课型特点的教学建议

2006年，温州市教育局启动农村小学教学规范达标活动，依据《温州市农村小学各学科教学常规》，对全市农村每一所小学、每一门学科、每一位教师，从备课、上课、改作业、辅导和质量测评等方面进行全面评估，规范常态教学行为。2015年后，温州市按照“学为中心”的教学思想，修订形成《温州市小学各学科教学常规（试行）》和《温州市初中教学常规（2016版）》，在强调教学常规的同时，突出各学科的教学建议，并结合各学科各类课型的特点，提出进一步的教学建议。

案例6.8

温州市初中语文教学建议[①]

（一）准确把握语文学科的特性

语文课程是一门学习语言文字运用的综合性、实践性课程。语文教学要致力于培养学生的语言文字运用能力，致力于人文精神的熏陶浸润，着眼于学生的终身发展，全面提高学生的语文素养。

（二）达成初中阶段语文学习量

累计掌握常用汉字3500个左右，临摹并体会传统书法的审美价值；诵读、理解并积累《义务教育语文课程标准（2011年版）》及《浙江省初中毕业升学考试说明》附录要求的古诗文；阅读《义务教育语文课程标准（2011年版）》及《浙江省初中毕业升学考试说明》附录推荐的相关名著，每学年课外阅读总量不少于260万字；每学年作文不少于14次，其他练笔不少于1万字。

（三）实施单元整体教学

依据教材编排，综合考量各文本之间、各教学内容（如阅读、写作、综合性学习等）之间的关系，确定单元教学内容；把握各文本的教学价值，采用相应的教学策略，选择不同课型教学；立足单元内容，补充相关课外资源，做到课内外融通。

（四）充分发挥教材典范作用

深入解读文本，把握文本特质，发挥文本的教育和教学的典范功能。重视学习内容对学生思想感情的熏陶感染作用，提高学生思想文化修养。注意区分文本体式，不同文体采用不同的阅读策略。引导学生把握各种作品的言语内涵、言语特质及表达技巧，促进学生思维的发展以及听说读写能力和审美情趣的整体提升。

（五）基于先行学习设计课堂任务

要依据文本和学生实际创设形式多样的先行学习任务，并根据学

①选自《温州市初中教学常规（2016版）》。

生先行学习情况，设计少而精、灵活多样的课堂任务，让课堂学习在先行学习基础上推进。注重语文活动的设计，注重自主、合作、探究的学习方式。小组合作要有具体的内容与形式，让学生在分享与互动中获得学习的快乐，增强学习效果。

（六）积极开展"大阅读"活动

教师要主动为学生推荐课外优秀读物，鼓励学生读原著。阅读的开展要有计划、有指导、有过程、有交流、有评价。通过好书推荐、师生共读、活动促读、教师导读等活动，引导学生爱阅读、会阅读，使有品质的阅读成为相伴学生一生的习惯。

（七）重视写作教学的价值追求和能力培养

写作教学要有课程意识，要有三年的整体规划。要基于生活需求和学生个性特征开展写作教学，鼓励自由、有创意的表达。要结合单元教学内容，将写作教学与阅读教学相互渗透，相互融合。要积极引导学生尝试各类文体的写作，提高基本写作能力。

（八）适当开设拓展性课程

创设富有学校特色的语文拓展性课程，创造性地开展各类语文活动。通过读书会、文学社、班刊班报、朗诵会、辩论会、专题研讨会、采风活动等，多途径激发学生学习兴趣。能就共同关注的问题开展研究性学习和跨学科学习，提高学生的语文素养。

（九）重视语文作业的设计和批改

要从作业设计走向学习设计，让课前、课中、课后作业紧扣学习目标，形成具有内在联系的整体，引领学生的学习过程。听说读写要有机结合，类型应丰富，形式应灵活。如可布置注重积累和养成的常规性作业，也可结合实际，布置旨在促进学生运用与自我体验的实践性作业等。语文作业提倡创新批改和评价方式。

（十）正确发挥语文评价的功能

学业成绩的评定，要着眼于语文学习对学生终身发展的意义，力求体现态度与习惯、过程与结果、听说读写能力的全面整合。试卷命制要体现课标精神，要突出对重点知识、核心能力、基本素养的考查。要重视对检测结果的分析，以帮助学生把握语文学习的规律和方法。

四、以校为本地改进教学活动管理

区域层面重建教学管理规范是对“应然”的描述，而学校所面对的是“实然”的场景。要在常态教学活动中落实“学为中心”的理念，必须主动反思原本习以为常的做法，以校为本地改进教学管理，提高教学活动的针对性与有效性。

通常所说的教学常规包括教师备课、上课、作业、学生指导、考试等五个环节。但这些都是站在教师立场上的描述。教师的核心工作是促进学生的有效学习，所以应该从学生的立场重新分析教学活动的管理。除了课堂学习之外，学生的自修、作业、测验诊断与辅导等学习活动都有许多值得改进的地方。

杭州市文晖中学在2010年至2012年间，针对教学实践中的具体问题，开展作业整理课、基于教师自主命题的教学测验研究、“新寒假作业”、基于个体诊断的学习指导等教改小项目，显著提高了教学质量。

案例6.9

促进学生有效学习的教学活动管理的改革

2010年，杭州市文晖中学策划了主题为“让教学有方向，让行动有计划”的暑期研修。请老师们利用暑假的时间，梳理教学活动中存在的主要问题，从而提出“改进教学常规，提升教学质量”的口号。在开学初统一思想后，学校将教学改革的重点指向教学常规的细节改进。

项目1：作业整理课研究

9月七年级新生入校后，教师们纷纷反映学生作业订正未被落实。针对学生学习中“消而不化”的问题，学校决定开设作业整理课，还学生及时消化和巩固知识点的自修时间，以培养学生作业订正的习惯。

项目2：课堂改革小行动——及时反馈的“小白板”

在开学初的推门观课中，教师们发现学生的课堂参与度不高，学生的课堂反馈不够显性，学校立刻为学生配上了“小白板”，变隐蔽的课堂参与为明确的学习过程呈现，变滞后的课堂反馈为及时的当堂反馈。

项目3:基于自主命题的教学测验研究

10月的阶段性测试前,我们发现一些教师命题能力欠缺,这对教学目标的把握和应试指导有直接影响。于是学校开展了包括“体验考试—反思命题—自主命题—测验分析”等环节的命题研修活动,还教师自主命题的权利,使教学检测从教师横向比较的尺度变为教学诊断改进的工具。

项目4:基于学生个体学情的针对性辅导

11月,虽然我们坚持不集体补课,但教师对学生进行个别指导的责任不能丢。于是,针对学生个体差异,九年级教师利用中午开设“专家门诊”,建立基于学生个体学情诊断的导师制,开展补偿性、针对性、个别化的指导。

项目5:寒假作业大变脸

2011年1月,学校发动备课组讨论寒假作业的有效性,并开展旨在变机械同质化作业为探究分层化作业的“寒假作业大变脸”活动。这一结合校本研修开展的教研活动,包括作业设计、作业布置、作业反馈、作业展示等几个板块,大幅减少了单调的操练性作业,重点研究布置有针对性的符合学习规律的作业,让教师们从对作业设计的反思和研究中获得教学启示。

项目6:面向中等生的课堂教学变革

2011年2月,面对八年级第二学期学生两极分化的情况,学校推动教师改变现有课堂教学模式,激发中等生的学习兴趣,提升学习品质。

2011年9月后,学校进一步深化教学活动管理的改革。如:教师在作业整理课中,既要指导作业订正,还要引导学生梳理知识结构,培养学生自主整理建构知识体系的能力;在“专家门诊”的试行过程中,我们发现尊重差异不仅提升了学业成绩还拉近了师生的情感,于是变专科式的辅导为全方位的关注,试行“学生成长导师制”;2011年暑假,教师们借鉴寒假作业设计的经验,进行中小学衔接的相关研究,为即将入学的七年级新生精心编制《新生暑期作业指导手册》,最大程度地解决小升初学生在学业适应上的一些问题。

这些具体的教学改革小项目唤起了教师的反思和研究意识,在改变传统教学行为的过程中促进学生学习方式的改变。这些举措表面上看是对教学活动管理的改进，但其实质是促进学生有效学习的教学改革实践。

（杭州市文晖中学 赵群筠）

在杭州文晖中学的实践中，学校突破教师的惯性思维，从本校实际出发，以促进学生有效学习为指向，以教学常规管理改进为切入口，形成了“以校为本”的教学改革与教学管理的特色。具体体现在以下几个方面：站在学生的立场，改进教学过程，让学习活动更有成效；项目推进，突出重点，步步为营，让实践改进行动与专业思考相结合；重视情意因素的影响，激发师生改进教与学的实践的内驱力；坚持依托校本研修，促成教师教学行为的改变。

第四节 研究学生：校本研修的新聚焦

推进教学改革有赖于高质量的师资队伍的参与；而教学改革又是促进教师专业发展的载体。

以往我们将学科专业素养和执教能力作为教师研修的重点。不过。教师的教学努力必须通过学生的学习才能得以体现。因此，教师了解学生、尊重学生，主动从“学生立场”思考问题，并以学生为学习主体是有效的教学活动的基本条件。而这恰是以往教师相对忽略的。所以，实现“学为中心”的课堂，必须帮助教师研究学生，树立学生意识。学生意识与专业素养、执教能力一样，成为教师研修的重要目标。

2012年11月，在浙江省第六届校本研修研讨会上，会议主题“研究学生：校本研修的新聚焦”得到基层学校的热烈响应①。如果将2010年前旨在理解和落实教学常规的实践研修视为浙江校本研修的第一个“浪潮”的话，2011年后，随着“中小学教学改革项目”而展开的“学生学习研究”开启了浙江校本研修发展的第二个“浪潮”。

如何研究学生？校本研修的实践切入点主要有以下几种。

一、体验学生立场

苏联教育学家巴班斯基在《教学过程最优化》中明确提出，经常地、全面地、系统地研究学生，是实现教学过程最优化的重要前提。然而，在追求教育规模效益时期，班额扩大，上课像“广播”，教术的研究明显多于学法的研究，“重教轻学”成为这一阶段学校教育的特征。

因为不够重视学生立场，不够了解儿童思维的特点，有些学习障碍便被放大。浙江省小学数学特级教师俞正强曾介绍过一个真实的研究

---

① 张丰，方凌雁．研究学生：校本研修的新聚焦[J]．人民教育，2014(4)：49-52.

案例。教师问："老师的一厘米和孩子们的一厘米，一样长吗？"有学生回答："老师的更长。"许多老师无法理解学生这一错误回答背后的原因。站在教者的立场，这是不应该的荒谬结论。但当教师换位思考，从学生的视角来探讨时，会恍然发现，这是因为受到儿童固有的思维特点的影响。儿童思维往往是直观的、经验的。儿童们可能会认为"整体变大了，局部也会变大"。于是，俞正强老师所在学校的校本研修主题便是"识童性，研师性"，要求教师认真研究学生的思维特点，谨防自有立场的武断判断与固有经验的干扰。这是"学为中心"的起点。

二、分析学习起点

美国教育心理学家奥苏伯尔曾说："影响学习的重要因素是学生已经知道了什么，我们应该根据学生原有的知识状况进行教学。"准确把握学习起点，决定着教学活动的针对性与有效性。教师在教学活动前和过程中，应对学生相关知识基础及准备状况有所了解，对于"学生已经知道了什么？学生还需要哪些帮助？"有准确的把握。教师们应重视并掌握学情分析的方法。

在温州市教育教学研究院朱跃跃老师的带领下，温州将"学情诊断"作为深化校本研修的重点方向。他们内化"以学定教"理念，提炼学情观察、诊断、分析的方法和策略，引导教师由关注"教"转向关注"学"；由经验型的学情了解向研究型的学情分析发展；由静态的学情分析到动态的学情研究；由一次性的学情观察到持续多次的学情把握。这一研究方向后来发展为温州教学改革的一大特点①。

案例6.10

走进学生的真实世界：学情观察与诊断的研究

2013年，温州市启动学情研究项目。广义的学情，是指一名学生能否在学校持续而有效学习的影响因素，如学生的家庭情况、情感特性、

---

① 朱跃跃，张作仁．学情研究：走进学生学习的真实世界[M]．上海：华东师范大学出版社，2016.

学习基础、认知特点、学习需求、学习习惯、学习环境等;狭义的学情,指的是一名学生能否在具体课程或课堂中有效学习的影响因素。具体研究路径有三方面:

1. 从学习进程看学情。

他们架构了学前、学中、学后三个阶段学情诊断的要点。学前的学情诊断,要关注学生的学习起点、学习差异、学习潜能等;学中的学情诊断,要诊断学习状态、思维状态、情绪状态、参与状态、交往状态等;学后的学情诊断,则要转向学习结果与学习的潜能,以及学习的补偿点与拓展点。学后的学情诊断其实是下一个周期的学前诊断。这一路径丰富了学情诊断的内容和视角。

2. 学情观察与诊断的方法。

学情分析从经验型转向研究型,关键在于方法。常用方法有:了解学生认知与理解情况的测验、以自陈问卷了解学生真实感受与收获的调查、教师凭借自身感官并借助工具进行的有目的的观察、部分典型指标的比较分析或实验、将隐性学情显性化的直观方法等等。

如通过五维度的课堂观察研究学生学习过程中的思维品质的发展:以学生的发展和知识的传授为视角设计观察工具,从内容、倾听、自主、合作、达成等五个维度对课堂上教师教学行为和学生学习行为进行观察记录,设计指向学习思维品质研判的五维度课堂观察总体框架表,编制针对不同维度学习思维品质要求的观察量表,总结提炼“五维度课堂观察”的操作建议,达到研判学情、分析教与学的行为,进而促进教师改变教学行为、提升学生学习的效果。

3. 基于学情研究的各类教学活动的改进。

关注学情研究后,改进教学活动的切入点也随之丰富,如预学活动的研究、五维度课堂观察、问题跟踪分析、分层闯关任务单、学习辅导、试卷分析、直观的可视化的学情报告单等等。学情研究渗透到教育教学的各个基本环节。

(温州市教育教学研究院 朱跃跃)

三、研究学习规律

研究学习规律的切入点很多，如学习的主动性与内驱力、学习的发生机制、学习的思维过程、学习成果的长效性、学习方式的个体差异、具体课程的学习特点等。教师们应重视教学心理学的学习，关注国内外学习科学研究的最新进展，学会从学习方式的角度思考教学。

美国亚利桑那州立大学季清华教授（Michelene T. H. Chi）提出“学习方式分类学”（Taxonomy of Learning Modes）的设想。她根据学生参与学习的程度或活动方式，将学习分为交互（Interactive）学习、建构（Constructive）学习、主动（Active）学习和被动（Passive）学习[①]（简称“ICAP学习”）。

表6.7　ICAP学习方式分类学框架

类别		被动学习	主动学习	建构学习	交互学习
特征		趋近与接受	选择与/或操控	生成或产生	对话中合作
教学或学习任务	认知过程	以孤立单一的方式储存信息	激活原有相关知识；用新旧知识结合的方式来储存	激活原有相关知识，推断新知识；使用激活的和推断的知识来储存新知识	激活、推断、储存，以他人的知识为基础整合和建构
	知识变化（作为认知过程的结果）	记忆 在同一情境中	应用 相似的问题或情境中	迁移 解决或解释不同问题	创造 发明或发现新方法和解释
	理解学习材料	最浅 被动方式	浅层 主动方式	深度 建构方式	最深 交互方式

学习方式分类学对学生的认知参与提出了具体的操作性界定。这对意在转变学生学习方式的“学为中心”的教学改革有较好的借鉴意义。如果将当前盛行的“知识传递型的学习”视作“被动学习”的话，那么课程改革倡导的“自主学习、探究学习与合作学习”恰好与“学习方式

① 盛群力，丁旭，滕梅芳.参与就是能力——“ICAP学习方式分类学”研究述要与价值分析[J].开放教育研究，2017，23（2）：46-54.

分类学”所展开的ICA相对应，即自主学习对主动学习，探究学习对建构学习，合作学习对交互学习。

推进教学改革，不仅要有学习方式的策划，还要学习了解学习认知规律。这里包含关于学科本体性知识的研究，以及对学生理解和掌握该知识的思维过程的洞悉。前者属于学科专业素养的范畴，后者则是学生意识的体现。

四、设计与组织学习活动的研究

以往常称的“教学设计”较多地关注教的设计，本书提出以“学习设计”替代“教学设计”，以体现对学的关注，体现“促进学习”的研究立场。“教学设计”其实是学生学习活动的设计及其运用的设想。备课与上课就是“设计与组织学习活动”的过程。这一提法的变换反映了教学研究思想方法的变化。具体体现在三方面：一是从“备教”转向“备学”，教师首先要研究学习规律，再来讨论学生学习活动的设计；二是将上课视为教师运用学习设计，组织学生开展学习的过程；三是学习活动的设计可能突破45分钟的课堂局限，将课前预学的设计、课堂学习讨论的设计、课后巩固延伸的设计，甚至单元学习的整体设计都包括其中。这一观念的突破，对于教师认识“完整的学习过程”，会有很多帮助。

譬如某校组织青年数学教师的教学比武，其中一项是学习设计。他们请参赛选手就某一课时，花30分钟现场编制本课的例题、课堂练习、面向全体学生的课后巩固性练习、面向学有余力的学生的提高性练习，并说明编制这些题目的思路。30分钟后，将选手们设计的练习及说明收上来并复印，给评委人手一份。然后请选手一一阐述自己练习设计及课堂运用的思路。在阐述的过程中，选手与评委展开互动讨论。

表面上看，这次活动是在比练习设计，但其实是在比备课。当然这与数学学科特点有一定的关系。因为构思好了这四方面的练习及其运用，一堂数学课便已成型。教师备课的要点在学习活动的整体设计，以及课堂组织的基本思路。以这样的策划，独立地关注关于课堂学习的系列练习，更加突出了基于任务促进学习的思想。

作业是与课堂同等重要的学习活动。要重视作业研究，提高教师运用作业促进学生学习的能力，开展作业主题的校本研修。宁波市东海实验学校于2013年起，多次开展如“一道中考压轴题的命制”、“完形填空题的命制”、“我评××年中考题”论坛、“一次成功的作业设计”征文、“我看学生作业的伪订正现象”等关于作业的校本研修活动，引导教师对作业进行深度研究。

五、“以生为本”地促进学生发展

以往的教研活动一般以学科为单位进行，参与者通常是本学科的教师。尽管这样的学科教研活动在推动教师间共享资源，分享经验，探讨疑难方面发挥了作用，但这也加强了教师的学科立场，缺乏对教育教学问题的综合思考。如何变“学科为本”为“学生为本”，促进学生健康和谐地发展？杭州市上城区探索“班级协同教研”新模式，尝试了“以学生为中心”的教研策划。如班主任召集各任课教师研究分析同学们的学习特点，商量更好地促进学生发展的分工方式。在这样的有主题的班级协同教研中，共同的班级，同样的研究对象成为教师合作研究的“交集”，他们的研究兴趣不经意间转向了活生生的学生。

图书在版编目（CIP）数据

促进学习的真实发生 / 张丰等著. -- 杭州 : 浙江教育出版社, 2021.12
ISBN 978-7-5722-2893-3

Ⅰ. ①促… Ⅱ. ①张… Ⅲ. ①课堂教学—教学研究 Ⅳ. ①G424.21

中国版本图书馆CIP数据核字(2021)第274193号

责任编辑 吕涵智 施懿真　　美术编辑 曾国兴
封面设计 刘 欣　　责任校对 陈阿倩
责任印务 吴梦菁

促进学习的真实发生
CUJIN XUEXI DE ZHENSHI FASHENG
张 丰 方凌雁 何丽红 等 著

出版发行 浙江教育出版社
（杭州市天目山路40号 电话:0571-85170300-80928）
图文制作 杭州兴邦电子印务有限公司
印　　刷 浙江新华印刷技术有限公司
开　　本 710mm×1000mm 1/16
印　　张 21.75
字　　数 435 000
版　　次 2021年12月第1版
印　　次 2021年12月第1次印刷
标准书号 ISBN 978-7-5722-2893-3
定　　价 58.00元

如发现印、装质量问题,请与承印厂联系。
电　　话:0571-85164359